2023

TERMINE MIT GOTT

365 Tage mit der Bibel

BRUNNEN
NEUKIRCHENER VERLAG

Herausgeber:
Hansjörg Kopp, Generalsekretär CVJM Deutschland e. V.

Redaktion: Holger Noack, Dr. Jörg Kailus
Lektorat: Uwe Bertelmann

Erstellung des Bibelleseplans:
Ökumenische Arbeitsgemeinschaft für Bibellesen
Caroline-Michaelis-Str. 1, 10115 Berlin
Bibeltexte folgen, wenn nicht anders vermerkt, der Lutherbibel,
revidierter Text 2017, durchgesehene Ausgabe in neuer Rechtschreibung,

MIX
Papier aus verantwortungsvollen Quellen
FSC® C014496
FSC www.fsc.org

Fotos: Joshua Earle/Unsplash, Juan Carlos Munoz/Adobe Stock,
Rido/Adobe Stock, Sixteen Miles Out/Unsplash, Pisit Heng/Unsplash,
andrei310/Adobe Stock, exclusive design/Adobe Stock, JavierArtPhotography/
Adobe Stock, Andy/Adobe Stock, Tyler Rickenbach/Adobe Stock,
Kelly Sikkema/Unsplash, Jamo Images/Adobe Stock, Sarah Shull/Unsplash
Umschlaggestaltung: Jonathan Maul
Umschlagfoto: Martí Sans/Stocksy
Gestaltung der Monatssprüche: Jonathan Maul
Satz: Uhl+Massopust, Aalen
Herstellung: GGP Media GmbH, Pößneck
Gedruckt in Deutschland

Kartonierte Ausgabe
ISBN 978-3-7655-3073-9 (Brunnen)
ISBN 978-3-7615-6819-4 (Neukirchener)

Gebundene Ausgabe
ISBN 978-3-7655-0633-8 (Brunnen)
ISBN 978-3-7615-6818-7 (Neukirchener)

Elektronische Ausgaben:
ISBN 978-3-7655-7658-4 (E-Book)

Jahreslosung 2023
Du bist ein Gott,
der mich sieht.
1. Mose 16,13

Inhalt

Vorwort

Schaust du wirklich?

„Mama, schau mal“, rufen Kinder, wenn sie Aufmerksamkeit suchen. Wer kennt sie nicht, liebe Leserin, lieber Leser, diese Bitte, wahrgenommen zu werden? Und in der Regel kommen wir Menschen dieser Aufforderung nach und schauen hin. Wenn es manchmal nur für den schnellen Blick reicht, dann bekommt man meist schnell gespiegelt, dass sich das Gegenüber damit noch nicht aktiv zur Kenntnis genommen gefühlt hat.

In diesem Jahr begleitet uns mit der Jahreslosung die Erkenntnis und das daraus resultierende Bekenntnis von Hagar, der Mutter Ismaels: „Du bist ein Gott, der mich sieht“, sagt sie am Ende einer persönlich sehr herausfordernden Zeit. Sie meint damit mehr als einen kurzen Blick. „Du bist ein Gott, der mich sieht“ ist gegründet in der Erfahrung, dass Gott sich kümmert.

„Du bist ein Gott, der mich sieht.“ Das gehört selbstverständlich zum christlichen Glauben. Gott schaut hin. Er lässt, so bekommen wir im aaronitischen Segen zugesprochen, sein Angesicht über uns leuchten. Mehr Zuwendung geht nicht. Und nicht nur das: Er schaut hin und greift ein, verhindert, verändert, bewegt Herzen. Gerade weil er ein lebendiger, fürsorgender, liebender Gott ist.

Während diese Zeilen entstehen, tobt in der Ukraine ein entsetzlicher Krieg, der uns alle fassungslos, wütend und verzweifelt zurücklässt. Ein Krieg, der, wie alle Kriege, keine Sieger hervorbringt, sondern nur Zerstörung. Ein Krieg, der auch eine große Welle der weltweiten Solidarität auslöst. Wir beten zusammen, bringen Hilfstransporte auf den Weg, nehmen Flüchtlinge auf. Aber es ist Krieg! Wir klagen dem Gott, von dem Hagar sagt: „Du bist ein Gott, der mich sieht“ und rufen: „Kyrie, eleison, Herr, erbarme dich!“

Unser Glaube ist besonders dann herausgefordert, wenn Gott scheinbar nicht hinschaut, bei globalen oder in persönlichen Krisen. Ich ertappe mich, ihm zuzurufen: „Schau doch hin!“ Und meine damit auch: Greife ein! Nichts wünschte ich mir mehr!

Persönlich hilft mir in solchen Zeiten, neben der Erinnerung an Erfahrungen, dass Gott eingreift und mich sieht, das Wissen um seine Zusage: sein Versprechen, sich nicht abzuwenden, sondern aufmerksam zu sein und uns zugewandt. Dieses Wissen nährt sich immer wieder neu aus dem Lesen der Bibel. „Siehe, der Hüter Israels schläft nicht“ (Psalm 121,4) ist dort zu lesen oder „Ich bin bei euch alle Tage“ (Matthäus 28,20b). Manches Mal werde ich beim Lesen überrascht. Auch nach vielen Jahren intensiven Bibellesens darf ich immer wieder Neues entdecken.
In diesem Sinne: Auch diese Ausgabe von „Termine mit Gott“ will eine Sehhilfe sein. Um Vertrautes wieder und anderes neu zu entdecken. Es lohnt sich!
Ein herzlicher Dank gilt allen, die diese Ausgabe der Termine mit Gott möglich gemacht haben als Autorinnen und Autoren, Redakteure und im Verlag vor und hinter den Kulissen.
Möge der dreieinige Gott Ihnen beim Lesen der Bibel in diesem Jahr spezielle Momente schenken, Momente des Segens, der Hoffnung, der Ermutigung, der Herausforderung und des Trostes.

Ihr
Hansjörg Kopp, Generalsekretär des CVJM Deutschland

Monatsspruch Januar

Gott sah alles an, was
er gemacht hatte:
Und siehe, es war sehr gut.

1. Mose 1,31 (E)

Wochenspruch

Jesus Christus gestern und heute und derselbe auch in Ewigkeit. *Hebräer 13,8*

Würdevoll verantwortungsvoll

Psalm 8 **Neujahr. 1.**

„Die Würde des Menschen ist unantastbar." Großartig ist der Auftakt des Grundgesetzes formuliert. Artikel 1, der erste Satz. Alle Gesetze, die in Deutschland erlassen werden, müssen sich am Grundgesetz messen. Die Menschenrechte als Teil des Grundgesetzes sind unveränderbar. Damit ist unser Auftrag formuliert: Die Würde des anderen ist nicht nur zu achten, sondern zu schützen. Was mag das bedeuten für unser Miteinander im neuen Jahr?
Aus biblischer Perspektive ist klar: Die Würde des Menschen ist eine zugesprochene, geschenkte, gegebene. Von Gott, dem Schöpfer, von dem, der den Menschen nur wenig niedriger gemacht hat. Die Würde des Menschen ist begründet in der Gottebenbildlichkeit. Gewiss, auch Pflanze und Tier sind Geschöpfe Gottes, aber nur der Mensch erhält diese unvergleichliche Würde. Uns kommt deshalb eine besondere Verantwortung zu. Würdevoll verantwortungsvoll leben.

„Ich danke dir dafür, dass ich wunderbar gemacht bin; wunderbar sind deine Werke; das erkennt meine Seele." *Psalm 139,14*

Das 1. Buch Mose

1. Mose ist ein Buch der Anfänge: zuerst der Anfang der Welt und der Menschheit, die Urgeschichte (1. Mose 1–11). Gott stellt dem Menschen die Welt als sicheren Lebensraum zur Verfügung. Sie ist wie ein wohlgeordnetes Haus oder ein fruchtbarer Garten, die der Mensch verantwortlich verwalten und gestalten soll. Doch der Mensch wird seiner Verantwortung nicht gerecht. Er

versündigt sich gegen Gott, bringt – von Neidgefühlen überwältigt – den eigenen Bruder um, gründet Städte und entwickelt zwiespältige Kulturtechniken. Auch nach der Sintflut, dem umfassenden Gerichtshandeln Gottes, beginnt der Neuanfang durch Noah nicht ohne menschliches Fehlverhalten. Schließlich scheitert auch der Bau eines Turms, der die sich zerstreuende Menschheit noch einmal zusammenführen sollte. Eine wechselvolle Geschichte menschlicher Verfehlungen und Neuanfänge durch Gott. Gericht und Gnade.
Der zweite Anfang im 1. Mose betrifft die Entstehung des Volkes Gottes, Israel. Mit der Berufung Abrahams wird die Entstehungsgeschichte Israels über mehrere Generationen als Familiengeschichte erzählt, die Geschichte der Erzväter und -mütter (1. Mose 12–50). Es sind Geschichten mitten aus dem Leben: Ängste, die zu Fehlentscheidungen führen; Geschwisterkonflikte, die fast tödlich enden; der Kampf um den Segen des Vaters, der fast eine Familie zerreißt; Zickenkrieg in der Großfamilie; Auseinandersetzungen mit feindlichen Nachbarn – und vor allem die permanente Sorge in fast jeder Generation, ob der nächste Segensträger geboren würde. Denn bei allen familiären Erfahrungen und Konflikten geht es in der Erzelterngeschichte vor allem darum, ob Gottes Segen erhalten bleibt, für die Nachkommenschaft Abrahams, aber auch für die Menschenwelt, der dieser Segen gilt. Eine wechselvolle Geschichte von Konflikten und Bedrohungen, Segen und Bewahrung Gottes. Über Generationen hinweg erfüllt Gott seine Verheißungen.

Gottgewollter Lebensrhythmus

1. Mose 1,1-13 **Montag, 2.**

Noch liegt das neue Jahr beinahe unberührt vor mir. Ich kann ihm Gestalt geben. Wie Gott im Anfang Gestalt gab. Aus dem „Tohuwabohu“ des Anfangs, vielleicht manchmal mehr Chaos als ein Nichts, machte Gott Großartiges. Mit seiner Schöpferkraft. Gleich zu Beginn gab er einen Rhythmus. Tag und Nacht sollten sich abwechseln. Nicht immer hell, nicht immer dunkel. Damals konnte man nur bei Tageslicht arbeiten. Unsere Welt ist mit ihrem künstlichen Licht eine rastlose Welt geworden. Abend und Morgen umrahmen den Tag. Wie oft sind wir müde, weil die Nacht zum Tage wird, wegen unserer Sorgen oder der vielen Arbeit. Gott ermutigt zum klaren Rhythmus. Wie das Leben als Ganzes begrenzt ist, ist es auch jeder einzelne Tag. Halleluja.

„Es ist umsonst, dass ihr früh aufsteht und hernach lange sitzet und esset euer Brot mit Sorgen; denn seinen Freunden gibt er es im Schlaf."
Psalm 127,3

„Licht an. Tut gut."

1. Mose 1,14-25 **Dienstag, 3.**

Lichterketten zieren noch viele Häuser in diesen Nachweihnachtstagen. Helligkeit wider die Finsternis. Die große Hoffnung: Das Licht durchbricht das Dunkel. In wie vielen Leben, bei Nachbarn, Verwandten, im eigenen Haus, möglicherweise bei mir selbst, fehlt dieses Licht. Sonne, Mond und Sterne setzt Gott ans Firmament. Übrigens auch als Zeichen dafür, dass er regiert. Gemeint ist, dass er die Welt mit allem, was darin ist und lebt, in seinen Händen hält. Erschaffenes bis hin zur Sonne in ihrer unglaublichen Kraft kann nur wirken, weil Gott es ermöglicht.
Und wir? Nähe, eine Berührung, Zuspruch, ein offenes Ohr, ein hoffnungsvoller Blick, ein ermutigendes Wort könnten unsere Lichter sein, unser Zeichen der Orientierung. Und unser Hinweis auf dieses eine Licht der Welt: Jesus Christus.

„Das Licht scheint in der Finsternis, und die Finsternis hat's nicht ergriffen." *Johannes 1,5*

Endlich: Ruhe

1. Mose 1,26–2,4a **Mittwoch, 4.**

Ruhe darf sein. Nicht nur zufällig. Nicht einfach, weil es sich gerade ergibt. Sondern vorgesehen. Die Pause, die Unterbrechung

des Alltags ist Teil der Schöpfung. Gott erschuf nicht nur Menschen und Tiere, Früchte und Pflanzen. Er teilte nicht nur das Wasser von der bewohnbaren Erde, setzte nicht nur Sonne, Mond und Sterne an den Himmel, sondern auch die Pause. Durchatmen ist, so darf man das sagen, ein göttlicher Auftrag.
War der Schöpfer erschöpft? Nein! Gott ruhte am siebten Tag für uns. Im Judentum ist der Sabbat der letzte Tag der Woche. Der Ruhetag der Christen heute ist der Sonntag. Der Ruhetag als erster Tag der Woche oder als deren krönender Abschluss? Beides darf meine Perspektive sein auf dieses besondere Geschenk Gottes.

„Der Sabbat ist um des Menschen willen gemacht und nicht der Mensch um des Sabbats willen.“ *Markus 2,27*

Ein Hauch von Gott

1. Mose 2,4b-17 **Donnerstag, 5.**

Es sind keine naturwissenschaftlichen Expertisen, die uns auf den ersten Seiten der Bibel begegnen. Vielmehr greifen die Erzählungen große Fragen des Lebens auf. Unser Text redet von der Würde und Bestimmung des Menschen. Ein Hauch Gottes verwandelt Dreck in einen lebenden Menschen. Nicht die Gottesebenbildlichkeit wird diesmal betont. Der Mensch ist zugleich ein bedürftiges Wesen, denn Menschsein beinhaltete von Beginn an, abhängig zu sein. Gott gibt dieser Bedürftigkeit Raum, indem er dafür einen guten Lebensraum schafft. Leckere Lebensmittel und weitere wichtige Mittel zum Leben finden sich darin. Dazu gehört eine sinnstiftende Aufgabe: „Gestalte und bewahre dein Umfeld. Entfalte dich, indem du dem lebensfördernden Modell Gottes nacheiferst. Und verwahre dich davor, Dinge zu machen, die er nicht möchte.“

„Wenn wir im Geist leben, so lasst uns auch im Geist wandeln.“
Galater 5,25

Der König betet den König an

Psalm 72 **Freitag, 6.**

Salomo war selbst ein großer König in Israel. In diesem Psalm betet er Gott als wahren König an. Gott schenkt ihm eine Vision vom kommenden Erlöser der Welt. Dieser Retter wird herrschen (V. 8), indem er seinem Volk Recht verschafft und den Armen hilft. Gerechtigkeit und Friede wird er bringen. Seine Herrschaft wird nicht auf Israel beschränkt sein, sondern wird sich auf alle Nationen erstrecken. Dieser kommende König kann nur Jesus Christus sein, denn er allein wird zeitlich und räumlich unbegrenzt herrschen. Jesus Christus allein ist der Retter und Erlöser. Er allein wird durch die Erlösung von Sünden zum Segen für alle Menschen und Völker werden (V. 17).
Salomo ermutigt uns heute, diesen Herrn und Retter zu loben, denn er ist der Gott Israels (V. 18). Ihm gehört für immer unsere Anbetung. Von ihm soll auf der ganzen Welt erzählt werden, damit alle Menschen ihn allein ehren und anbeten (V. 19).

„Halleluja! Denn der Herr, unser Gott, der Allmächtige, hat das Reich eingenommen!“ *Offenbarung 19,6*

Vom „nicht gut“ zum „sehr gut“

1. Mose 2,18-25 **Samstag, 7.**

Wir brauchen einander, damit es gut werden kann. Diese Erkenntnis steht bereits ganz am Anfang der Bibel. Ein angenehmer Lebensraum, eine verantwortungsvolle Lebensaufgabe reichen nicht aus. Wir brauchen ein Gegenüber. „Der Mensch wird am Du zum Ich“, resümiert der jüdische Religionsphilosoph Martin Buber, denn wir Menschen sind hilfs- und ergänzungsbedürftige Wesen. Gott sieht dieses elementare Bedürfnis und schafft dem Menschen ein Gegenüber auf Augenhöhe. Doch er bezieht auch die Beteiligung Adams dabei ein. Dieser kann nicht bleiben, wie er ist. Teilen und Teilhabe ermöglichen ein Miteinander und echte Partnerschaft. Vertrautheit und Vertrauen bedingen die Bereitschaft, sich ganz aufeinander einzulassen. Hierin sind wir bis heute gefordert.

„Ihr Lieben, lasst uns einander lieb haben; denn die Liebe ist von Gott, und wer liebt, der ist aus Gott geboren und kennt Gott."

1. Johannes 4,7

Wochenspruch

Welche der Geist Gottes treibt, die sind Gottes Kinder.

Römer 8,14

Durch die Zeiten getragen

Psalm 71 **Sonntag, 8.**

Es gibt Momente, in denen wir zurückblicken auf die Jahre, die hinter uns liegen. Erinnerungen steigen auf. Psalm 71 erzählt von einem Lebensweg, der gefüllt ist mit allem, was zu einem Leben gehört: Glück und Schwierigkeiten, schöne Erfahrungen und Enttäuschungen – auch Enttäuschungen über Menschen, die sich gegen einen stellen. Wie ein roter Faden zieht sich ein tiefes Vertrauen auf Gott durch dieses Gebet. Da mag manches kommen, aber eines gilt: Gott ist da. In allem ist er da, manchmal verborgen, und doch lässt er uns mit nichts allein. Das Lebensmotto des verstorbenen Bundespräsidenten a.D. Johannes Rau war: „Ich halte stand, weil ich gehalten werde." Wir müssen uns nicht allein auf uns gestellt durchs Leben kämpfen, sondern wir werden hindurch begleitet. Deshalb können wir hoffnungsvoll und mutig leben.

„Siehe, ich bin bei euch alle Tage bis an der Welt Ende."

Matthäus 28,20

Mensch, wo bist du?

1. Mose 3,1-13 **Montag, 9.**

Sein wollen wie Gott. Auf der Suche nach mehr fahren die beiden Prototyp-Menschen ihr Leben an die Wand. Verdrehungen und Lügen wecken ihren Zweifel und verzerren ihr Gottesbild: Gott als Verweigerer, der klein halten möchte. So sehen sie nicht mehr die einzigartigen Möglichkeiten, die Gott für sie bereithält, sondern reiben sich an Begrenzungen. Die Sache geht schief: Geöffnete Augen zeigen ihnen, wie meilenweit sie davon entfernt sind, Gott gleich zu sein. Scham, Angst und ein schlechtes Gewissen machen sich breit. Klug sein wollen und Dummes machen ist den Menschen seither nicht fremd. Laufend sind wir herausgefordert, zu den richtigen Dingen Ja und den falschen Nein zu sagen. Mensch, wo bist du? Auf welcher Seite stehst du? Welche Ziele verfolgst du? Wem vertraust du?

„Der HERR schaut vom Himmel auf die Menschenkinder, dass er sehe, ob jemand klug sei und nach Gott frage.“ *Psalm 14,2*

Zwiespältigkeit unseres Lebens

1. Mose 3,14-24 **Dienstag, 10.**

Wir leben in einer widersprüchlichen Welt: unbegreifliche Schönheit, Streben nach Leben, nach Liebe, Entfaltung und Glück – und gleichzeitig Bedrohung, Leiden, Kämpfe und Vergänglichkeit. Rein paradiesische Zustände auf Erden sind in unerreichbare Ferne gerückt. Ausgangspunkt dafür ist der Sündenfall des Menschen mit drastischen Folgen. Leben steht nun unter dem Vorzeichen des Todes. Die Spirale zwischen Existenzkämpfen und einem gestörten Verhältnis zwischen Mensch und Natur und den Menschen untereinander beginnt sich zu drehen: Das Leben ist unfassbar schön – das Leben ist unendlich schwer. Doch Gott überlässt es nicht allein den Menschen, fortan für sich selbst zu sorgen. Er kümmert sich weiterhin und fördert lohnendes Leben – zeitlich begrenzt und in Ewigkeit, denn Jesus öffnet den Weg zum Leben.

„Dazu ist erschienen der Sohn Gottes, dass er die Werke des Teufels zerstöre.“ *1. Johannes 3,8b*

Eine zerrissene Familie

1. Mose 4,1-16 **Mittwoch, 11.**

Streit kommt in den besten Familien vor, sagt man. Die Geschichte von Kain und Abel zeigt, wie ein Konflikt eine Familie zerstört. Dies ist das Gefährliche am Streit: dass er zerstörerische Macht hat und Menschen trennt. Da mag es nicht so dramatisch enden wie in dieser Geschichte, aber Menschen reden nicht mehr miteinander und ein Riss geht durch Familien. Bei Kain ist es der Neid, der ihn zerfrisst. Es wird nicht erklärt, warum Gott Abels Opfer höher schätzt. Aber die Ursache von Neid und Streit liegt oft darin, dass wir uns ungerecht behandelt fühlen. Gott lässt Kain nicht allein und spricht ihn auf seine Gefühle an (V. 6). Er beachtet Kain viel mehr, als dieser es vermutet hätte. Wenn Kain sein Herz davon hätte berühren lassen, wäre alles anders gekommen. Wo stehen wir in der Gefahr, dass wir unser Herz im Neid verhärten?

„Lasst die Sonne nicht über eurem Zorn untergehen." *Epheser 4,26*

Der Lauf der Dinge

1. Mose 4,17-26 **Donnerstag, 12.**

Es ist eine Kulturgeschichte, die uns vor Augen gemalt wird: Berufe entstehen, Städte werden gegründet. Manches bleibt uns aus heutiger Sicht fremd: dass Polygamie normal ist und Blutrache ein festes System der Rechtsordnung darstellt. Die Zahl Sieben in V. 24 ist ein Ausdruck für vollständige Rache. In unserer heutigen Sprache: 100%ig soll es heimgezahlt werden. Die Steigerung 77-mal setzt noch eins drauf. Dahinter steht die Vorstellung: Alles, was wir tun, fällt irgendwann auf uns zurück. Jesus hat dieses System unterbrochen: Nicht unsere Rache, sondern unsere Vergebung soll grenzenlos sein (Mt 18,21f). Nach welchem Prinzip wollen wir leben? Es geht darum, den Dingen nicht ihren Lauf zu lassen, sondern die Kaskade der Vergeltung zu unterbrechen. Leicht ist das nicht, aber heilsam.

„Vergib uns unsere Schuld, wie auch wir vergeben unseren Schuldigern." *Matthäus 6,12*

Es kommt auf die richtige Brille an

1. Mose 6,1-4 **Freitag, 13.**

Es war ein in der Antike verbreiteter Mythos, dass göttlich-menschliche Mischwesen Unsterblichkeit erlangen wollen. So erzählt es z. B. das babylonische Gilgamesch-Epos. Für die Bibel ist dieser Mythos kaum der Rede wert. Es werden zwar Helden gezeugt, aber Gott allein ist der unsterbliche Schöpfer und die Menschen, ob Helden oder Verlierer, werden sterben. Es ist, als ob dieser Text uns eine Brille aufsetzt. Durch eine Brille sieht man, was zuvor verschwommen war. Die Geschichte von den Gottessöhnen trägt solch eine Brille. Sie zeigt uns: Gott ist Gott und Menschen sind Menschen. Unser Leben ist nicht nur das, was wir daraus machen, sondern jeder Tag ist Gottes Geschenk. Und Gott ist es, der uns am Ende erwartet. Darum kommt es darauf an, jeden Tag mit ihm zu leben.

„Er gebe euch erleuchtete Augen des Herzens, damit ihr erkennt, zu welcher Hoffnung ihr von ihm berufen seid." *Epheser 1,18*

Ein besonderer Richter

1. Mose 6,5-22 **Samstag, 14.**

Es ist erstaunlich, wie die Bibel von Gott spricht. Ganz anders als die übrigen Religionen der Antike. Dort wurden Götter als Krieger oder Fruchtbarkeitsgöttinnen beschrieben, deren Spielball die Menschen waren. Für die Bibel ist Gott der allmächtige Richter, der mit der Sintflut harte Konsequenzen zieht. Und zugleich ist er voller Gefühle für seine Menschen: Er bereut es, sie geschaffen zu haben, weil sie ins Gegenteil verkehren, was ihm wichtig ist, im Miteinander der Menschen und in ihrer Beziehung zu ihm. Das Verhalten der Menschen trifft ihn bis ins Innerste. V. 6 verwendet im hebräischen Urtext ein Wort, das eigentlich meint: „sich grämen“. Gott liegt so viel an uns, dass es ihn kümmert, ob wir mit ihm leben. Verändert es den heutigen Tag für uns, dies zu wissen: Ihm liegt an uns?

Wochenspruch

Von seiner Fülle haben wir alle genommen Gnade um Gnade.

Johannes 1,16

Song des Tages

Psalm 105,1-15 **Sonntag, 15.**

Es gibt Lieder für besondere Momente. Psalm 105 gehört in diese Kategorie. David hatte die Bundeslade nach Jerusalem geholt und dieses Ereignis mit dem Volk gebührend gefeiert. Das Lied zum Tag ist Psalm 105 (1Chr 16,8-18). Ein Feuerwerk des Lobpreises. Grund für die Begeisterung ist der dankbare Rückblick auf die eigene Geschichte. An diesem Festtag stehen die Tragödien und großen Herausforderungen des Weges einmal nicht im Fokus, sondern übersprudelnde Dankbarkeit für die Treue Gottes und seine Führung bis zu diesem Tag. Ein wertvoller Impuls, der mich fragen lässt: Wo habe ich in meinem Leben bisher Gottes Treue und Hilfe erlebt? Seit damals sind viele inspirierende Lieder entstanden, die mir dabei helfen, Dankbarkeit auszudrücken. Wie wäre es, heute einmal das Liederbuch durchzublättern? Was ist mein Song des Tages?

„Ermuntert einander mit Psalmen und Lobgesängen und geistlichen Liedern, singt und spielt dem Herrn in eurem Herzen (...)“

Epheser 5,19

Mutige Entscheidung

1. Mose 7,1-16 **Montag, 16.**

Es war unglaublich mutig, auf dem trockenen Land diesen großen Kasten zu bauen. Wie viel Spott und Hohn wird Noah geerntet haben? Jetzt aber stand die nächste mutige Entscheidung an: Weit und breit ist kein Wasser zu sehen. Aber der Auftrag steht: „Geh in die Arche!" Noah hatte lange Zeit mit der Arche verbracht, gebaut und geprüft und war doch auf sicherem Festland geblieben. Jetzt wagt er den Schritt über die Türschwelle in den engen Kasten. Er lässt vieles zurück, im Vertrauen darauf, dass Gott seine Zusagen hält. Eine mutige Entscheidung, die am Ende zum Segen für ihn und die ganze Welt wird. Die Bibel ist voll von solchen mutigen Glaubensschritten, die Einzelne wagen, um Segen für viele freizusetzen. Wo fordert mich Gott zu einem mutigen Glaubensschritt heraus?

„Und er ging in die Arche mit seinen Söhnen, seiner Frau und den Frauen seiner Söhne vor den Wassern der Sintflut." *1. Mose 7,7*

Zwischenzeit

1. Mose 7,17-24 **Dienstag, 17.**

Vom Ende her sind viele Geschichten einfacher zu verstehen und zu ertragen. Doch die Zeiten zwischen „Katastrophe" und „Rettung" haben es in sich. Über ein Jahr musste Noah in der Arche verbringen. Eingeschlossen in einem Kasten, der wie eine Nussschale auf dem großen Wasser trieb. Ohne echte Steuerungsmöglichkeiten war er abhängig davon, dass Gott aus diesem herausfordernden Unternehmen etwas Gutes entstehen lässt. Noahs Aktionsradius war stark eingeschränkt. Ihm blieb nur, die alltäglichen Dinge zu tun und darauf zu vertrauen, dass diese Phase begrenzt ist und Gott ihn an neue Ufer bringen wird. Ich wünsche uns dieses feste Vertrauen und gespanntes Ausharren in den Zwischenzeiten, die Gott uns zutraut.

„Und die Wasser wuchsen gewaltig auf Erden hundertfünfzig Tage."
1. Mose 7,24

Hoffnungsschimmer

1. Mose 8,1-12 **Mittwoch, 18.**

„Da gedachte Gott an Noah." Fast klingt es so, als hätte Gott Noah vergessen und musste sich erst wieder an den Kasten auf dem Wasser erinnern. Manchmal drängt sich dieser Gedanke in Krisensituationen auf: Siehst du mich, Gott? Gott denkt an Noah und an die Tiere und auch an uns. Das Ende der Flut beginnt mit dem Wirken der „ruach" (Wind oder Geist), die auch schon bei der Erschaffung der Welt aus dem Chaos das Leben hervorbringt. Gottes Geist bringt das tosende Wasser zur Ruhe und schafft neuen Lebensraum. So wirkt er bis heute. Noah braucht immer noch Geduld, aber bekommt erstmals wieder Frischluft. Dann schickt er Kundschafter in die veränderte Welt los. Welche „Tauben" senden wir in Krisen aus? Vielleicht der zaghafte Versuch einer Kontaktaufnahme oder ein konkreter Schritt zur Neuorientierung? Mancher Versuch verläuft ins Leere. Es braucht einen langen Atem, um endlich wieder festen Boden unter den Füßen zu haben.

„Der HERR denkt an uns und segnet uns (...)" *Psalm 115,12*

Neuanfang

1. Mose 8,13-22 **Donnerstag, 19.**

Endlich gerettet nach scheinbar endlosen Tagen auf dem Wasser. Noahs erste Tat auf dem Festland ist ein Akt der Anbetung. Erst der Gottesdienst, dann alles andere. Noah weiß, wem er diesen Neuanfang verdankt. Beim Brandopfer wurde das Opfer vollständig verbrannt, als Zeichen völliger Hingabe des Opfernden. Das gefällt Gott, und obwohl er weiß, dass sich die Menschen nicht grundlegend ändern werden, fasst er einen Grundsatzentschluss, von dem wir bis heute profitieren: So eine Vernichtungstat wird es nicht wieder geben. Stattdessen wird er später seinen eigenen Sohn die Strafe für die Sünde der Menschen tragen lassen. Jesus „hat sich selbst für uns gegeben als Gabe und Opfer, Gott zu einem lieblichen Geruch" (Eph 5,2). Danke, Gott, dass ich deshalb auch immer wieder neu anfangen darf.

„Ich will den HERRN loben allezeit; sein Lob soll immerdar in meinem Munde sein." *Psalm 34,1*

Der Regenbogen, von Gott in die Wolken gesetzt

1. Mose 9,1-17 **Freitag, 20.**

Als Christen dürfen wir uns die Bilder, die uns die Bibel anbietet, nicht entwinden lassen. Für viele ist heute der Regenbogen, dieses Naturschauspiel, das geschieht, wenn sich das Licht der Sonne in Regentropfen bricht, ein Symbol für Vielfalt, Buntheit und Toleranz – mehr nicht. Hier am Ende der Sintflut-Geschichte bedeutet der Regenbogen etwas anderes. Die Brunnen der Tiefe sind verstopft. Die Wassermassen haben sich verlaufen. Noah und seine Familie danken Gott. Dann stiftet Gott einen Bund zwischen sich, den Menschen und allen Lebewesen. Er will seine Schöpfung behüten, jahraus, jahrein. In der Bibel folgen weitere Bundesschlüsse, der mit Mose, der mit David; es folgen die Ankündigung des Neuen Bundes durch Jeremia und dann der in Jesus Christus geschlossene Bund Gottes mit seinem Volk. Deshalb gilt:

„Das soll der Bund sein: (...) Sie sollen mein Volk sein, und ich will ihr Gott sein." *Jeremia 31,33*

Der Wein, eine gute Gabe Gottes

1. Mose 9,18-28 Samstag, **21.**

In einer Andacht möchte ich nicht über das hohe Lebensalter des Noah nachdenken, auch nicht darüber, wie er seinen Söhnen flucht und wie er sie segnet. Wohl aber darüber, dass Noah eine Entdeckung macht: Er legt einen Weinberg an, erntet, lässt den Wein gären. Noch kennt er seine Gefahren nicht. So trinkt er über den Durst und gerät in eine beschämende Situation. Nackt liegt er da. Ein Sohn sieht das, sagt es den anderen und die finden einen Weg, den Vater zu bedecken. „Der Wein erfreue des Menschen Herz", heißt es in Ps 104,15. Zugleich warnt Jesus vor dem Wein, dass die „Herzen nicht beschwert werden durch Rausch und Saufen" (Lk 21,34f). Dann aber: Bei seinem ersten Wunder in Kana verwandelt Jesus Wasser in Wein vom Feinsten. Die Hochzeitsgäste staunen und der Speisemeister sagt zum Bräutigam:

„Jedermann gibt zuerst den guten Wein." *Johannes 2,10*

Wochenspruch

Es werden kommen von Osten und von Westen, von Norden und von Süden, die zu Tisch sitzen werden im Reich Gottes.
Lukas 13,29

Gott macht Geschichte

Psalm 105,16-45 Sonntag, **22.**

Gott macht Geschichte – und Psalm 105 erzählt davon. Die Geschichte Gottes mit Abraham, Isaak und Jakob (V. 7-15), mit Josef (V. 16-23) und Mose (V. 24-45). Die Anfänge der Geschichte Gottes mit den Erzvätern und -müttern Israels und seine grundlegende Befreiungstat, dem Auszug Israels aus Ägypten. Die Geschichten, durch die Israel zu Gottes Volk geworden ist. Gott hat sein Volk erwählt und befreit. Das darf Israel nicht vergessen, weil es sonst sich selbst verlieren würde. Gottes Zuwendung und seine Rettung sind das Fundament des Volkes Gottes. Die sichere Grundlage seiner Existenz, trotz aller Bedrohungen. Aber auch die Möglichkeit, sich zu korrigieren, wenn sich das Volk durch Ungerechtigkeit, Gleichgültigkeit und Desinteresse an Gott verlaufen hat. Gottes Geschichte erdet Gottes Volk und erneuert es immer wieder. Gott hat gehandelt und er wird wieder handeln. Gott macht Geschichte.

„Ich werde sein, der ich sein werde." *2. Mose 3,14*

Hochmut und Fall – immer das Gleiche

1. Mose 11,1-9 **Montag, 23.**

Dies ist fantastisch erzählt: Menschen entdecken, wie man in Öfen Lehmziegel brennt. Nun können sie – anders als mit in der Sonne gebrannten Ziegeln – Bauwerke mit vielen Stockwerken errichten. Die Menschen bauen einen Turm, der bis an den Himmel reicht. Sie glauben, er werde sie in Zukunft zusammenhalten. Eine große Stadt soll folgen. So wollen sie berühmt werden.
Gott im Himmel sieht sich das an. Er muss sozusagen eine Lupe nehmen, um dieses Machwerk zu finden. Von nun an werden Menschen in ihrer Vermessenheit alles versuchen, um ihn herauszufordern. Nichts wird ihnen mehr unmöglich sein! So greift er gnadenlos richtend ein, verwirrt ihre Sprache und zerstreut sie in alle Länder. Die Bibel sieht hier in dieser Geschichte den Namen Babel begründet, den Namen der Stadt dort im Zweistromland.

„Der im Himmel wohnt, lachet ihrer." *Psalm 2,4*

Zeit, aufzubrechen

1. Mose 11,27–12,9 **Dienstag, 24.**

Abram ist eingebettet in die Geschichte seiner Familie, die aus dem Land an den Flüssen Euphrat und Tigris stammt. Wir finden seine Vorfahren von Noah bis Terach sogar im Stammbaum von Jesus (Lk 3,34-36). Aber dann hört er Gottes Stimme. Er soll buchstäblich die Zelte hinter sich abbrechen und sich auf völlig

Neues einlassen: in ein anderes Land gehen! Zu einem großen Volk werden! Sich segnen lassen und andere segnen! Seine Frau, seinen Neffen, dann auch ihre Knechte und Mägde soll Abram dabei mitnehmen! Mit 75 Jahren! Er gehorcht. Er bricht mit all den Seinen auf. Von nun an lernt er es, sich in das Land Kanaan führen zu lassen und zum Stammvater des Volkes Israels zu werden. Und er lässt sich vor Augen malen, wie dieses Volk Israel zum Segen für alle Völker der Erde werden soll.

„Er zog aus und wusste nicht, wo er hinkäme." *Hebräer 11,8*

Auf Herz und Nieren geprüft

1. Mose 12,9-20 **Mittwoch, 25.**

Eine Verlegenheit nach der anderen! Gerade wurde Abram als Stammvater Israels berufen, da wird sein Glaube geprüft. Eine Hungersnot beginnt. Um zu überleben, meint Abram, nach Ägypten ziehen zu müssen. Da packt ihn die Sorge, man werde seine attraktive Frau begehren und ihn selbst beseitigen. Sein Ausweg: Sarai soll sich als seine Schwester ausgeben. Dann fällt Abram in betretenes Schweigen. Wie er es vorausgesehen hat, hört der König im Land von Sarai, nimmt sie zu sich in sein Haus und beschenkt Abram. Jetzt greift Gott ein: Krankheiten verbreiten sich in der Familie Pharaos. Aufgebracht stellt er Abram zur Rede – und erweist sich als anständig: In die Ehe dieses Fremden greift er nicht ein. So schickt er Abram und Sarai zurück in das Land Kanaan.

„Und führe uns nicht in Versuchung." *Matthäus 6,13*

Du darfst

1. Mose 13,1-18 **Donnerstag, 26.**

Abram beeindruckt mich zutiefst. Im Streit um das bessere Weideland überlässt er großzügig seinem Neffen Lot die Wahl. Beide haben riesige Herden. Aber das Weideland für das Vieh ist begrenzt. Ständig Streit in der Familie? Nein, das will Abram nicht länger. Besser, sie trennen sich und jeder lässt dem anderen Freiraum. Was für ein kluger Tipp bis heute, wenn die Luft zum Atmen auch bei uns zu eng wird! Abram macht sich keine Sorgen, dass er zu kurz kommen könnte. Er weiß: Der Bestand meiner Viehherden hängt nicht davon ab, ob die Gegend wasserreich ist oder nicht. Mein Leben und meine Existenz hängen einzig und allein am Segen Gottes. Dieses Vertrauen lässt ihn großzügig sein. Das zeugt von echter Freiheit. Und dass er recht behalten wird, deutet sich schon ganz zum Schluss als Kommentar zu Lots Wahl an: „Aber die Leute zu Sodom waren böse (...)"

„Willst du zur Linken, so will ich zur Rechten, oder willst du zur Rechten, so will ich zur Linken." *1. Mose 13,9b*

Ende gut, alles gut?

1. Mose 14,1-16 **Freitag, 27.**

Lots Kalkül geht nicht auf: Er hatte sich für die wasserreiche Gegend um Sodom und Gomorrha entschieden, doch nun wird er dort in einen Krieg hineingezogen. All sein Besitz ist plötzlich dahin, er selbst wird verschleppt. Seine Geschichte scheint zu Ende zu sein, noch bevor sie richtig begonnen hat. Wäre es nicht verständlich, wenn Abram sagen würde: „Du hattest die Wahl! Wir haben uns getrennt, ich habe dir den Vortritt gelassen, nun sieh zu, wie du zurechtkommst"? Ganz ehrlich: Ich weiß nicht, ob ich wie Abram gehandelt hätte. Erneut geht er für seinen Neffen ein großes Risiko ein: Krieg! So viel ist ihm das Leben seines Neffen „wert". Ich bete, dass Gott mir immer wieder Antworten gibt auf diese wirklich schwierigen Fragen im Leben: Wofür lohnt es sich zu kämpfen? Mit welchen Mitteln?

„Als Abram nun hörte, dass seines Bruders Sohn gefangen war, wappnete er seine Knechte (...)" *1. Mose 14,14a*

Das ist alles nur geraubt? Nein, geschenkt!

1. Mose 14,17-24 **Samstag, 28.**

Die Feinde sind besiegt. Die Beute ist zurückerobert. Abram könnte den Helden spielen. Aber nein, er tut es nicht. Der Abschluss der Geschichte zeigt: Abram weiß sich von Anfang an in Gottes Händen geborgen. Schon als sich seine und seines Neffen Wege trennten, als Lot gefangen genommen wurde und als Abram ihn befreit hatte. Und jetzt spricht ihm Melchisedek, der Priester von Salem, Gottes Segen zu und bringt ihm Brot und Wein. Was für großartige Gesten! „Melchisedek" bedeutet König der Gerechtigkeit und „Salem" bedeutet Friede. Der König von Sodom darf die befreiten Bewohner und die eroberte Beute wieder in Empfang nehmen. Abram will nichts für sich. Sollte es so nicht immer sein? Den Segen, den ich täglich von Gott empfange, soll anderen zugutekommen. Wo kann ich Gerechtigkeit und Frieden an andere weitergeben?

„Gesegnet seist du vom höchsten Gott, der Himmel und Erde geschaffen hat; und gelobt sei Gott." *1. Mose 14,14a*

Wochenspruch

Über dir geht auf der HERR, und seine Herrlichkeit erscheint über dir. *Jesaja 60,2*

Einer, der weiß, wovon er spricht

Psalm 40 **Sonntag, 29.**

Ein Psalm voller Leben. Ganz unterschiedliche Themen sind angesprochen. Mal ist David voller Lob (V. 4), mal hat ihn der Mut verlassen (V. 13). Wer die Erzählungen aus seinem Leben kennt, weiß: Er weiß, wovon er in seinem Gebet redet. Wie schön, dass er sich damit nicht in sein stilles Kämmerlein zurückzieht. Seine guten und schlechten Zeiten sind für ihn nicht nur Anlass, sie vor Gott zu bringen, sondern auch anderen davon zu erzählen: mit Liedern (V. 4), vor versammelter Gemeinde (V. 10) und gegenüber

Menschen, die ihm nach dem Leben trachten (V. 15). Hauptsache, das Leben ist transparent für Gottes Wirken. Durch Höhen und Tiefen soll Gott mit seiner tatkräftigen Liebe sichtbar werden. Denn er ist da und greift ein. Alle sollen es sehen. Wenn David von seinem Helfer und Retter spricht (V. 18), dann sind das keine leichtfertigen Worte. Es ist Lebens- und Glaubenserfahrung. Und die macht mir Mut, auch von meinem Glauben anderen zu erzählen. Die Themen dazu schreibt das Leben. Und Gott.

„Von deiner Wahrheit und von deinem Heil rede ich." Psalm 40,11a

Fürchte dich nicht, glaube nur

1. Mose 15,1-21 **Montag, 30.**

Was für eine Szene. Wenn man den Text liest, könnte man den Eindruck haben, Gott und Abram sitzen auf einer Bank vor Abrams Zelt und sprechen ganz vertraut miteinander. So wünsche ich mir meine „Stille Zeit". Und das ist kein oberflächliches Feierabendgeschwätz. Nein, da geht es so richtig ans Eingemachte. Abram ist reich geworden. Er hat alles, was er braucht. Aber er ist mittlerweile auch alt. Und er hat keine Nachkommen. Das ist die große Wunde seines Lebens. Und genau da spricht Gott hinein: „Sieh gen Himmel (...)" (V. 5). Und das Erstaunliche ist: Obwohl Abram schon alt ist – und seine Frau Sarai auch – und alles dagegenspricht, dass er noch Kinder haben wird, heißt es: „Abram glaubte dem HERRN". Er vertraut Gott. Und das reicht zur Gerechtigkeit. Wo fordert Gott mich heute heraus, ihm zu vertrauen?

„(...) dass der Mensch gerecht wird ohne des Gesetzes Werke, allein durch den Glauben." Römer 3,28

Hintergrund: Gerechtigkeit in der Bibel

Gerechtigkeit ist ein biblischer Schlüsselbegriff. Im Alten wie im Neuen Testament. Darum muss man sorgfältig mit ihm umgehen. Für manche ist „Gerechtigkeit" der Gegenbegriff zur „Barmherzigkeit Gottes". Entweder – oder. Ist Gott (zu) barmherzig, dann kann er nicht wirklich gerecht sein. Er ließe dann zu viel durchgehen, würde die Bösen nicht mehr bestrafen und die Guten nicht belohnen. Aber wenn Gott gerecht ist, die Bösen sanktioniert und den Guten Recht verschafft, dann kann er nicht barmherzig sein. Er wäre strikt an seine eigenen Regeln gebunden, ohne Ausnahme.

Nun ist im Römerbrief der Gegensatz zur „Gerechtigkeit Gottes" (1,17) der „Zorn Gottes" (1,18). Gottes Zorn setzt schon im Alten Testament dem Bösen die notwendige Grenze. Gottes Zorn entbrennt, wo Leben bedroht oder gar zerstört wird. Darum ist die Rede von Zorn Gottes biblisch unaufgebbar als die dunkle Rückseite der Gerechtigkeit Gottes. Aber die Gerechtigkeit Gottes ist keineswegs das Gegenteil zu seiner Barmherzigkeit.

Martin Luther hatte gelernt, dass die „Gerechtigkeit Gottes" die Eigenschaft Gottes ist, mit der er uns Menschen beurteilt. Nur derjenige, der Gottes Gerechtigkeit entspricht, kann vor Gott bestehen. Und da zweifelte Martin Luther zutiefst an sich selbst. Bis er beim Studieren des Römerbriefes die vertrauten Worte „Gerechtigkeit Gottes" anders verstand: Es geht nicht um die Gerechtigkeit, die Gott von uns fordert, sondern die Gerechtigkeit, die Gott uns schenkt. Die Gerechtigkeit, mit der er uns in seine Gemeinschaft aufnimmt und uns, wenn wir aus dieser Gemeinschaft herausfallen, wieder zurückholt.

Diese Gerechtigkeit, die Gottes Handeln bestimmt, ist aber auch etwas, was unser Handeln bestimmen soll. Wenn wir in die Gemeinschaft mit Gott hineingenommen werden, dann prägt diese Gemeinschaft unser Leben. Im Alten Testament erweist Gott seine Gemeinschaftstreue, seine Gerechtigkeit, an seinem Volk, aber er erwartet auch, dass sein Volk dieser Gemeinschaftstreue

entsprechend lebt, indem es nach Gottes Weisung, nach seiner Tora, sein Leben ausrichtet.
Im Neuen Testament ist es vor allem Matthäus, der diesen Aspekt der Gerechtigkeit herausstellt: Es kommt darauf an, Gottes Gerechtigkeit zu leben, nicht nur, sie unverbindlich zu glauben oder oberflächlich zu bejahen. Wichtig ist aber auch hier, dass am Anfang Gottes rettendes Handeln steht, Gottes Gerechtigkeit, und dass man sich die Gemeinschaft mit Gott nicht verdienen kann. Aber wir dürfen darüber nicht vergessen, dass die Gerechtigkeit Gottes Einfluss auf unser Leben nimmt und dieser Einfluss sich darin zeigt, wie wir leben und handeln. Gerecht zu leben ist nicht die Voraussetzung der Gemeinschaft mit Gott, sondern die Konsequenz. (HN)

Wo kommst du her und wo willst du hin?

1. Mose 16,1-16 — **Dienstag, 31.**

Gott vertrauen oder nachhelfen? Das ist die Frage, vor die Abram hier gestellt wird. Und er entscheidet sich falsch, als er auf den Vorschlag seiner Frau eingeht. Das Ergebnis: Zickenalarm im Hause Abrams. Die Magd wird über die Schwangerschaft stolz und kann sich mit ihrer Rolle nicht mehr abfinden. Sarai leidet darunter – und auch unter dem Anblick der schwangeren Hagar. Hagar flieht und landet in der Wüste. So ist das oft, wenn wir eigene Wege gehen. Doch Gott geht auch ihr nach und stellt ihr zwei Fragen: woher? Und: wohin? Und dann spricht er zu ihr, weist ihr ihren Platz zu und segnet sie. Und sie erkennt: „Du bist der Gott, der mich sieht" – die Jahreslosung für dieses Jahr. Gott sieht mich! Er weiß, wo ich herkomme, wo ich hingehöre und wo ich hingehe. Und so ist sie ermutigt, zurückzugehen. Möchte Gott mich heute ganz konkret führen? Welche Schritte darf ich heute gehen?

„Weise mir, HERR, deinen Weg, dass ich wandle in deiner Wahrheit."
Psalm 86,11

Monatsspruch Februar

Sara aber sagte:
Gott ließ mich lachen.

1. Mose 21,6 (E)

Ein Bund zwischen mir und dir

1. Mose 17,1-14 **Mittwoch, 1.**

13 Jahre ist die Geburt von Ismael her. Abram ist 99 und von dem versprochenen Nachkommen ist nichts zu sehen. Aber Gott steht zu seinem Versprechen. Er spricht erneut zu Abram, gibt ihm einen neuen Namen und schließt einen Bund mit ihm. Abraham selber kommt hier nicht zu Wort. Der Redende und Handelnde ist Gott. Für den Bund soll es ein äußeres Zeichen geben: die Beschneidung. Jahrhunderte später hat Jesus einen Neuen Bund aufgerichtet. Und auch für diesen Bund gibt es für die, die darin eintreten, ein äußeres Zeichen: Wer von Herzen glaubt und mit dem Mund bekennt, der wird gerettet (Röm 10,10). Heute wie damals gilt: Gott tut alles für den Bundesschluss. Wir können nichts hinzutun. Beschneidung (damals) oder Bekenntnis (heute) ist alles, was an uns liegt. Sollte ich Jesus heute in meinem Umfeld bekennen?

„Dieser Kelch ist der neue Bund in meinem Blut, das für euch vergossen wird.“ *Lukas 22,20*

Ein Bund für die Ewigkeit

1. Mose 17,15-27 **Donnerstag, 2.**

Jetzt wird Gott ganz konkret. Sara wird in den Segen einbezogen. Noch einmal wird der Sohn versprochen. Und jetzt gibt es sogar den Zeitpunkt dazu („um diese Zeit im nächsten Jahr“). Das ist dann doch zu viel für Abraham. Er geht zu Boden und kann auch innerlich nicht mehr mithalten. Mit 100 Jahren einen Sohn zeugen, mit einer 90-jährigen Frau? Das ist doch lächerlich. Und Gott klärt auch gleich die Dimension seines Bundes: ein ewiger Bund. Hier wird deutlich: Gott hat einen Plan für diese Welt, der einmal in der Ewigkeit mündet. Und diesen Plan setzt er um mit einfachen, schwachen Menschen. Abraham, Isaak, Jakob, Josef und über Jesus bis hin zu dir und mir. Was für ein Gott. Was für eine Sicherheit in guten und schlechten Zeiten. Ist das nicht ein Grund, Gott zu danken, ihn zu loben und zu preisen?

„Seid allezeit fröhlich, betet ohne Unterlass, seid dankbar in allen Dingen.“ *1. Thessalonicher 5,16-18*

Damit Fremde Freunde werden

1. Mose 18,1-15 **Freitag, 3.**

Gastfreundschaft heißt „Liebe zum Fremden“ und wendet sich insbesondere an diejenigen, die einem noch nicht vertraut sind. Wer gastfreundlich sein möchte, gibt ein Stück weit seinen Terminkalender aus der Hand und nimmt eine Haltung der Bereitschaft und Offenheit für die spontanen Begegnungen ein. Solch eine Haltung rechnet damit, dass uns im anderen Gott begegnen kann. Paulus sagt deshalb einmal: „Übt Gastfreundschaft“ (Röm 12,13) und stellt diese Aufforderung als wesentliches Kennzeichen des Christseins in den Zusammenhang der Dinge, die das Gute in die Welt bringen. Gleichzeitig könnte es sein, dass im selben Moment das Glück bei uns einzieht oder gar Gott an unsere Tür klopft – vielleicht auf eine Art und Weise, wie wir es nicht erwartet hätten. Wie wäre es mit einem Experiment der Gastfreundschaft in der kommenden Woche?

„Gastfrei zu sein vergesst nicht; denn dadurch haben einige ohne ihr Wissen Engel beherbergt.“ *Hebräer 13,2*

Damit andere überleben

1. Mose 18,16-33 **Samstag, 4.**

Wenn wir uns für andere einsetzen, hat das nicht immer die Auswirkungen, die wir uns damit erhoffen. So wurde der eine oder die andere vielleicht auch schon enttäuscht. Das kommt vor. Dennoch lädt der heutige Bibeltext dazu ein, für andere einzutreten, selbst dann, wenn wir sie nicht persönlich kennen. Es könnte sogar noch zugespitzter formuliert werden: selbst dann, wenn sie es in den Augen mancher nicht verdient haben. Dem Vorbild Abrahams folgend, würde diese Einstellung selbst vor den höchsten Instanzen für Barmherzigkeit und Gerechtigkeit kämpfen. Welche

Menschen oder Personengruppen kommen dir dabei gerade in den Sinn? Schiebe diesen Gedanken nicht beiseite, sondern versuche einmal aufzuschreiben, warum es dich bewegt. Deine Anteilnahme kommt mit Sicherheit nicht von ungefähr, sondern ist ein Ergebnis des Glaubens.

„Vielmehr liebt eure Feinde und tut Gutes und leiht, ohne etwas dafür zu erhoffen.“ *Lukas 6,35*

Wochenspruch

Wir liegen vor dir mit unserm Gebet und vertrauen nicht auf unsre Gerechtigkeit, sondern auf deine große Barmherzigkeit.

Daniel 9,18

Stille vor Gott

Psalm 62 **Sonntag, 5.**

Beim winterlichen Abendspaziergang sehe ich hinter den Fenstern die blauen Bildschirme blinken. Talk! Musik! Action! Gewiss findet in jenen Zimmern gerade kein Abendgebet statt. Dazu braucht es Stille. Für ein paar Minuten das Handy beiseitelegen, keine Mails checken, keine WhatsApp-Nachricht beantworten, keine neue Nachrichten-Schlagzeile aufrufen – das fällt uns schwer. „Sei nur stille zu Gott, meine Seele, denn er ist meine Hoffnung.“ David gibt seiner Seele geistliche Anweisung. Man sollte manchmal bewusst sein Innenleben dirigieren. Für Christen heißt das, sich auf Gott auszurichten. In der Stille werfen wir uns auf Gott, unseren Fels, unsere Hilfe, unseren Schutz. Bis die Hoffnung zurückkehrt.

„Auf ihn hoffen wir, er werde uns auch hinfort erretten.“

2. Korinther 1,10

Ein Blick auf die Wirklichkeit der Welt

1. Mose 19,1-14 **Montag, 6.**

Schon oft gelesen, löst der heutige Text bei mir doch immer wieder Unbehagen aus. Es ist vielleicht so etwas wie der unverstellte Blick auf die Wirklichkeit der Welt. Er nimmt die Abscheulichkeiten ernst und blickt den damit verbundenen Herausforderungen ins Auge. Es gibt das Böse, aber Gott sei Dank auch das Gute. Meist beides nah beieinander und oftmals auch in uns. Was können wir also tun? Am besten darum bitten, dass Gott in unserem Leben einzieht und unsere Prioritäten in seinem Sinne ausrichtet. Solch ein persönliches Gebet benennt die Bereiche, in denen wir in Gefahr stehen, uns von Gott zu entfernen, und bittet darum, dass Gott uns zu sich zurückzieht. Wer sich so an Gott wendet, erlebt häufig, dass sich etwas verändert und dass dies Auswirkungen auf die Menschen im Umfeld hat.

„Sondern wer sich rühmen will, der rühme sich dessen, dass er klug sei und mich kenne, dass ich der HERR bin, der Barmherzigkeit, Recht und Gerechtigkeit übt auf Erden; denn solches gefällt mir, spricht der HERR.“ *Jeremia 9,23*

Von der Liebe Gottes an die Hand genommen

1. Mose 19,15-29 **Dienstag, 7.**

Von Gott ergriffen zu werden, ist ein großes Geschenk. Es hilft zur Orientierung, sich immer wieder daran zu erinnern. Wie war es bei dir, als du Vertrauen zu Gott gefasst hast? Es ist gut, mit vertrauten Menschen darüber zu sprechen, denn es stärkt den Glauben und macht sprachfähig, darüber zu reden, was das Leben mit Gott ausmacht. Viele Hundert Jahre später nimmt Jesus auch Petrus an der Hand und ergreift ihn, als ihm das Wasser bis an den Hals steht (vgl. Mt 14,31). Damit kommt er wieder auf die Beine, obwohl ihm der feste Boden unter den Füßen verloren gegangen ist. Lot ergeht es genauso. Und als die Unsicherheit immer noch nicht weichen will, benennt er es vor Gott und sagt, was er sich wünscht. Dabei erlebt er, dass Gott einen individuellen Weg mit ihm geht. Was für ein Privileg, zu wissen, dass wir Gott so viel bedeuten.

„Siehe, dein Knecht hat Gnade gefunden vor deinen Augen, und du hast deine Barmherzigkeit groß gemacht, die du an mir getan hast, als du mich am Leben erhieltest.“ *1. Mose 19,19a*

Die Würde des Menschen ist unantastbar?!

1. Mose 19,30-38 **Mittwoch, 8.**

Wie wichtig gute Rahmenbedingungen für ein gelingendes Leben sind, zeigt diese äußerst erschütternde und bizarre Geschichte. Die Zeit, in der wir leben, wie wir uns definieren und was andere über uns denken, beeinflusst zutiefst unser Handeln. Aus gesellschaftlicher Perspektive zu Zeiten Abrahams waren Nachkommen für Frauen entscheidend, um anerkannt zu werden. Dass sie dafür bereit sind, einiges in Kauf zu nehmen, erklärt sich von selbst. Dieser Bibeltext rüttelt uns hoffentlich auf für das, was es an unserer Gesellschaft zu verändern gilt, damit Menschen – Frauen und Männer gleichermaßen – nicht zu etwas gedrängt werden, das ihre Würde gefährdet. Gesellschaft und Zeitgeist wandeln sich kontinuierlich. Die Aufgabe der Christinnen und Christen ist es, für Rahmenbedingungen einzustehen, welche die Würde jedes einzelnen Menschen sicherstellen. Dafür lohnt es sich zu kämpfen.

„Und Gott sah an alles, was er gemacht hatte, und siehe, es war sehr gut.“ *1. Mose 1,31a*

Die beiden Söhne

1. Mose 21,1-21 **Donnerstag, 9.**

Gott macht seine Zusage wahr: Abraham und Sara bekommen einen Sohn, Isaak. Sein Name bedeutet: „Gott möge (über dem Kind) lächeln“. Den Wortstamm „lachen“ deutet Sara in doppelter

Weise: einmal im Sinne der lachenden Freude, weil die Kinderlose nun doch Mutter geworden ist (vgl. Ps 113,9); zum andern im Blick auf das „Gelächter und Gerede“, das sie in ihrer Umgebung erwartet.
Dass Sara nun aber verlangt, Ismael, „den Sohn der Ägypterin“, „dieser Magd da“, aus dem Familienverband zu werfen und vom Erbe auszuschließen, missfällt Abraham sehr. Doch Gott bewegt Abraham dazu, Saras Willen zu entsprechen – und bekräftigt auf wunderbare Weise seine Zusage, auch ihn zu einem großen Volk zu machen (1. Mose 16,10). Durch alle menschlichen Irrungen hindurch erreicht Gott sein Ziel – bis heute!

Josef sagt zu seinen Brüdern: „Ihr gedachtet es böse zu machen, aber Gott gedachte es gut zu machen.“ *1. Mose 50,20*

Der Test

1. Mose 22,1-19 **Freitag, 10.**

Klausuren in der Schule; Testserien für Medikamente; das ganze Leben – eine Prüfung! Auch Gott testet. Die Testfrage an seine Nachfolger lautet: „Liebst du mich wegen all der Dinge, mit denen ich Tag für Tag dein Leben reich mache? Oder liebst du mich um meinetwillen?“
Abraham soll bei diesem Test Isaak, den einzigen, geliebten Sohn, drangeben. Doch auf ihm ruht die Verheißung „In dir sollen gesegnet werden alle Geschlechter auf Erden“. Ist das nun hinfällig? Was Abraham am Ende doch nicht abgefordert wird, hat Gott sich selbst auferlegt: Er hat den einzigen, geliebten Sohn nicht verschont, sondern hat ihn für uns alle dahingegeben (Röm 8,32). Gott selbst unterwirft sich dem härtesten Test. An Karfreitag zeigt er umfassend, letztgültig, unüberbietbar: „Ich habe euch lieb. So schlägt mein Herz für euch.“

„Niemand hat größere Liebe als die, dass er sein Leben lässt für seine Freunde.“ *Johannes 15,13*

Das Grab

1. Mose 23,1-20 **Samstag, 11.**

Saras Tod enthüllt, in welcher Lage sich Abraham und seine Sippe befindet: Er ist landloser Ausländer und hat nicht einmal einen Ort, um seine Frau zu begraben. So kommt es zu der ausführlich geschilderten Kaufverhandlung (V. 10: „beim Tor der Stadt") mit den Bürgern von Hebron.
Zwar wird sein Ansinnen zunächst mit schmeichelhaften Worten (V. 6) abgewiesen, doch Abraham lässt nicht locker: Er will die Höhle Machpela. Efron, der Besitzer, reagiert in dem üblichen gönnerhaften Stil („Ich schenke dir." „Was ist das zwischen mir und dir?"), benennt aber dann fast beiläufig zunächst die Größe („Acker und Höhle") und danach auch den durchaus stolzen Kaufpreis („400 Schekel Silber"). Mit einem winzigen Stückchen Land beginnt sich Gottes Verheißung zu erfüllen (12,7; 13,15).

„Durch den Glauben wurde Abraham gehorsam, als er berufen wurde, in ein Land zu ziehen, das er erben sollte." Hebräer 11,8

Wochenspruch
Heute, wenn ihr seine Stimme hören werdet, so verstockt eure Herzen nicht. Hebräer 3,15

Sehnsucht

Psalm 61 **Sonntag, 12.**

Vom „Ende der Erde" steigt dieses sehnsüchtige Gebet auf; so weit weg von Gottes Heiligtum fühlt sich der Beter. Wird er aus solcher Entfernung überhaupt noch gehört? Er schreit seine Angst heraus und bittet darum, Gott wieder ganz nahe kommen zu dürfen: Der „hohe Fels" könnte der felsige Zion sein. Der „starke Turm", das „Zelt", das wie Fittiche Zuflucht gewährt, ist Gottes Gegenwart, die allein neue Zuversicht schenkt.
Neben die Sehnsucht nach Gottes Nähe tritt die Bitte für den König: Ewig möge sein Thron Bestand haben. Letztlich erfüllt ist

das Gebet in Jesus, dem Davidssohn: Seine Herrschaft ist ewig und er erbaut den neuen Tempel seiner Gemeinde. In ihm werden Güte und Treue offenbar.

„Du sollst ihm den Namen Jesus geben. Der wird groß sein und Sohn des Höchsten genannt werden (...) und er wird König sein über das Haus Jakob in Ewigkeit, und sein Reich wird kein Ende haben."

Lukas 1,31ff.

Der Brief des Paulus an die Römer

Wer sich als Grafiker bei einer Agentur bewirbt, wird eine möglichst gute Mappe eigener Werke zusammenstellen. Im besten Falle ist, wenn er zum Bewerbungsgespräch erscheint, schon eine Vorentscheidung zu seinen Gunsten gefallen. Wer sich als Pastor bei einer Gemeinde bewirbt, muss im Normalfall eine Probepredigt halten. Er wird dabei nicht nur seine rhetorischen Fähigkeiten unter Beweis stellen, sondern vielleicht auch versuchen, der Gemeinde zu vermitteln, wofür er steht und was er mit der Gemeinde vorhat.

Ungefähr das tut Paulus mit dem Römerbrief, den er etwa im Jahr 56 n. Chr. von Korinth aus schreibt (16,23, vgl. 1Kor 1,14). Er sieht seine Missionstätigkeit in Kleinasien und Griechenland als beendet an (15,23) und plant eine Reise nach Spanien (15,24-28). Der Gemeinde in Rom ist er nur vom Hörensagen bekannt. So dient dieser Brief neben der Vorbereitung und Unterstützung seiner Missionspläne durch die römische Gemeinde (15,24) zugleich der Vorstellung seiner Person und Botschaft. Deshalb gibt Paulus im Römerbrief eine Art theologische Zusammenfassung seiner gesamten christlichen Botschaft. Man kann nur staunen, was für eine gedanklich-theologische Tiefe Paulus seinen oft einfachen Gemeindemitgliedern zumutet! Er ist nicht nur Missionar, der zum Glauben an Jesus ruft, sondern auch geistlicher Lehrer, der bei den Gläubigen ein gutes Fundament legen und zu

klarem geistlichen Verstehen helfen will. Das zentrale Wort seiner theologischen Überlegungen heißt: „Gerechtigkeit Gottes" – vgl hierzu die Hintergründe „Gerechtigkeit in der Bibel" (S. 26 f.) und „Glaube und Werke" (S. 209 f.).
Nach einer recht ausführlichen Vorstellung seiner Person (1,1-7) und seiner inneren Verbundenheit mit der römischen Gemeinde (1,8-15) nennt Paulus sein Zentralthema (1,16+17). Im ersten Hauptteil wird zunächst die Ungerechtigkeit der Menschen aufgezeigt, sowohl bei den Heiden (1,18-32) als auch bei den Juden (2,1–3,20). Im zweiten Hauptteil (3,21–4,25) zeigt Paulus, wie durch das Sterben Jesu Gottes Heil schaffende Gerechtigkeit offenbar wird und dass diese auch der entscheidende Tenor des Alten Testaments war und ist (4,1-25). Im dritten Hauptteil (5–8) beschreibt Paulus, wie sich der Glaube, der diese neu geschenkte Gerechtigkeit empfängt, im Leben in vielfältiger Weise auswirkt, wie vor allem durch die Gabe des Heiligen Geistes der Glaube in uns Gestalt gewinnt. Der vierte Hauptteil (9–11) bedenkt die theologische Frage, wie sich diese Gerechtigkeit allein durch den Glauben an Jesus Christus zu der Erwählung Israels verhält und was die weitgehende Ablehnung Jesu durch die Juden für die Heidenmission bedeutet. Im fünften Hauptteil (12,1–15,13) werden konkrete Fragen des Gemeindelebens bedacht, vor allem der Umgang miteinander bei unterschiedlichen theologischen Meinungen. Am Schluss (15,14–16,27) berichtet Paulus von seinen Missionsplänen und beendet den Brief mit einer überraschend langen Grußliste.

Der Kanzler ist gewählt!

Römer 1,1-7 **Montag, 13.**

Vor einer Bundestagswahl wird die K-Frage diskutiert. Selbst nach dem Wahlabend weiß man noch nicht, bei wem es zum Kanzlerposten reicht. Nach ersten Koalitionsgesprächen deutet sich an, wer das Rennen macht. Der Kanzler in spe wagt die ersten Ansagen für die kommende Zeit. Jedermann wird sich auf seine Politik einstellen müssen. Doch ganz gleich, wie die Wahlen in aller Welt ausgehen – Gott hat bereits gewählt. Gott hat den Kanzler für alle bestimmt: Jesus aus Nazareth, an Ostern ausgewiesen als Gottes Sohn. Jedermann muss zur Kenntnis nehmen, dass er einmal regieren wird. Wer dieser Nachricht, die der Regierungssprecher Paulus verbreitet, glaubt, wird teilhaben an seinem Friedensreich. Echtheitszeichen des Glaubens ist der Gehorsam gegenüber Jesus, hier und heute.

„Hier sind, die da halten die Gebote Gottes und den Glauben an Jesus!" *Offenbarung 14,12*

Mehr als eine Videokonferenz

Römer 1,8-15 **Dienstag, 14.**

Ich hatte viele Infos über die Missionsarbeit gelesen. Aber dann nutzte ich die Chance, ins Flugzeug zu steigen und über den Atlantik zu fliegen. Ich erlebte die intensiven Gebetszeiten im Missionssaal mit. Ich schüttelte jungen Leuten mit Drogenproblemen im Reha-Zentrum die Hand. Ich trank im Urwald von Paraguay aus dem Rinderhorn Tereré, Eiswasser-Tee. Das kann ein Missionsblatt nicht vermitteln. Das ist mehr als die üblichen Videokonferenzen. Live ist live. Präsenz ist unersetzlich. Gemeinschaft musst du spüren. Deshalb bemüht sich der Missionar Paulus, trotz mancher Hindernisse, die Kirchengemeinde Rom zu erreichen. Deshalb sollte uns nichts daran hindern, den Gottesdienst aufzusuchen und die Gebetsrunde. Bemühen wir uns um das direkte Gespräch z. B. mit Mitarbeitern und Kollegen?

„Lasst uns nicht verlassen unsre Versammlungen, wie einige zu tun pflegen." *Hebräer 10,25*

Rettungsbotschaft

Römer 1,16-17 **Mittwoch, 15.**

Im Juli 2021 fielen im Ahrtal innerhalb von 24 Stunden 150 Liter Regenwasser pro Quadratmeter. In Nordrhein-Westfalen und

Rheinland-Pfalz starben 180 Menschen in den Fluten. Hinterher entwickelte sich eine Diskussion darüber, ob die Landratsämter rechtzeitig gewarnt haben. Denn die Meteorologen hatten die Wassermassen kommen sehen. Wer die Gefahr kommen sieht und nicht warnt, macht sich schuldig.
Paulus sieht die Gefahr kommen. Nicht die Sintflut, vor der Noah warnte, sondern den Richterspruch Gottes über eine Menschheit, in der die Dämme gebrochen sind. Paulus schlägt Alarm. Und Paulus ruft zur Evakuierung. Nur auf der Anhöhe Golgatha bist du in Sicherheit! Wir schämen uns, das zu sagen? Wir müssen sie weitersagen: die „Kraft Gottes, die alle rettet, die daran glauben" (V. 16).

„Der Menschensohn ist gekommen, zu suchen und selig zu machen, was verloren ist." *Lukas 19,10*

Was Gott zornig macht

Römer 1,18-32 **Donnerstag, 16.**

Die Botschaft der Kirche lautet doch: „Piep, piep, piep, Gott ist immer lieb", nicht wahr? Schon möglich. Die Botschaft des Paulus lautet zuerst: „Gottes Zorn wird vom Himmel her offenbart über alles gottlose Leben der Menschen" (V. 18). Der Gastgeber im Gasthaus Erde geht unglaublich geduldig und freundlich mit uns um. Aber in ihm kocht es, so ungefähr wie in einem Vulkan vor dem Ausbruch. Warum? Für ihn fühlt sich die Menschheit an wie eine Bande in einem Jugendhaus, das ein edler Stifter mit viel Mühe hergerichtet hatte, um jungen Leuten etwas Schönes zu gönnen. Aber sie hängen ein Plakat raus: „Unser Haus, unsere Regeln!" Die Bande kifft, hurt, zerstört, stiehlt, lügt, prahlt. Als sie der edle Stifter zur Ordnung ruft, schlagen sie ihn zusammen. Sei gewarnt, wenn du zur Bande gehörst! In Gott kocht es.

„Es wird große Not auf Erden sein und es wird Zorn über dies Volk kommen." *Lukas 21,23*

Erhebe dich nicht über andere

Römer 2,1-16 **Freitag, 17.**

Selbstgerechte Menschen gibt es zu allen Zeiten. Sie stellen sich selbst aufgrund ihres moralisch einwandfreien Lebens als Ausnahme dar und erheben sich über die anderen, die aus ihrer Sicht weniger vollkommen sind. Sie vergessen dabei: Wer mit dem Finger auf andere zeigt, auf den zeigen drei Finger zurück.
Der Apostel Paulus argumentiert: Die einen kennen die Gebote, die anderen wissen durch ihr Gewissen, was richtig ist. Niemand möchte bestohlen, belogen oder getötet werden. In allen Kulturen kennt man den Unterschied zwischen Gut und Böse. Unsere Aufgabe ist, anderen zu vergeben und versöhnlich zu leben. Außerdem gilt, dass der unparteiische und gerechte Gott uns nach unserem Verhalten beurteilt. Ob religiös engagiert oder nicht – wir sind auf seine Barmherzigkeit angewiesen.

„Denn es ist kein Ansehen der Person vor Gott.“ *Römer 2,11*

Mehr Sein als Schein

Römer 2,17-29 **Samstag, 18.**

Am Anfang des Römerbriefes weist Paulus nach, dass Juden wie Heiden vor Gott schuldig werden. Jeder auf seine Weise. Die Juden, von Gott mit den Geboten beschenkt, blicken auf eine lange Tradition zurück, zu der auch die Beschneidung gehört. Dies macht sie selbstsicher und lässt sie vergessen, dass sie durch die Jahrhunderte Gott immer wieder vergessen haben.
Religiöse Rituale oder geistliche Gewohnheiten sind dann wertlos, wenn sie eine fehlende Herzensfrömmigkeit überdecken wollen. Herzensfrömmigkeit schenkt uns Gott durch Jesus Christus. So beschenkt, können wir Gott loben und uns zum Wohl unserer Mitmenschen einsetzen. Diese Herzensfrömmigkeit zeigt sich sichtbar, erlebbar und spürbar in meinem Umfeld.

„Die Beschneidung des Herzens ist eine Beschneidung, die im Geist und nicht im Buchstaben geschieht.“ *Römer 2,29*

Wochenspruch

Seht, wir gehen hinauf nach Jerusalem, und es wird alles vollendet werden, was geschrieben ist durch die Propheten von dem Menschensohn. *Lukas 18,31*

Gescheitert

Psalm 60 **Sonntag, 19.**

Das Volk Israel bringt die herbe Niederlage im Krieg vor Gott. Die Erfahrung des Scheiterns wird zu einem Gebet: Ängste, Enttäuschungen, Sehnsüchte und Hoffnungen werden vor Gott gebracht. Schmerzliche und leidvolle Erfahrungen lassen immer Zweifel aufkommen, ob Gott überhaupt an unserer Seite steht. Führt er uns aus dem dunklen Tal? Oder geht er wenigstens mit uns hindurch? Menschliche Hilfe scheint nichts ausrichten zu können. So ruft das verzweifelte Volk: „Schaff uns Beistand in der Not!“ In bildhafter Sprache verspricht Gott, das Blatt zu wenden. Mit diesem verwegenen Vertrauen in Gottes Möglichkeiten entsteht neues Vertrauen in Gott. Wenn es im Leben ganz hart kommt, sind wir auf Gottes Hilfe angewiesen. Dieser Beistand ist Jesus Christus, der für alle Tage unseres Lebens bei uns ist. Jesus Christus ist für uns und hält uns, auch wenn wir ihn gerade nicht halten können.

„Du hast doch ein Zeichen gegeben denen, die dich fürchten.“

Psalm 60,6

Gott steht zu seinem Wort

Römer 3,1-8 **Montag, 20.**

Paulus argumentiert zunächst, dass es keinen Unterschied zwischen Juden und Heiden gibt. Widerspricht das nicht der Tatsache, dass Gott das Volk Israel aus allen Völkern erwählt hat? Das Wort Gottes zu haben, ist ein Vorteil – genauso, wie in einer christlichen Familie aufzuwachsen. Doch damit ist niemand automatisch gerettet.

Das Problem liegt tiefer: Alle Menschen sind Lügner (V. 4). Sie verfehlen Gott. Deshalb bringt Gott durch das Volk der Juden die Erlösung der Welt durch Jesus Christus voran. Gerne vertreten wir die Auffassung, dass Gott selbst schuld ist, dass wir so sind, wie wir sind. In unserem Widerspruch gegen Gott, den Weltenrichter, zeigt sich umso gewaltiger, dass es Gottes Geschenk ist, wenn es Glaubende gibt. Unsere Untreue hebt niemals die Treue Gottes auf! Die Konsequenz ist: Als Glaubende sind wir aufgefordert, verantwortlich auf Gottes Wort zu reagieren: das Gute zu tun, nicht zu lügen und Gott die Ehre zu geben.

„Alle Menschen sind Lügner.“ *Psalm 116,11*

Es gibt keinen, der redlich handelt

Römer 3,9-20 **Dienstag, 21.**

Wenn wir unser Leben an Gottes Maßstab messen, müssen wir erkennen, dass wir Gottes Gebote nicht halten können. Paulus will, dass alle das verstehen: Vor Gott steht die ganze Menschheit als ungerechtfertigt da! Es steht aus Gottes Sicht schlimmer um uns, als wir wahrhaben wollen.

In der Bergpredigt sieht Jesus die Übertretung der Gebote Gottes nicht erst in den verbotenen Taten, sondern bereits in unseren Worten und Gedanken. Unser Leben ist geprägt vom Misstrauen gegenüber Gott. Dieses Misstrauen beherrscht uns so sehr, dass wir uns davon nicht selbst befreien können. Es braucht radikal erneuerte Menschen, die vor Gott gerecht dastehen. Diese Erneuerung geschieht durch den Glauben an Jesus Christus. Aus Gottesgegnern werden Gotteskinder.

„Wir wissen, dass der Mensch durch Werke des Gesetzes nicht gerecht wird, sondern durch den Glauben an Jesus Christus.“ *Galater 2,16*

Entschuldet

Römer 3,21-26 **Mittwoch, 22.**

Du bist schuld! Nein, du! Die Frage nach der Schuld wird täglich ausgefochten. In Familien, an der Arbeitsstelle, in der Politik. Das Aufrechnen und Abrechnen hat kein Ende. Paulus zeigt: Vor Gott sind alle Menschen schuldbeladen. Unsere Versuche, durch Befolgen von Vorschriften diesem Urteil zu entgehen, schlagen fehl. Genau hier setzt Gott in seiner Liebe ein. Er nimmt die Sache selbst in die Hand. Er entschuldet und erlöst uns. In Jesus bewirkt er die Versöhnung. Mehr noch: Jesus selbst ist die Sühne (V. 25). Dieses Wort erscheint nur einmal im ganzen Neuen Testament und bedeutet eigentlich den Deckel der „Bundeslade" im Allerheiligsten des Tempels. Auch dort floss Blut, wie am Kreuz auf Golgatha. So ist Jesus selbst die endgültige Antwort auf die Schuldfrage.

„Und er selbst ist die Versöhnung für unsre Sünden, nicht allein aber für die unseren, sondern auch für die der ganzen Welt."

1. Johannes 2,2

Entlastet

Römer 3,27-31 **Donnerstag, 23.**

Es gibt immer einen Grund, uns für besser zu halten als andere. So wie die Nachbarin, nein, so bin ich nicht! Fleißiger als meine Kollegen bin ich auf jeden Fall! Wenn nur alle wären wie ich, dann wäre die Welt in Ordnung! Diesen Selbstruhm, diese Selbsttäuschung, hat Paulus endgültig entkräftet (V. 27). Wir brauchen uns nicht zu vergleichen, um besser dazustehen als andere. Wir brauchen niemanden zu belasten, um uns dann selbst zu entlasten. Das hat Gott schon längst getan. Und zwar für alle: für Juden und Heiden, Fromme und Gottferne. Nur er kann uns gerecht sprechen. Und das tut er. Unser Teil ist es, das im Glauben anzunehmen. In diesem Vertrauen auf seine Gnade können wir dann auch wirklich anfangen, anders zu leben.

„(...) der unsre Sünden selbst hinaufgetragen hat an seinem Leibe auf das Holz, damit wir, den Sünden abgestorben, der Gerechtigkeit leben. Durch seine Wunden seid ihr heil geworden." *1. Petrus 2,24*

Gesegnet

Römer 4,1-12 **Freitag, 24.**

Können wir ganz auf die Gnade Gottes vertrauen? Müssen wir nicht doch etwas dazu beitragen, dass wir auch wirklich von Gott angenommen werden? Manche quälen sich auch heute noch mit solchen Gedanken. Gilt die Vergebung Gottes wirklich für jeden, egal, was einer verbrochen hat? Hier sind wir am Kern des Evangeliums von der freien Gnade. Weil es so wichtig ist, führt Paulus einen doppelten Schriftbeweis. Er erinnert an die Geschichte Gottes mit dem Stammvater Abraham. Lange bevor er beschnitten wurde, hatte Gott ihn berufen. Ohne jede Vorleistung hatte Gott ihn angenommen. Abrahams Glaube war dann seine Antwort auf dieses Geschenk. Das hat auch König David erfahren: Gott vergibt auch die größte Ungerechtigkeit. Wer das erfährt, ist wirklich gesegnet.

„Wohl dem, dem die Übertretungen vergeben sind, dem die Sünde bedeckt ist! Wohl dem Menschen, dem der HERR die Schuld nicht zurechnet." *Psalm 32,1-2*

Beschenkt

Römer 4,13-25 **Samstag, 25.**

Kleine Weichenstellungen können große Wirkungen haben. So war es bei Abraham und Sara. Ihr Vertrauen auf Gottes Versprechen öffnete die Tür zu einem ganz neuen Kapitel. Was völlig unmöglich erschien, wurde zum Startpunkt für Gottes Heilsgeschichte. Aus dem kleinen Rinnsal wurde ein gewaltiger Strom. Die Familie Abrahams und Saras wird zum Volk Israel. Doch das ist nicht das Ende der Geschichte, die Gott hier schreibt. Vielmehr sind von Anfang an alle Völker im Blick. Gott will sein Heil allen

Menschen schenken. Sein Segen soll die Enden der Erde erreichen. Diese Verheißung erfüllt sich vor unseren Augen. Unser Anteil daran ist, dass wir uns selbst beschenken lassen. Und dass wir dann weitersagen und weitertragen, was wir empfangen haben: Gnade, Versöhnung, Heil und Frieden.

„Denn aus Gnade seid ihr gerettet durch Glauben, und das nicht aus euch: Gottes Gabe ist es, nicht aus Werken, damit sich nicht jemand rühme." *Epheser 2,8-9*

Wochenspruch
Dazu ist erschienen der Sohn Gottes, dass er die Werke des Teufels zerstöre. *1. Johannes 3,8*

Abgrund im Herzen

Psalm 64 **Sonntag, 26.**

Das ist nun nicht der Lieblingspsalm. Keine grüne Aue. Vielmehr Schrecken, Toben, Gift, Waffen, Kampfarena. Wie giftig Worte sein können, wie tief sie verletzen können, erschüttert uns immer wieder. Die Angst davor, dem schutzlos ausgeliefert zu sein, ist groß. Wie groß ist die Versuchung, auch den Bogen zu spannen? „Das kann doch so nicht stehen bleiben, dem muss widersprochen werden, es muss einfach richtiggestellt werden." Dass wir dazu immer wieder fähig sind, ist das zweite Erschrecken: „Unergründlich sind Herz und Sinn" (V. 7b). Genauer: „Das Innere und das Herz eines Menschen sind tief." Auch in mir gibt es Abgründe. Fürchten sollen wir uns vor den schrecklichen Folgen giftiger Worte. Wer sie abschießt wie tödliche Pfeile, wird am Ende selbst getroffen. „Das hat Gott getan!" Davor soll Gott uns behüten.

„Lass dich nicht vom Bösen überwinden, sondern überwinde das Böse mit Gutem." *Römer 12,21*

Frieden mit Gott und mit mir

Römer 5,1-5 **Montag, 27.**

Mit Kap. 5 beginnt ein neuer Abschnitt. Durch den Glauben haben wir Frieden mit Gott, ein neues Leben beginnt. Aber wenn wir keinen Frieden haben, ihn im Moment nicht spüren? Eine unserer typischen Reaktionen ist: Ich müsste Gott mehr lieben. Ich müsste dies tun oder jenes lassen. Und wenn es nicht recht gelingt, wird der Unfrieden noch größer. Lassen wir uns heute mitnehmen: Schau hin, da ist eine Tür offen. Es ist ein Zugang geschaffen, eine Bresche in die unüberwindlich scheinende Mauer geschlagen. Das ist es, was Jesus getan hat. Nicht du mit deiner Selbstanklage. Dein Herz soll nicht der Ort deiner Anstrengung sein. Es ist der Ort, wo du alles empfängst: Glaube, Hoffnung, Liebe. Zuallererst die Liebe Gottes zu dir, und sie ist nicht sperrig, sondern fließt, in jeden Winkel. Sie füllt alles, was du brauchst.

„Und der Wind legte sich und es ward eine große Stille.“ Markus 4,39

Radikale Liebe

Römer 5,6-11 **Dienstag, 28.**

Empfangen, geschenkt, „als wir noch Sünder waren“. Die Dramatik ist uns vielleicht nicht oder nicht mehr so bewusst. Weil wir christlich aufgewachsen sind. Weil wir als Kind getauft worden sind. Oder weil uns der humanistische Gedanke so einleuchtet, dass der Mensch im tiefsten Kern wenigstens das Potenzial hat, mit der richtigen Motivation und dem richtigen Bemühen zu einem ordentlichen Miteinander zu kommen. Sollten wir nicht irgendetwas „beisteuern“, damit Gott uns liebt, lieben kann? Nein, „als wir noch schwach waren“ ist radikal gemeint: ganz und gar unfähig, sogar „Feinde“ Gottes. Es geht uns gegen den Strich, aber es muss an die Wurzel gehen, radikal. Das wertet uns nicht ab, sondern schenkt uns die volle Würde. Seine Liebe macht es.

„Wenn jemand nicht von Neuem geboren wird, so kann er das Reich Gottes nicht sehen.“ Johannes 3,3

Monatsspruch März

Was kann uns scheiden
von der Liebe Christi?

Römer 8,35 (E)

Gnade für alle

Römer 5,12-21 **Mittwoch, 1.**

Paulus spannt den Horizont bis zum Anfang der Welt auf. Er führt aus, dass es sozusagen zwei „Weltordnungen" gibt. Die Herrschaft der Sünde, die Tod hervorbringt und zum ewigen Tod führt. Und die unvergleichlich mächtigere Herrschaft des Lebens und der Gnade, die zum ewigen Leben mit Gott führt. Adam heißt „Mensch" – er ist das Eingangstor für die Sünde und in ihrer Folge für den Tod in die Welt. Durch Jesus, den „neuen Adam", kam die Erlösung von diesem In-sich-verschlossen-Sein. Wie die Verdammnis über allen Menschen steht, so gilt die Gnade der Lebensherrschaft Jesu nun ausnahmslos für alle. Unabhängig vom Gesetz, das nicht der Weg zur Besserung und kein Heilsweg ist, sondern „nur" die Sünde sichtbar macht, wo diese sonst unerkannt bliebe. So einfach und doch so herausfordernd: Versöhnung für alle, ja! Aber nicht über mich hinweg. Welche Herrschaft bestimmt mein Leben?

„Wer den Sohn hat, der hat das Leben." *1. Johannes 5,12*

Jahreslosung 2023:

Du bist ein Gott, der mich sieht. (1. Mose 16,13)

Kein neutraler Blick

Blicke sind vielfältig. Selten neutral. Denn jeder Blick, den wir wahrnehmen, stellt eine Beziehung her. Wir empfinden ihn als kritisch, abschätzig, gleichgültig, auffordernd, liebevoll. Der Blick löst etwas in uns aus: Wir verwahren uns gegen die Kritik, ärgern uns über die Abschätzigkeit oder Gleichgültigkeit des anderen, stellen uns der Anforderung oder weichen ihr aus, sind beglückt über den liebevollen Blick.

Der intensive Blick eines anderen bleibt nicht beim anderen. Er wird auch mein Blick. Ich nehme auch mich selbst wahr, indem ich den anderen wahrnehme. Spüre, was mich freut, was mich stresst, was mich ärgert oder anzieht. Der Blick öffnet eine Beziehung, auf die ich eingehen kann oder die ich recht zügig beende. So oder so hat ein intensiver Blick mich verändert.
Und wenn Gott mich ansieht? Verunsichert mich dieser Blick? Kritisch, urteilend? Gott, der Fehler sucht – und findet? Lange ist dieser Blick Gottes ein bequemes Erziehungsmittel gewesen: „Du kannst dich vor Menschen verstecken, doch Gott sieht alles!" Ein abschreckendes Gottesbild, das nicht den Glauben fördert, sondern hemmt.
„Du bist ein Gott, der mich sieht." – Die junge Frau, die diesen biblischen Spitzensatz ausgesprochen hat, hat ganz andere Erfahrungen mit Gott gemacht. Sie fühlt sich von den Menschen verlassen, verloren, am Ende. Und dann findet Gott sie! Man spürt die Erleichterung der jungen Frau, Hagar. Das Glück, nicht verloren gegangen, sondern gefunden zu sein. Das Gefühl, etwas wert zu sein, weil Gott sich für sie auf die Suche gemacht hat. Wer so von Gott angesehen ist, hat Ansehen bei Gott.
Dieser Blick Gottes verändert alles. Denn es ist kein neutraler Blick. Wenn Gott einen Menschen sucht, dann ist dieser Mensch wichtig. Egal, was andere sagen. Gleichgültig, wie er von anderen angesehen wird. Gott hat sich auf den Weg gemacht, das Verlorene zu suchen so lange, bis er es gefunden hat. Verheißung statt Abstammung. (HN)

Nicht nur wissen – auch beherzigen

Römer 6,1-11 **Donnerstag, 2.**

Unsere Taufe ist nicht nur ein kirchlicher Ritus, sondern erschließt Teilhabe an der Wirklichkeit Jesu Christi, an der Herablassung Gottes in die tiefste Tiefe, den leiblichen Tod und die Gottverlassenheit. Aber wir haben auch teil an der Lebensmacht Gottes, die Christus auferweckt hat zum Leben mit ihm. Taufe als „Kreuzigung des alten Menschen" schafft zugleich in Christus einen neuen Anfang. Die Zukunft derer, die ihre Taufe ernst nehmen, ist das Mit-Christus-Leben, der ein für alle Mal der Sünde gestorben ist und jetzt mit Gott lebt. Darum dürfen Selbstsucht und die Angst, zu kurz zu kommen, nicht mehr das Leben der Glaubenden bestimmen – sondern das Vertrauen in die Macht der Liebe, die in Christus und seiner Auferweckung erschienen ist.

„Wir tragen allezeit das Sterben Jesu an unserem Leibe, damit auch das Leben Jesu an uns offenbar werde." *2. Korinther 4,10*

Alt oder neu – Knecht oder Freier

Römer 6,12-23 **Freitag, 3.**

Knecht oder Freier – so will Paulus das „alte Leben" vom „neuen Leben" unterscheiden. Wer hat bei uns Christen das letzte Wort? Hören wir auf die Versprechungen und Verlockungen, die in der Erweiterung und Vermehrung unserer Kräfte und Vermögen liegen, verhallen am Ende diese Worte im Nichts, und man schämt sich, dass man sich davon so sehr hat knechten lassen – für nichts! Wer auf Gottes Ruf hört und mit der Entscheidung des Herzens sich von Gottes Ruf bestimmen lässt, wird frei von der Macht des Vergänglichen und erhält unverdient die Gabe des ewigen Lebens, Gemeinschaft mit Gott in Christus. Wer Letztes und Vorletztes unterscheiden kann, wird nicht dem Vorletzten das letzte Wort lassen.

„Wer Sünde tut, der ist der Sünde Knecht. Der Knecht bleibt nicht ewig im Haus; der Sohn bleibt ewig. Wenn euch nun der Sohn frei macht, so seid ihr recht frei." *Johannes 8,34b.35*

Todesfrüchte – Lebensfrüchte

Römer 7,1-6 **Samstag, 4.**

Als Leitlinie zum Leben gedacht, provoziert das Gesetz Gottes jedoch schnell Widerspruch: Muss das so sein? Geht das nicht auch anders? Kann ich das nicht selbst entscheiden? Nicht durch selbstbestimmte Entscheidungen, durch autonomes Verhalten, werden wir nach Paulus frei vom Gesetz, sondern durch eine neue Bindung. Durch Taufe und Entscheidung des Herzens gehören wir dem von den Toten erweckten Christus an. So können wir Gott Frucht bringen. Anders „im Fleisch“, im alten Dasein: Die Leidenschaften eines selbstsüchtigen Lebens brachten dem Tod Frucht, angefeuert vom Widerspruch des Gesetzes. Aber verbunden mit Christus im Geist können tote Buchstaben uns nicht mehr wie Gefangene in unserer Autonomie halten. Wir sind frei geworden durch Liebe zum Lieben.

„Gott hat uns nicht gegeben den Geist der Furcht, sondern der Kraft, der Liebe und der Besonnenheit.“ *2. Timotheus 1,7*

Wochenspruch
Gott aber erweist seine Liebe zu uns darin, dass Christus für uns gestorben ist, als wir noch Sünder waren. *Römer 5,8*

Gottesfurcht ist Gottvertrauen

Psalm 25 **Sonntag, 5.**

Angefeindet, in Verruf geraten und ratlos über die nächsten Schritte in seinem Leben, wendet sich der Beter an Gott. In der Angst vor feindlichen Übergriffen, vor Verlust seines Ansehens baut er auf die Güte, Treue, Barmherzigkeit Gottes. Dabei klammert der Beter eigene Verfehlungen gegen Gottes Weisungen nicht aus, weil er auf seine „Barmherzigkeit und Güte von Ewigkeit her“ (V. 6) vertraut. Freilich weiß er, dass er sich gegen den Augenschein auf Gott einlassen muss, will er nicht in die Irre gehen. Gottes Leitung ist ihm wichtiger als das eigene Handeln aus Angst und Verzweiflung heraus. Darum will er nicht aus unbedachtem Handeln schuldig werden, nicht zu unlauteren Mitteln der Verteidigung greifen, sondern redlich auf Gottes Wirken hoffen.

„Gutes und Barmherzigkeit werden mir folgen mein Leben lang, und ich werde bleiben im Hause des HERRN.“ *Psalm 23,6*

Das Gesetz: von der Sünde instrumentalisiert

Römer 7,7-13 **Montag, 6.**

Das Gesetz führt zur Sünde? Wie bitte? Soll das Gesetz nicht die Sünde verhindern? Paulus blickt hier tiefer: Sünde ist nicht nur ein moralisches Defizit, das durch die Regeln des Gesetzes behoben werden könnte. Es geht um eine Diagnose unserer Gottesbeziehung. Wenn sogar das gute Gesetz mir nicht helfen kann, wird sichtbar, was Sünde wirklich ist. Sünde ist eine Macht, die den Menschen gefangen hält. Sie ist sogar in der Lage, das gute Gesetz Gottes zu instrumentalisieren: Entweder entfacht das Gesetz wie ein Brandbeschleuniger in uns unser „Begehren“ oder es verleitet uns dazu, unsere eigene Gerechtigkeit vor Gott aufzurichten (vgl. Phil 3,8-9). Um von der Sünde befreit zu werden, braucht es eine größere Macht. Hier hilft nur Gott in Person, seine eigene Macht, im Kommen seines Sohnes und seines Geistes (8,2-4).

„Wenn wir sagen, wir haben keine Sünde, so betrügen wir uns selbst, und die Wahrheit ist nicht in uns.“ *1. Johannes 1,8*

Das Gesetz: das zerrissene Ich

Römer 7,14-25 **Dienstag, 7.**

„Das Gute, das ich will, das tue ich nicht; sondern das Böse, das ich nicht will, das tue ich.“ Manche behaupten, dass sich dies nur auf unser Leben vor unserem Christsein bezieht. Ich bin mir da nicht so sicher, denn für Paulus scheint eines klar zu sein: Erst die Auferstehung unseres Leibes beendet diese Zerrissenheit unseres Ichs (8,10-11). Bis dahin bleibt es ein Kampf um das Gute in unserem Leben, oder wie Paulus an anderer Stelle sagt, um den Kampf von Gottes Geist in uns gegen das Fleisch; ein Kampf, der nun nicht mehr aussichtslos ist. Aber endgültig ist die Sünde, wie ihr

Zwilling, der Tod, nur durch die Macht der Auferstehung zu besiegen. Bis dahin werden wir wohl immer wieder einmal stöhnen: „Ich elender Mensch! Wer wird mich erlösen von diesem Leib des Todes?"

„Denn das Fleisch begehrt auf gegen den Geist und der Geist gegen das Fleisch; die sind gegeneinander, sodass ihr nicht tut, was ihr wollt." *Galater 5,17*

Gottes Geist: das neue Leben in uns

Römer 8,1-11 **Mittwoch, 8.**

Gott nimmt sich des Totalschadens des Menschen als Sünder an, indem er selbst in seinem Sohn Mensch wird. Er machte im „Fleisch" Jesu der Sünde den Garaus. Und durch seinen Geist kommt er in mein Leben, damit es nach und nach geheiligt und von der Liebe durchdrungen wird. Die Liebe aber erfüllt das Gesetz (vgl. Röm 12,8-10 und Gal 5,14). Hier hatte das Gesetz selbst keine Chance. Aber Gott gibt die Menschheit nicht verloren, darum wurde er in seinem Sohn Mensch. Gott gibt uns nicht verloren, darum schenkt er uns seinen Geist, lässt das neue Leben in uns Gestalt gewinnen und wird es in der Auferstehung zum Ziel bringen (V. 11). Aus diesem Grund und in dieser Zuversicht können wir täglich darum kämpfen, dass Gott durch seinen Geist unser Leben bestimmt.

„Die Frucht aber des Geistes ist Liebe, Freude, Friede, Geduld, Freundlichkeit, Güte, Treue, Sanftmut, Keuschheit; gegen all dies steht kein Gesetz." *Galater 5,22f.*

Gottes Geist: Gewissheit der Gotteskindschaft

Römer 8,12-17 **Donnerstag, 9.**

Der Kampf zwischen Gottes Geist und dem „Fleisch" in unserem Leben als Christen kann uns verunsichern, ob wir wirklich zu Gott gehören, ob wir tatsächlich seine Kinder sind. Müsste das mit unserem Leben nicht viel reibungsloser funktionieren? Aber das Gegenteil scheint der Fall zu sein. Wir merken: Gottes Geist arbeitet in uns. Es ist eine lebendige Unruhe in uns statt tödlicher Ruhe. Das neue Leben bricht sich Bahn auch gegen Widerstände, die unser „Fleisch" uns entgegenbringt, wenn wir Gott in unserem Leben Gott sein lassen wollen. Darum sagt Paulus: „Welche der Geist Gottes treibt, die sind Gottes Kinder." Wir sind noch nicht „fertig", aber wir sind schon Gottes Kinder. Diese Gewissheit schenkt uns der Heilige Geist und lässt uns vertrauensvoll Gott als unseren „Papa", unseren liebenden Vater, anrufen.

Jesus sagt: „Wahrlich, ich sage euch: Wer das Reich Gottes nicht empfängt wie ein Kind, der wird nicht hineinkommen." *Markus 10,15*

Frei

Römer 8,18-25 **Freitag, 10.**

Noch sind die Schwierigkeiten in unserem Leben groß. Noch gibt es Leid und Angst. Noch harrt und wartet und seufzt und vergeht die ganze Welt. Zu spüren ist das an allen Ecken und Enden. Aber Paulus singt das ganz große Lied der Freiheit. Denn darauf geht alles zu. Die ganze Schöpfung wird frei sein. Und es beginnt schon jetzt: die herrliche Freiheit der Kinder Gottes. Jetzt sind wir gerettet – durch Jesus. Jetzt haben wir Geduld – durch den Heiligen Geist. Jetzt atmen wir Hoffnung – durch unseren Gott. Der Anfang ist gemacht – das Ende noch nicht da. Am Ende wird alles gut sein – und solange noch nicht alles gut ist, ist es noch nicht das Ende. Denn am Ende wird die ganze Gottesschöpfung Kopf und Herz befreit bekommen. Wow. Das befreit mich schon heute von übergroßen Befürchtungen.

„Jesus sprach zu ihm: So sind die Kinder frei." *Matthäus 17,26*

Alles

Römer 8,26-30 **Samstag, 11.**

Was für eine grandiose Zusage. Dass denen, die Gott lieben, alle Dinge zum Besten dienen. Oder wie es wortwörtlich heißt: „zum Guten mitwirken". Für meinen Alltag ist dieses Versprechen zu groß. Ich kann es nicht fassen, dass Gott alles, wirklich alles, in seinen Plan mit einpreist. Aber Paulus gibt es ja auch zu: Wir wissen es nicht aus uns. Wir wissen ja nicht einmal, was wir beten sollen. Selbst das ist uns zu hoch. Zu tiefgehend. Zu unverständlich. Am Ende geschieht alles, wie Gott es will. Mein Gebet wird sortiert. Mein ganzes Leben kommt auf eine gute Bahn, weil ich für Gott sein „Ein und Alles" bin. Und er beschenkt mich mit allem, was ich brauche, auch heute: Gottes Ebenbild, beste Vorbestimmung, Berufung, geschenkte Gerechtigkeit und zuletzt erfahrener Gottesglanz auf meinem Leben. Wir bedeuten Gott alles. Und um alles in der Welt lenkt er unser Leben. Alles wird gut.

„Meine Hand hat alles gemacht, was da ist, spricht der HERR. Ich sehe aber auf den Elenden und auf den, der zerbrochenen Geistes ist." *Jesaja 66,2*

Wochenspruch

Wer die Hand an den Pflug legt und sieht zurück, der ist nicht geschickt für das Reich Gottes. *Lukas 9,62*

Warum?

Psalm 10 **Sonntag, 12.**

Psalm 10 stellt sie wieder und wieder: die Frage aller Fragen. „Mein Gott, warum?" „Warum stehst du so ferne?" (V. 1). „Warum lästert der Frevler?" (V. 13). Wieder und wieder müssen wir es aushalten: Es gibt auf diese Frage keine Antwort. Sondern es gibt Wege, wie wir mit ihr umgehen. Da beginnt alles mit der Klage. Sie darf in unserem Leben sein. Ein Drittel der Psalmen und 11 von 18 Versen in Psalm 10 sind voll davon. Wer betet, darf und soll klagen. Gott hört das. Gott will das. Schwierige Menschen, ich, Gott – alles darf beklagt werden. Das Zweite: die Bitte. Mitten in dem, was ich nicht verstehe, kann ich doch Gott bitten. „Steh uns bei. Greife ein. Vergiss mich nicht." Und das Dritte: mehr Vertrauen. Es hat sich noch nichts geändert. Und doch betet Psalm 10 am Ende fünf lange Verse vom Vertrauen auf Gott. Und wir vielleicht neu mit.

„Und um die neunte Stunde schrie Jesus laut: Eli, Eli, lama asabtani? Das heißt: Mein Gott, mein Gott, warum hast du mich verlassen?"

Matthäus 27,46

Nichts

Römer 8,31-39 **Montag, 13.**

Nichts trennt uns je von Gottes Liebe. Das steht felsenfest. Und je mehr Paulus aufzählt, was uns davon trennen will, desto unverbrüchlicher steht uns diese Zusage vor Augen. Niemand kann letztlich Gottes Liebe zu mir entgegenstehen. Niemand kann mir letztlich Schuld zuweisen. Niemand kann mich letztlich aburteilen. Gottes Liebe bleibt. Diese Liebe ist größer als Angst und Gefahr. Gottes Liebe besiegt Druck und Schwierigkeiten. Und nichts, aber wirklich absolut nichts, kann mich von dieser Liebe trennen. Gewisser als Gottes Liebe ist mir in meinem Leben nichts. Gott hat mit mir seine liebe Mühe. Und am Ende ist der, der die Liebe in Person ist, unauflöslich in Liebe zugewandt. Nichts trennt mich je von ihm und seiner Liebe. Darauf kann ich einmal sterben – und heute schon leben.

„Der HERR, dein Gott wird sich über dich freuen und dir freundlich sein, er wird dir vergeben in seiner Liebe." *Zefanja 3,17*

Das Volk Israel – Kinder Gottes

Römer 9,1-5 **Dienstag, 14.**

Eine Reise nach Israel ist für Christen oft ein Höhepunkt: Auf den Spuren der Bibel im Heiligen Land zu wandeln, das ist ja auch etwas Besonderes. Wer in Israel ist, der begegnet dort den Israelis und überhaupt Juden und Christen aus allen Ländern und unterschiedlichen Traditionen. Spätestens da stellt sich auch die religiöse Frage: Wer ist Gottes erwähltes Volk? Für Paulus ist die Antwort klar und er gibt sie gleich zu Anfang, bevor er ausführlich Gottes Weg mit Israel (Röm 9-11) erläutert: Das Volk Israel ist und bleibt von Gott erwählt als das Volk, mit dem er einen Bund geschlossen und dem er seine Verheißungen gegeben hat. Das schärft Paulus hier ein. Doch dass das erwählte Volk Israel seinen Messias nicht erkennt, bereitet ihm Qualen (V. 2). Leide ich auch darunter, dass so viele Menschen Jesus Christus nicht (er-) kennen?

„Dieser ist wahrlich der Welt Heiland." *Johannes 4,42*

Verheißung statt Abstammung

Römer 9,6-13 **Mittwoch, 15.**

Wie wird man Bürger eines Staates? Wenn ein Baby in den Vereinigten Staaten zur Welt kommt, hat es automatisch die US-amerikanische Staatsbürgerschaft; der Geburtsort zählt. In anderen Ländern entscheidet die Herkunft der Eltern über die Staatsangehörigkeit der Kinder. Auch im Volk Israel war die volle Zugehörigkeit eine Sache der Abstammung: Wer von jüdischen Eltern geboren wurde, war Jude und gehörte zum auserwählten Volk Israel, so z.B. Paulus. Doch gerade der widerspricht dieser Ansicht: Nicht die Abstammung, sondern Gottes Verheißungswort ist entscheidend dafür, wer ein Kind Gottes ist und zu seinem Volk gehört. Damit stößt Paulus seine jüdischen Geschwister vor den Kopf. Ja, Gott hat Israel erwählt, aber er erwählt nun darüber hinaus auch Menschen aus allen Völkern und Ländern.

„Fürchte dich nicht, denn ich habe dich erlöst; ich habe dich bei deinem Namen gerufen; du bist mein!“ *Jesaja 43,1*

Barmherzig – mehr als gerecht!

Römer 9,14-29 **Donnerstag, 16.**

„Das ist aber ungerecht!“ Dieser Satz ist schon zu hören, wenn in der Familie am Esstisch die Nachtischportionen verteilt werden, und manchmal denken wir ihn auch leise, wenn der Arbeitskollege schon wieder für eine Leistung gelobt wird. „Das ist ungerecht“ – diesen Gedanken greift Paulus ganz grundsätzlich auf: Ist es ungerecht, wenn Gott Menschen zu seinem Volk und zu seinen Kindern erwählt? Paulus antwortet entschieden: Nein, Gott ist nicht ungerecht, sondern er ist barmherzig, und das ist viel mehr als gerecht, wo jeder bekommt, was er verdient hat. Gottes Handeln mag uns manchmal unverständlich sein, aber daran können wir festhalten: Er ist barmherzig und deshalb hat er seine Kinder nicht nur aus dem Volk Israel, sondern aus allen Völkern (V. 24) erwählt. Ist das nicht ein Grund, froh und dankbar zu sein?

„Barmherzig und gnädig ist der HERR, geduldig und von großer Güte.“ *Psalm 103,8*

Allein der Glaube an Jesus Christus

Römer 9,30-10,4 **Freitag, 17.**

Allein der Glaube, allein Christus, allein die Gnade, allein die Schrift – in der lutherischen Tradition hat man versucht, mit dieser Formulierung den evangelischen Glauben zusammenzufassen. Paulus bündelt seinen Gedankengang (Kap. 9) mit den Schlagwörtern „Glaube“ und „Christus“: Ein Kind Gottes wird man weder durch seine Abstammung noch durch den Versuch, Gott mit eigenen Leistungen zu beeindrucken. Ein Kind Gottes ist jeder, der an Jesus Christus als seinen Retter glaubt, egal ob er jüdischer Herkunft ist oder nicht. Für die Juden war das schwer zu verstehen; deshalb fleht Paulus zu Gott, dass sie Jesus als den

Messias erkennen und gerettet werden. Bitten wir Gott dafür, dass alle Menschen Jesus Christus kennenlernen.

„Denn ich schäme mich des Evangeliums nicht; denn es ist eine Kraft Gottes, die selig macht alle, die daran glauben, die Juden zuerst und ebenso die Griechen." *Römer 1,16*

Von der Berufung zum Glauben

Römer 10,5-15 **Samstag 18.**

Paulus handelt nicht auf eigene Rechnung. Das Evangelium zu verkündigen ist für ihn kein Start-up, das er geplant hatte und für das er anschließend Gott als Sponsor gewinnen konnte. Gott hat Paulus berufen, das Evangelium zu verkünden. Berufung ist die Voraussetzung zur Verkündigung. Denn wenn Gott nicht durch unser menschliches Wort handeln würde, käme kein Mensch zum Glauben an Jesus Christus (V. 15). Aber andererseits: Wenn wir Berufene den Menschen das Evangelium nicht sagen, können sie auch nicht glauben (V. 14). Und wenn die Menschen nicht glauben, können sie sich nicht an Jesus, den Herrn, wenden (V. 13). Eins greift ins andere. Wie eine Kette. Wer an Jesus glaubt, wird gerettet (V. 9) – aber damit Menschen an Jesus glauben können, müssen wir uns auf den Weg zu ihnen machen.

„Denn wer mit dem Herzen glaubt, wird gerecht; und wer mit dem Munde bekennt, wird selig." *Römer 10,10*

Wochenspruch

Wenn das Weizenkorn nicht in die Erde fällt und erstirbt, bleibt es allein; wenn es aber erstirbt, bringt es viel Frucht.

Johannes 12,24

Göttliche Wohnwelten

Psalm 84 **Sonntag, 19.**

Der Schritt in eine Kirche kann uns in eine andere Welt führen. Hohe Gewölbe. Ein weiter Raum. Ein wenig abgedunkelt, sodass die hellen, bunten Fenster zur Geltung kommen. Das Gefühl von Ehrfurcht und Verehrung. Voller Bilder, Skulpturen, Säulen. Voller Marmor und voller Licht. Das Gefühl von Leben, Vielfalt, Fülle. Oder: warme Farben. Holz. Stühle in Halbkreisen. Andächtige Stille. Aber auch das Gefühl, sich einfach hinsetzen zu können, dazuzugehören, zu den anderen und zu Gott.

„Wie lieblich sind deine Wohnungen, HERR Zebaoth" (V. 2). Gottes Haus ist sehr unterschiedlich eingerichtet. Ganz unterschiedliche göttliche Wohnwelten, die zu unterschiedlichen Gottesbegegnungen einladen. Eine wohltuende Vielfalt, denn Gott selbst zeigt sich uns Menschen vielfältig. Und er lädt uns auf vielen Wegen ein, ihm zu begegnen.

„In meines Vaters Hause sind viele Wohnungen." *Johannes 14,2*

Jesus, der Herr

Römer 10,16-21 **Montag, 20.**

Nirgendwo zitiert Paulus so sehr die Schrift – also, was wir das Alte Testament nennen –, wie an dieser Stelle. Es soll kein Missverständnis aufkommen: Paulus weiß, dass das Evangelium, das er verkündet, in dem Handeln Gottes an seinem Volk Israel begründet ist, wie es die Schrift vergegenwärtigt. Auch wenn Paulus sich zum Apostel der Heiden berufen weiß, kappt er nicht seine jüdischen Wurzeln. Aber allen, Juden wie Heiden, mutet er die Provokation Gottes zu, „dass Jesus der Herr ist" (V. 9). Diesen

Herrn verkündigt Paulus und ruft zum Glauben an ihn. Da gibt es für ihn keine Kompromisse. Es werden nicht alle aus Gottes Volk an diesen Herrn glauben. Das weiß Paulus (V. 16.19). Aber er weiß auch, dass Gott sich immer wieder seinem Volk zuwenden wird, um es in seine Arme zu schließen (V. 21).

„Es ist über alle derselbe Herr, reich für alle, die ihn anrufen."

Römer 10,12

Von Gott verstoßen?

Römer 11,1-10 **Dienstag, 21.**

Welche Körperhaltung passt zu Gott: Er stößt mit beiden Händen das Volk Israel zurück? Oder so: Er breitet seine Arme aus und lockt Israel? Die Frage nach Israels Glauben oder Unglauben treibt Paulus um wie kaum einen Zweiten. Hier wagt er einen prophetischen Blick auf diese Frage: „Hat Gott sein Volk verstoßen?" Und beantwortet sie gleich mit einem mehrfachen Nein.
Nein: Denn Paulus ist selbst das beste Beispiel für Gottes Barmherzigkeit gegenüber jüdischen Menschen. Nein: Denkt an Elia, der sich über die Zahl der geretteten Israeliten gewaltig getäuscht hat. Nein: Nehmt wahr, dass auch jetzt ein Teil von Israel Gottes Gnade empfängt. Das Volk ist nicht komplett verstockt.

„Wo ist solch ein Gott, wie du bist, der die Sünde vergibt und erlässt die Schuld denen, die geblieben sind als Rest seines Erbteils; der an seinem Zorn nicht ewig festhält, denn er hat Gefallen an Gnade!"

Micha 7,18

Gestolpert, um zu fallen?

Römer 11,11-16 **Mittwoch, 22.**

Paulus hat noch mehr Fragen zur Situation Israels und zu Gottes Plan mit seinem Volk. Er beobachtet scharf und kann auch schon einige klare Antworten an die Briefempfänger weitergeben. Darum verneint Paulus seine Eingangsfrage sehr deutlich:

gestrauchelt ja – aber nicht, um nie wieder aufzustehen. Gott überlässt Israel nicht dem freien Fall. Er macht sogar mit dem verstockten Teil des Volkes seine Geschichte. Die Ablehnung Gottes durch Israel lenkt die Segensströme Gottes zu den anderen Völkern. Paulus ahnt, dass der Gehorsam Israels noch viel mehr Segen für die ganze Welt bringen wird. Als Heidenapostel lockt er auch die Juden mit dem Evangelium – und ist damit nicht mal erfolglos (Apg 14,1; 19,10).

Jesus wandte sich um und sprach zu dem Volk, das ihm nachfolgte: „Ich sage euch: Solchen Glauben habe ich in Israel nicht gefunden."

Lukas 7,9

Gott kann

Römer 11,17-24 **Donnerstag, 23.**

Man muss sich nicht mit der Veredelung von Obstbäumen auskennen, um diesen Abschnitt zu verstehen. Paulus nutzt das Bild vom Ölbaum und den eingepfropften Zweigen ziemlich willkürlich. Dennoch kann er das Verhältnis von Heiden und Juden veranschaulichen. Zweierlei stellt er heraus: Wie auch immer die Ausgangsposition eines Menschen in Bezug auf Gott ist – der einzige Weg zum Heil ist die Güte Gottes. Für Gott gibt es kein „Unmöglich". Damit hängt das Zweite eng zusammen: Niemand darf sich etwas einbilden: die Juden so wenig auf ihre Erwählung wie die Heiden darauf, vermeintlich an die Stelle des erwählten Gottesvolkes getreten zu sein. Vor Gott gilt nur Demut und Ehrfurcht, nicht (Glaubens-)Leistung.

„Denn wenn wir mit Gott versöhnt worden sind durch den Tod seines Sohnes, als wir noch Feinde waren, um wie viel mehr werden wir selig werden durch sein Leben, nachdem wir nun versöhnt sind."

Römer 5,10

Nur keine falschen Schlüsse

Römer 11,25-32 Freitag, **24.**

Paulus knüpft noch einmal beim möglichen Hochmut der Christen in Rom an. Er gibt ihnen einige wichtige Erkenntnisse zu bedenken, damit sie nicht ihre augenblickliche Glaubenserfahrung zum Maßstab für das Handeln Gottes machen. Der derzeitige Ungehorsam der Juden ist eine Zwischenstation, aber nicht das Ende der Wege Gottes mit seinem Volk. Gottes Barmherzigkeit kommt nicht am Ungehorsam seiner Geschöpfe an ihre Grenzen. Gott resigniert nicht vor dem Unglauben – weder bei den Juden noch bei den Heiden. So bleibt Gott auch seinem Volk treu. „Unwiderruflich" sind seine Gaben und Zusagen (V. 29).

„Sondern das soll der Bund sein, den ich mit dem Hause Israel schließen will nach dieser Zeit, spricht der HERR: Ich will mein Gesetz in ihr Herz geben und in ihren Sinn schreiben, und sie sollen mein Volk sein, und ich will ihr Gott sein." *Jeremia 31,33*

Wer hat Gott verstanden?

Römer 11,33-36 Samstag, **25.**

Mutig und zuversichtlich hat Paulus schwierige Fragen bewegt. Über Glauben und Unglauben, Erwählung und Verwerfung in Israel. Und bei den Heiden gehen seine Gedanken hin und her. Nun schließt er das Kapitel ab, ohne einen weiteren Aspekt zum Thema anzufügen. Auch auf eine besondere Betonung der Richtigkeit seiner Erkenntnisse verzichtet er. Am Ende seiner Überlegungen steht ein Hymnus: Ein Lobpreis der Schöpfermacht und der Weisheit Gottes fasst die Kapitel 9–11 (vielleicht sogar 1–11) des Römerbriefes zusammen. Die unbeschreibliche Größe und Hoheit Gottes löst demütiges Stauen aus. Gott bleibt unerforschlich. Wir beten ihn an – aber seine Berater sind wir nicht.

„Denn in ihm ist alles geschaffen, was im Himmel und auf Erden ist, das Sichtbare und das Unsichtbare, es seien Throne oder Herrschaf-

ten oder Mächte oder Gewalten; es ist alles durch ihn und zu ihm geschaffen." *Kolosser 1,16*

Wochenspruch

Der Menschensohn ist nicht gekommen, dass er sich dienen lasse, sondern dass er diene und gebe sein Leben zu einer Erlösung für viele. *Matthäus 20,28*

Ein Leben für Gott

Psalm 69,1-16 **Sonntag, 26.**

Eine Person, die sich für Gott verzehrt und am Ende ihrer Kräfte ist. Die aufgrund ihres Glaubens bedrängt und verfolgt wird, von allen verlassen ist. Es gibt kein Entrinnen vor Spott und Schande. Doch ist sie sich der eigenen Schwächen bewusst, sorgt sich trotz aller Not um die anderen. Und: Sie hofft unerschütterlich auf Errettung durch Gott. All das erinnert an Jesus und der Psalm wird auch mehrfach im Neuen Testament zitiert (vgl. Joh 2,17, Joh 15,25, Röm 15,3). Dort bleibt die Schilderung der inneren Gefühlslage Jesu oft von außen beobachtend, mittelbar. Hier ermöglichen uns die persönliche Perspektive und die plastische, drastische Sprache jedoch einen sehr unmittelbaren Zugang zu der Zerrissenheit und Verzweiflung, aber auch Kraft und Stärke Jesu, die alles überwindet.

„Vater, willst du, so nimm diesen Kelch von mir, doch nicht mein, sondern dein Wille geschehe!" *Lukas 22,42*

Das Matthäusevangelium

Bestimmte Ereignisse markieren eine Zeitenwende. Am 28. Juni 1914 wurden der österreich-ungarische Thronfolger und seine Gattin bei einem Attentat ermordet. Es wäre heute vielleicht ein vergessenes Ereignis, wenn es nicht den Ersten Weltkrieg ausgelöst hätte. Der 11. September. Der 24. Februar 2022, als Russland die Ukraine überfiel. Die größte Zeitenwende markiert aber die Kreuzigung Jesu, am Passahfest im Jahr 33.
Ein Zeugnis dieser Zeitenwende ist das Matthäusevangelium. Die junge Kirche ist auf dem Weg in die neue Zeit – und breitet sich im Römischen Reich aus. Aber sie steht auf den Schultern der Geschichte Gottes mit Israel. Jesus ist der Messias Israels, deshalb stellt Matthäus seinen Stammbaum an den Anfang des Evangeliums: Er ist Sohn Davids und Abrahams. Er zitiert oft das Alte Testament, die hebräische Bibel: „Dies geschah, damit erfüllt würde, was gesagt wurde". Und er nennt Jesus mit dem Titel „Sohn Davids" (ca. zehnmal, sonst nur noch zweimal im NT). Mit Jesus ist Israels Messias-Erwartung und die Verheißung der Propheten erfüllt. Die alte Zeit ist zu Ende gegangen.
Schon bei Jesu Geburt deutet sich ein Dauerkonflikt an: Die Heiden, repräsentiert durch die Sterndeuter aus dem Osten, beten Jesus an; Herodes, der König Israels, versucht, das Kind zu töten. Jesus weiß sich „gesandt zu den verlorenen Schafen des Hauses Israel", aber die Führungsschicht und später auch das Volk lehnen ihn ab. Bei den Heiden findet er Glauben wie „in Israel bei keinem" (8,5 ff.; 15,21 ff.). Das Werden eines neuen Gottesvolkes aus allen Völkern wird sichtbar (21,43). Die Sendung der Boten durch den Auferstandenen in alle Welt (28,19 f.) zeigt dieses Ziel deutlich.
Matthäus stellt Jesus besonders als Lehrer heraus. Fünf große Redeblöcke ragen im Matthäusevangelium heraus, die alle gleich enden: „Und es begab sich, als Jesus diese Rede vollendet hatte", so die Bergpredigt (Kap. 5–7), die Aussendungsrede (Kap. 10), die Gleichnisrede (Kap. 13), die Gemeinderede (Kap. 18) und die End-

zeitrede (Kap. 24–25). Die Zahl „fünf" (siehe fünf Bücher Mose) und die Formulierung „Ihr habt gehört, dass zu den Alten gesagt ist" (durch Mose), „Ich aber sage euch", lassen vermuten, dass Matthäus Jesus den vorrangig judenchristlichen Lesern und an Christus interessierten Juden als den neuen Mose vorstellen will – der den alten Mose überragt.
Dass Jesus nicht nur lehrt, sondern auch tut, was er lehrt, zeigt die Sammlung von Heilungen und Tischgemeinschaften mit Zöllnern und Sündern (Kap. 8–9), die auf die Bergpredigt folgt. Ergänzt wird die Bergpredigt durch die Pharisäerrede (Kap. 23). Jesus findet das Reden der Pharisäer in Ordnung, nicht aber ihr Tun (23,3), ihr Umgang mit anderen lässt das Zentrum des Gesetzes vermissen, nämlich „das Recht, die Barmherzigkeit und den Glauben" (23,23). „Denn ich habe Lust an der Liebe und nicht am Opfer." Dieses Wort des Hosea (6,6) gibt Jesus die Freiheit, das Sabbatgebot zu durchbrechen (12,1-8). Matthäus zeigt Jesus als den Sanftmütigen, Barmherzigen, Niedrigen, der die Armen und Kleinen wertachtet und von ihnen aufgenommen wird (5,5; 11,29; 18,6.10.14; 21,5.9; 25,45).
Der Passionsbericht (Kap. 26 f.) stellt Jesu Ohnmacht und Machtverzicht sowie sein Vertrauen auf die Übermacht Gottes (26,52-54) heraus. So erfüllen sich in ihm die „Seligpreisungen" (5,3-12). Er wird arm und empfängt Gottes Reich; er ist sanftmütig und ererbt das Erdreich ... Er wird machtlos und Gott schenkt ihm die ganze Vollmacht: „Mir ist gegeben alle Gewalt im Himmel und auf Erden" (28,18).

Wertschätzung

Matthäus 26,1-16 **Montag, 27.**

Das bei der Salbung verwandte indische Nardenöl ist sehr kostbar – ca. 300 Silberdenare (vgl. Mk 14,5). Das damalige Jahreseinkommen eines Arbeiters, in heutigem Gegenwert rund 20.000 Euro! Die Einwände der Jünger sind also durchaus verständlich. Viel wichtiger aber ist: Obwohl es Jesus zuvor erwähnt hatte, haben die Jünger noch immer nicht begriffen, dass Jesu Tod unmittelbar bevorsteht und ihre gemeinsame Zeit sich dem Ende neigt – anders als die Frau, die ihre begrenzte Zeit mit Jesus nutzt und ihm mit dem kostbaren Geschenk die letzte Salbung vor dem Tod spendet. Was man liebt, verdient Wertschätzung im Hier und Jetzt! Die Jünger lassen kostbare Augenblicke verstreichen. Wie steht es mit unserer bewussten Wertschätzung gegenüber dem, was uns am Herzen liegt?

„Man soll aber nicht mit leeren Händen vor dem HERRN erscheinen, sondern ein jeder mit dem, was er zu geben vermag, nach dem Segen, den dir der HERR, dein Gott, gegeben hat.“ *5. Mose 16.16 f.*

Aufmerksamkeit

Matthäus 26,17-30 **Dienstag, 28.**

Nachdem sich zuvor mit den Plänen der Hohepriester und dem Verrat des Judas die Dynamik hin zur Katastrophe in Gang gesetzt hat, folgt nun das „retardierende Moment“: Jesus macht beim gemeinsamen Mahl mit sehr konkreten Hinweisen deutlich, dass einer der Zwölf ihn ausliefern wird (V. 21.23). Man würde nun einen leidenschaftlichen und lebendigen Austausch in der Gemeinschaft erwarten, die Entlarvung und Festsetzung des „Schuldigen“ scheint nah. Doch stattdessen: ein Kammerspiel in seltsam ruhiger und passiver Stimmung, in dem jeder mit sich selbst beschäftigt zu sein scheint. Nicht allein Judas, auch die übrigen Jünger tragen mit ihrer Sorglosigkeit, Unaufmerksamkeit und Passivität zur kommenden Katastrophe bei. Unheil entsteht allzu oft nicht nur durch aktive Tat, sondern auch durch (un-)absichtliches Nichthandeln ...

„Er gibt dem Müden Kraft und Stärke genug dem Unvermögenden.“
Jesaja 40,29

Demut

Matthäus 26,31-45 **Mittwoch, 29.**

Jesus ist deutlich: Die Jünger werden sich „an ihm ärgern“ – oder näher am Urtext: „an ihm zu Fall kommen“. Sie beteuern ihre Treue bis in den Tod – den Ausgang kennen wir (vgl. V. 40 f. 69-75). Ist also alles umsonst? Jesu Worte sind nicht Vorwurf, sondern Zusage: „Ich weiß, dass ihr um meinetwillen an eure Grenzen stoßen werdet! Doch ist diese Offenbarung der Schwäche nicht Ende, sondern Anfang.“ Erst persönliche Grenzerfahrung und Teilhaben an Jesu Auferstehung machen die Jünger zu wirkmächtigen Aposteln. Die entscheidende Geisteshaltung ist Demut, als Resultat von absolutem Bewusstsein und Annehmen der eigenen Fehler sowie dem Wissen, Teil von Gottes Plan zu sein. Demut als Schlüssel zur Nachfolge Jesu – damals so gültig wie heute.

„Vor dem Sturz ist das Herz eines Mannes stolz; und ehe man zu Ehren kommt, muss man demütig sein.“ *Sprüche 18,12*

Dein Wille geschehe!

Matthäus 26,36-46 **Donnerstag, 30.**

„Dein Wille geschehe!“ Wie oft und vielleicht auch unbedacht ist uns dieser Satz im Gebet schon über die Lippen gekommen? Und wie oft müssen wir feststellen, genau daran zu scheitern, weil uns im entscheidenden Moment die Kraft und Bereitschaft dazu fehlen?

Während Jesus in der größten Not seines Lebens im Gebet darum ringt, dem Willen Gottes gehorsam zu bleiben, fehlt seinen engagiertesten Mitarbeitern letztendlich die Kraft dazu: Es gelingt ihnen einfach nicht, wach zu bleiben und zu beten, auch wenn sie es noch so wollten. So nah sind sich Gehorsam und Scheitern. Die Gefahr der Anfechtung lauert genau da, wo wir im Gebet den Kontakt zu unserem Herrn verlieren. Gerade, wenn es uns schwerfällt, den Willen Gottes zu erkennen, brauchen wir seine Nähe im Gebet. Dann gilt es, besonders wachsam und achtsam zu bleiben.

„Wachet und betet, dass ihr nicht in Anfechtung fallt."

Matthäus 26,41a

Showdown im Dämmerlicht

Matthäus 26,47-56 **Freitag, 31.**

Vorspann zu dem größten Justizskandal der Weltgeschichte: Die wahren Täter ziehen ihre Fäden im Hintergrund und lassen ihre Schergen in der Nacht die Drecksarbeit erledigen. Die Hauptrolle des ewigen Bösewichts bekommt Judas. Dabei steht er nur stellvertretend für alle, die enttäuscht darüber sind, dass Gottes Rettungsplan für diese Welt nicht ihren Vorstellungen entspricht. Judas spekuliert darauf, dass Jesus sich bei diesem nächtlichen Überfall endlich gegen seine Gegner zur Wehr setzt. Doch Jesus hält sich an den Plan Gottes, der schon lange feststeht (V. 54.56) und sich durch menschlichen Einfluss nicht ändern lässt.
Wir sind vielleicht auch gerade enttäuscht, dass unser Leben anders verläuft, als wir es uns vorstellen. Auch wir kennen Gottes Plan für unser Leben nicht, aber wir dürfen darauf vertrauen: Am Ende wird alles gut!

„Sei getreu bis an den Tod, so will ich dir die Krone des Lebens geben."

Offenbarung 2,10b

Monatsspruch April

Christus ist gestorben und lebendig geworden, um Herr zu sein über Tote und Lebende.

Römer 14,9 (E)

Kurzer Prozess

Matthäus 26,57-68 **Samstag, 1.**

Wenn das hohe Gericht schon wartet, das Urteil längst feststeht, Falschaussagen organisiert sind und Eile geboten ist, damit die Öffentlichkeit davon möglichst nichts mitbekommt – dann stinkt die Sache zum Himmel. Auf ihrer krampfhaften Suche nach einem halbwegs brauchbaren Anklagepunkt werden die frommen Hüter des Gesetzes selbst zu Gesetzesbrechern (vgl. V. 59 mit dem Merkvers). Daran ändern auch zwei Zeugen mit gleicher Aussage nichts mehr. Jesus schweigt dazu, zitiert eine alte Verheißung und bestätigt nur, was der Hohepriester selbst ausspricht („Du sagst es!"). Das reicht für ein Urteil? Was für ein Skandal.

Aus Gerüchten, Falschaussagen und verdrehten Worten entstehen auch heute noch schnelle Vor-Urteile. Bevor wir mal wieder „kurzen Prozess" machen, sollten wir uns besinnen, welche Auswirkungen das hat.

„Du sollst nicht falsch Zeugnis reden wider deinen Nächsten."

5. Mose 5,20

Wochenspruch

Der Menschensohn muss erhöht werden, damit alle, die an ihn glauben, das ewige Leben haben. *Johannes 3,14.15*

Gott – meine Zuflucht

Psalm 69,17-37 **Sonntag, 2.**

Wieder die Feinde – wie so oft in den Psalmen. Der Beter fühlt sich ausgegrenzt und bedroht. Niemand hat Mitleid mit ihm. Niemand stellt sich auf seine Seite (V. 21). Keiner, der ihn tröstet und beschützt. Im Gegenteil: Man beschämt ihn, setzt ihn der Schande aus (V. 20). Er soll nicht mehr dazugehören. Ausgestoßen. Isoliert. Das Einzige, was dem Beter bleibt, ist, zu Gott zu fliehen (V. 18). Als ob er zum Heiligtum flieht, an die Tür hämmert und darum bittet, dass man ihm öffnet, damit das Angesicht Gottes nicht mehr vor ihm verborgen ist (V. 18). Man spürt seine Not und die Dringlichkeit seiner Bitten. Der Psalm macht deutlich, dass Gott die richtige Adresse ist für unsere Bitten aus Angst und Not. Wir dürfen ihn mitbeten und uns schon im Gebet Gott nahe wissen. Auch in diesen Lebenssituationen, wenn uns Menschen fremd geworden sind – vielleicht sogar feindlich vorkommen –, ist Gott unsere Zuflucht.

„Zuflucht ist bei dem Gott, der von alters her ist." *5. Mose 33,27*

Ein offener Brief

Matthäus 26,69-75 **Montag, 3.**

„Liebe Geschwister! Ich wollte das wirklich nicht und es tut mir unendlich leid, dass ich eine Enttäuschung für alle bin, die mich zum Vorbild genommen haben. Ich habe miterlebt, wie Jesus wahre Wunder vollbrachte. Seine Reden haben mein Innerstes berührt, in seiner Nähe habe ich mich geborgen gefühlt. Ich hätte alles für ihn getan – dachte ich. Im Kreis Gleichgesinnter ist es leicht, so zu reden. Nun weiß ich, wie sich Versagen anfühlt, wie schnell alle Überzeugung verfliegt. Was ist mein Bekenntnis zu Jesus denn wert, wenn ich nicht öffentlich zu ihm stehen kann? Wäre ich doch nicht allein dorthin gegangen. – Jetzt weiß ich: Ich bin nie allein! Weil Jesus mich durch und durch kennt, weiß er, was passiert, ehe ich es weiß. In diesem Vertrauen will ich es wagen, mich zu ihm zu bekennen. Er steht zu mir, selbst wenn ich versage."

„Ich bin bei euch alle Tage bis an der Welt Ende." *Matthäus 28,20b*

Nicht mehr aufzuhalten

Matthäus 27,1-14 **Dienstag, 4.**

Wer kennt nicht den Moment, mit Worten oder einer Entscheidung etwas ausgelöst zu haben, was nicht mehr aufzuhalten ist? Als Jesus im Morgengrauen des Karfreitags zum Tod verurteilt wird, erkennt Judas, was er getan hat. Was tun? Er versucht, im letzten Moment das Ruder herumzureißen. Er kehrt um, bekennt seine Schuld und Jesu Unschuld. Doch es gibt kein Stoppen mehr. Der Beschluss der Verantwortlichen steht fest: Jesus muss weg. Und Judas sieht keinen Ausweg mehr. Verzweifelt schmeißt er das Geld in den Tempel und setzt seinem Leben ein Ende. Welche Tragik! Seine Verzweiflung geht unter die Haut. Und eines ist sicher: Ihn und mit ihm alle Verzweifelten zu verurteilen steht uns nicht zu. Denn wer kennt nicht solche Situationen, die nicht mehr gutzumachen sind, auch wenn man es noch so wollte.

„Trinket alle daraus; das ist mein Blut des Bundes, das vergossen wird für viele zur Vergebung der Sünden.“ *Matthäus 26,27*

Die Hände in Unschuld waschen

Matthäus 27,15-30 **Mittwoch, 5.**

Was ist das für ein Feigling ohne Rückgrat, dieser Pilatus? Seine Frau hatte ihn durch einen Traum noch gewarnt, dass Jesus gerecht ist. Und dann ein Todesurteil aussprechen und nichts damit zu tun haben wollen? Die Hände in Unschuld waschen? Beim Lesen spüre ich, wie ich einen dicken Hals bekomme. Doch stopp. Wie hätte ich denn an seiner Stelle gehandelt? Pilatus hatte schon mal den Hass der Bevölkerung auf sich gezogen, als er durch eine unbedachte Handlung eine Revolte ausgelöst hatte. Er war mächtig unter Druck und Jerusalem war ein politisches Pulverfass im Römischen Reich. Sollte er wegen eines Sonderlings, der sich für den König der Juden hielt, den Frieden aufs Spiel setzen? Und überhaupt: Wie handele ich denn, wenn es um meinen Vor- oder Nachteil geht? Biege ich mir da nicht schnell auch die Wahrheit so hin, wie sie mir gefällt? Wasche ich meine Hände in Unschuld?

„Wer unter euch ohne Sünde ist, der werfe den ersten Stein.“
Johannes 8,7

Und vergib mir meine Schuld

Matthäus 27,31-44 **Donnerstag, 6.**

Judas vorgestern in der Bibellese, Pilatus gestern und heute die Soldaten, die beiden Verbrecher, die Verantwortlichen des Volkes – und schnell bin ich dabei, die Schuld für den Tod Jesu an ihnen festzumachen und auf sie herabzuschauen. Dabei übersehe ich, dass Matthäus nicht ohne Grund zeigt, dass es nicht den einen Schuldigen gibt, sondern dass wir Menschen – Juden wie Nichtjuden, Verantwortliche wie Verbrecher, Soldaten wie Jünger Jesu – alle daran beteiligt sind, dass Jesus am Kreuz stirbt. Die Karwoche führt mich ins Nachdenken über mich und hilft mir, die Vaterunser-Bitte durchzubuchstabieren: „Und vergib mir meine Schuld." Und da geht es nicht um die kleinlichen Fehler, sondern da geht es um die großen Themen meines Lebens: meine Herzenshärte, meine Blindheit, meine Trägheit, meinen Opportunismus ...

„Aber er ist um unsrer Missetat willen verwundet und um unsrer Sünde willen zerschlagen. Die Strafe liegt auf ihm, auf dass wir Frieden hätten, und durch seine Wunden sind wir geheilt." Jesaja 53,5

Die Gräber taten sich auf

Matthäus 27,45-56 **Karfreitag, 7.**

Karfreitag: Mit dem Klagepsalm 22 auf seinen Lippen stirbt Jesus einsam und alleine den grausamen Tod am Kreuz. Gleichzeitig passiert Seltsames! Der Vorhang im Tempel zerreißt. Und zu den besonderen Details, die Matthäus in seinem Evangelium überliefert – dem sogenannten „Sondergut" –, gehört die zugegeben etwas gruselige Öffnung der Gräber und Erscheinung der Verstorbenen. Doch geht es bei diesem Zeichen alles andere als darum, uns zu ängstigen. Es ist inmitten der Trostlosigkeit des Todes, des Karfreitags, schon ein erster Hinweis darauf, „dass der Tod Jesu den Tod überwunden hat und sein Sterben die Gräber der Menschen öffnet" (Adolf Schlatter). Und diese Zeichen waren so überwältigend, dass schon unter dem Kreuz die Soldaten bekannten:

„Wahrlich, dieser ist Gottes Sohn gewesen!" *Matthäus 27,54*

Scheidung der Geister!

Matthäus 27,57-66 **Karsamstag. 8.**

An Jesus scheiden sich die Geister, damals wie heute. Da ist der eine, Josef aus Arimathäa, der erkennbar Jesus seine Liebe zeigt, sogar angesichts des Todes. Er gibt sein eigenes Grab für Jesus. Da sind die anderen, die Jesus nur als Verführer sehen. Selbst nach seinem Tod geben sie keine Ruhe. Das Grab muss bewacht werden, damit die Leute um Jesus seinen Leichnam nicht stehlen können. Das mit der Auferstehung kann und darf nicht wahr sein. So war das immer. Die einen folgen Jesus, die anderen verfolgen die, die ihm folgen. Aber Jesus wird sich durchsetzen. Die Leute können spotten und lästern, aber sie können nicht daran rütteln, dass er von den Toten auferstanden ist und wiederkommen wird. „Die Herren dieser Welt gehen, aber unser Herr kommt" (G. Heinemann).

„Wer aber beharrt bis ans Ende, der wird selig!" *Markus 13,13*

Wochenspruch

Christus spricht: Ich war tot, und siehe, ich bin lebendig von Ewigkeit zu Ewigkeit und habe die Schlüssel des Todes und der Hölle. *Offenbarung 1,18*

Da bleibt einem die Spucke weg!

Matthäus 28,1-10 **Ostersonntag. 9.**

Was für ein Kontrast. Da freuen wir uns auf zwei freie Tage, wenn wir an Ostern denken. Vielleicht Frühlingsgefühle? Sonne? Ostereier suchen mit den Kindern? Freunde treffen? Wumms!

Was ist das für eine Ostergeschichte heute! Nichts da mit unseren netten Gedanken zum Fest. Statt Feierlaune Erdbeben. Statt Barockengel wirklich Gottes leuchtende Boten. Und eine Nachricht, die es in sich hat: „Jesus ist auferstanden! Seht euch um, er ist nicht da! Aber ihr werdet ihn sehen!“ Und dann wirklich, live für die Frauen, die gekommen waren, um nach dem Grab zu sehen. Jesus begegnet ihnen und spricht ihnen Mut zu. Keine Angst, nur Freude! Und: „Sagt es allen weiter!“ Da bleibt einem die Spucke weg. Da ist Ostern ganz anders. Elementar. Umwerfend. Gewaltig.

„Ist Jesus nicht auferstanden, so ist unsere Predigt vergeblich, so ist auch euer Glaube vergeblich. Nun aber ist Christus auferstanden von den Toten!“ *1. Korinther 15,14.20a*

Good News statt Fake News!

Matthäus 28,11-20 **Ostermontag, 10.**

Was nicht sein kann, das nicht sein darf. „Es kann nicht wahr sein, dass Jesus auferstanden ist“, sagen die, die das Sagen haben. Und sie lassen Fake News verbreiten. Das war schon damals so. Falschmeldungen verbreiten und dafür Geld investieren – das hilft, an der Macht zu bleiben. Oder doch nicht? Ganz anders Jesus! Er braucht keine Fake News, sie sind ihm zuwider. Ihm ist alle Macht vom Vater im Himmel gegeben. Der auferstandene Herr ruft uns auf, Good News zu verbreiten, Nachrichten, die wahr und lebenswichtig sind. Ruft eine gottlose Welt zum Glauben an Jesus! Sagt ihr, dass bei ihm alle Macht und alle Wahrheit sind. Helft, dass der Glaube an ihn wächst. Und vergesst nicht: Er lässt euch dabei nie allein!

„Ihr werdet die Kraft des Heiligen Geistes empfangen und werdet meine Zeugen sein.“ *Apostelgeschichte 1,8*

Einführung in den Römerbrief s. S. 37 f.

Metamorphose – Verwandlung

Römer 12,1-8 — Dienstag, **11.**

Oft wünschen wir uns, dass andere Menschen ihr Verhalten ändern, und übersehen dabei, wie wir selbst in unseren Gewohnheiten feststecken. Münchhausen versuchte erfolglos, sich selbst an seinen Haaren aus dem Sumpf zu ziehen. Paulus zeigt uns einen anderen Weg: Veränderung durch Erneuerung des Denkens. Im Urtext steckt das Wort „Metamorphose", was übersetzt Verwandlung heißt. Unser Blick wird auf Gottes Möglichkeiten und seine Barmherzigkeit gerichtet. Änderung wird möglich, wenn unser Innerstes von ihm gewandelt wird. Das ist kein einmaliger Akt, sondern ein Prozess, in den uns Gott hineinnehmen will. Er erneuert unser Denken und Wollen durch seinen guten Geist und befähigt uns so, ihm unser Leben zur Verfügung zu stellen. Wo sollte sich heute mein Verhalten von der gängigen Meinung unterscheiden?

„Schaffe in mir, Gott, ein reines Herz, und gib mir einen neuen, beständigen Geist." *Psalm 51,12*

Geschenktes weitergeben

Römer 12,9-16 — Mittwoch, **12.**

Es kommt vor, dass Christen sich innerlich oder auch ganz aus ihrer Gemeinde zurückziehen. Sie hatten anderes erwartet und sind enttäuscht. Dietrich Bonhoeffer gibt den Rat, Gott für die Glaubensgeschwister zu danken, weil sie alle unter seinem Ruf, seiner Vergebung und seiner Verheißung leben. Die Annahme, die Gott jedem Menschen schenkt, ist die Grundlage der christlichen Gemeinschaft. Die von Gott selbst erfahrene Liebe sollen wir weitergeben. So treten wir anderen nicht als fordernd Erwartende gegenüber, sondern als beschenkt Weitergebende. Wer sich selbst erkennt, weiß, dass er Gottes Vergebung braucht. Nicht selten bin ich von mir selbst enttäuscht. Die schmerzliche Erkenntnis ist heilsam und hilft mir, Gottes Großzügigkeit, die ich erlebe, an andere weiterzugeben. Ich will neu hoffen und bitten lernen.

„Darum nehmt einander an, wie Christus euch angenommen hat zu Gottes Ehre.“ *Römer 15,12*

Die Macht des Guten

Römer 12,17-21 **Donnerstag, 13.**

Die Macht des Bösen wird in dieser Welt niemand bestreiten. „Wie du mir, so ich dir!“ ist nicht nur eine Redewendung, sondern oft bittere Wahrheit. Nicht selten wird dabei auf das Recht gepocht, sich zu rächen und zu vergelten. Wir werden aufgefordert, diesen Teufelskreis des Bösen zu durchbrechen und unser Augenmerk auf das Gute zu richten. Jesus bringt es für seine Nachfolger auf den Punkt: „Liebt eure Feinde!“ Da kommen wir schnell an unsere Grenzen und erleben, dass es mit guten Vorsätzen allein nicht zu schaffen ist. Wir brauchen Gottes Hilfe und, wenn es schwer wird, auch die Fürbitte anderer. Gottes Liebe möchte unser Herz erfüllen. Er selbst möchte unser Vertrauen darauf stärken, dass er uns mehr gibt, als Menschen uns nehmen können. Das hilft uns, widerständig gegen das Böse zu werden.

„Lass dich nicht vom Bösen überwinden, sondern überwinde das Böse mit Gute.“ *Römer 12,21*

Ehre Gott – im Ja zum Staat

Römer 13,1-7 **Freitag, 14.**

Gott hat Regierungen eingesetzt, um Chaos und Anarchie einzugrenzen. Aus der Geschichte wissen wir, dass Obrigkeiten immer wieder versagen und ihr Volk unterdrücken. Dennoch erwartet Gott, dass wir die Obrigkeit akzeptieren und uns zum Wohl aller einsetzen. Als Christen sind wir herausgefordert, verantwortlich zu handeln, für die Obrigkeit zu beten und Gott – wie auch dem Nächsten – zu dienen. Wir sollen jedem das geben, was wir schuldig sind zu geben. Dazu gehört, dass wir unsere Steuern zahlen, staatliche Organe achten, dem Nächsten dienen und Gott ehren. Für Paulus gehört das zu einem lebendigen, heiligen und Gott wohlgefälligen Gottesdienst (12,1-2).

„So ermahne ich nun, dass man vor allen Dingen tue Bitte, Gebet, Fürbitte und Danksagung für alle Menschen, für die Könige und für alle Obrigkeit, damit wir ein ruhiges und stilles Leben führen können in aller Frömmigkeit und Ehrbarkeit." *1. Timotheus 2,1-2*

Ehre Gott – in der Liebe zum Nächsten

Römer 13,8-14 **Samstag, 15.**

Der staatlichen Gewalt schulden wir als Christen Steuer, Zoll, Respekt und Ehrerbietung (V. 7). Dem Nächsten schulden wir Liebe. Sie ist unsere eigentliche Verpflichtung. Jesus hat seine Nachfolger stets darin ermahnt, dass sich die Liebe zu Gott in der Liebe zum Nächsten zeigt (Mt 22,37-40). An der Liebe werden Christen erkannt (Joh 13,35). Paulus kann sogar sagen: „Wer den anderen liebt, der hat das Gesetz erfüllt" (V. 8.10). Die Liebe ist die mächtigste „Waffe des Lichtes" (V. 12). Jeden Tag sollen wir uns dazu entscheiden, Gott und den Nächsten zu lieben; genauso wie man sich für ein Kleidungsstück entscheidet, das man morgens anzieht (V. 14). Dazu sind wir Christen in der Lage, weil die Liebe Gottes ausgegossen ist in unsere Herzen durch den Heiligen Geist, der uns gegeben ist (5,5).

„Du sollst deinen Nächsten lieben wie dich selbst. Ich bin der HERR."
3. Mose 19,18

Wochenspruch

Gelobt sei Gott, der Vater unseres Herrn Jesus Christus, der uns nach seiner großen Barmherzigkeit wiedergeboren hat zu einer lebendigen Hoffnung durch die Auferstehung Jesu Christi von den Toten. *1. Petrus 1,3*

Zeit für eine Pause

Psalm 116 **Sonntag, 16.**

Ich schaue in den Rückspiegel der letzten Wochen. Mein Gott, wie bin ich froh! Ich fühle mich wieder lebendig! Ich war gefesselt in meiner Angst, konnte keinem Menschen mehr vertrauen und fühlte mich wie erstarrt. Es lohnt sich, innezuhalten und eine Denk- und Dankpause einzulegen. Mir wird bewusst, dass unser Flehen und Bitten bis zu Gottes Ohr dringt. Er holt mich aus dem Dunkel ins Licht. Mir selbst spreche ich es zu: Sei zufrieden, Gott tut dir Gutes. Ich öffne die Augen und nehme die großen und kleinen Wohltaten aus Gottes Hand wahr. Meinen Gott lobe ich, weil ich zu ihm gehöre. Das kann mir niemand und nichts nehmen. Er rechnet nicht mit mir ab. Er ist barmherzig und beschenkt mich einfach so. Da kann ich nicht mehr schweigen. Welches Lied möchtest du heute anstimmen?

„Ach HERR, ich bin ja dein Knecht, ich bin dein Knecht, der Sohn deiner Magd; du hast meine Bande zerrissen." *Psalm 116,16*

Ehre Gott – in der gegenseitigen Achtung

Römer 14,1-12 **Montag, 17.**

Paulus hat nun das Gemeindeleben im Blick. Es geht um die „Starken und Schwachen im Glauben". Doch wer gehört eigentlich zu den „Starken" und wer zu den „Schwachen"? Und wie geht man mit anderen Meinungen um? Darf man als Christ alles essen (V. 2-4)? Wie hält man Feiertage richtig (V. 5-6)? Das sind keine theologischen Fragen, sondern persönliche Meinungen. Deshalb sollen wir als Christen weder über diese Dinge streiten, noch den Vertreter einer anderen Meinung verurteilen. Wer stark oder schwach ist im Glauben, entscheidet sich nicht so sehr darin, welche Meinung wir vertreten, sondern wie wir miteinander und mit anderen Meinungen umgehen. Denn was uns wirklich eint, ist der Herr Jesus. Ihm gehören wir (V. 7-9), im Leben wie im Sterben. Dieses gemeinsame Bekenntnis hält uns als Christen in aller Unterschiedlichkeit zusammen.

„Alles, was ihr tut, das tut von Herzen als dem Herrn." *Kolosser 3,23*

Ehre Gott – in der Kraft des Heiligen Geistes

Römer 14,13-23 **Dienstag, 18.**

Jeder soll sich seiner Meinung gewiss sein (V. 5). Diese Einstellung kann Einheit in aller Unterschiedlichkeit schaffen. Nicht wir müssen entscheiden, was die richtige Einstellung oder das richtige Verhalten ist. Diese Entscheidung dürfen wir getrost Gott überlassen. Weil Gott uns richtet, brauchen wir weder uns noch die Geschwister zu richten, die Dinge anders sehen.
Doch was ist, wenn ein Mitchrist durch meine „Freiheit" in Anfechtung gerät? Was wiegt schwerer: das Recht auf Freiheit oder das Gewissen des Bruders bzw. der Schwester? Paulus redet nicht der Rechthaberei das Wort, sondern hilft uns, unseren Blick auf das zu lenken, was wirklich zählt: „Gerechtigkeit und Friede und Freude in dem Heiligen Geist" (V. 17). Wo können wir heute Frieden stiften und zur Freude im Glauben beitragen?

„Ein jeder sehe nicht auf das Seine, sondern auch auf das, was dem andern dient." *Philipper 2,4*

Die Mitmenschen im Blick

Römer 15,1-6 **Mittwoch, 19.**

Das Leben der Christen soll von zwei Blickrichtungen geprägt sein: dem Blick zu Jesus und dem Blick zum Nächsten. Für Paulus

ist klar, dass ein Leben für den Herrn (14,8) auch eine Lebensgestaltung beinhaltet, die den Mitmenschen dient und ihnen guttut. Noch mehr: Er sieht eine Verpflichtung darin, nicht den eigenen Vorteil in den Vordergrund zu stellen, sondern die Schwächen anderer mitzutragen. Die Begründung für dieses Handeln führt er auf Jesus selbst zurück. An ihm sollen sich alle orientieren (vgl. Phil 2,4-11).
Solch eine Lebensweise ist herausfordernd. Deshalb weist Paulus darauf hin, dass Gott selbst durch sein Wort dafür Ausdauer und Ermutigung schenkt. Das Ziel ist, dass durch diesen Umgang miteinander die Gemeinde der Christen erbaut und Gott wie aus einem Munde gelobt wird.

„Niemand suche das Seine, sondern was dem andern dient.“

1. Korinther 10,24

Das gemeinsame Lob Gottes

Römer 15,7-13 **Donnerstag, 20.**

Kürzer geht es kaum. Paulus fasst sein Herzensanliegen in diesem Auftrag zusammen: „Nehmt einander an, genauso wie Christus euch angenommen hat, damit Gottes Herrlichkeit sichtbar wird“ (V. 7). Darin ist alles gebündelt, was er zuvor an theologischen und ethischen Fragestellungen erläutert hat.
Und nun erweitert er die Perspektive. Er macht mit Zitaten aus dem Alten Testament deutlich, dass Gott durch Jesus Christus seine Versprechen für alle Menschen eingelöst hat. Das Ziel ist, dass viele Völker und Nationen gemeinsam Gott die Ehre geben.
Paulus schließt seine inhaltlichen Ausführungen mit einer Segensbitte. Er befiehlt die Christen in Rom diesem Gott an, der selbst der Inbegriff der Hoffnung ist. Er bittet um Freude und Frieden, damit ihre Hoffnung durch die Kraft des Heiligen Geistes immer größer werde.

„Und es werden kommen von Osten und von Westen, von Norden und von Süden, die zu Tisch sitzen werden im Reich Gottes.“ *Lukas 13,29*

Der besondere Auftrag

Römer 15,14-21 **Freitag, 21.**

Paulus kommt zum Ende seines Briefes. Er spannt den Bogen zum Anfang und weist noch einmal auf seinen Auftrag hin. Fast entschuldigend bemerkt er, dass er an manchen Stellen kein Blatt vor den Mund genommen hat. Aber er ist davon überzeugt, dass die Gemeinde in Rom damit umgehen kann und die nötige geistliche Reife hat, sich gegenseitig zu beraten und zu ermahnen. Sein Anliegen ist, an die Grundlagen des Glaubens zu erinnern.
Dabei sieht sich Paulus ganz eindeutig von Jesus Christus zu denen gesandt, die noch nie etwas von der guten Nachricht gehört haben. Ihnen verkündigt er die Gottesbotschaft, damit sie begreifen und verstehen. Ein Prophetenwort ist ihm zum Leitmotiv geworden (V. 21). Dabei geht es Paulus nicht um sich selbst. Es geht allein darum, was Christus durch ihn bewirkt.

„Denen nichts von ihm verkündigt worden ist, die sollen sehen, und die nichts gehört haben, sollen verstehen.“ *Römer 15,21*

Die Reisepläne

Römer 15,22-33 **Samstag, 22.**

Drei Reiseziele hat Paulus und gibt damit Einblick in seine Planungen. Sein Hauptziel ist Spanien. Dort sieht er seinen zukünftigen Auftrag, das Evangelium zu verkündigen und neue Gemeinden zu gründen. Dazu ist er berufen. Auf dem Weg dahin möchte er sich einen jahrelangen Wunsch erfüllen und die Gemeinde in Rom besuchen. Er sehnt sich nach Stärkung durch die Gemeinschaft der Christen und erhofft sich Unterstützung für seinen weiteren Weg. Aber zuvor führt ihn sein Weg nach Jerusalem. Dort muss er noch ein Projekt abschließen und die Geldsammlung ordnungsgemäß an die dortige Gemeinde übergeben.
Paulus weiß, dass solch eine Reise äußere Gefahren, aber auch innere Anfechtungen mit sich bringt. Deshalb bittet er die Christen in Rom eindringlich, für ihn zu beten.

„Betet allezeit mit allem Bitten und Flehen im Geist und wacht dazu mit aller Beharrlichkeit und Flehen für alle Heiligen.“ *Epheser 6,18*

Wochenspruch
Christus spricht: Ich bin der gute Hirte. Meine Schafe hören meine Stimme, und ich kenne sie und sie folgen mir, und ich gebe ihnen das ewige Leben. *Johannes 10,11a.27-28a*

Bitte auswendig lernen!

Psalm 23 Sonntag, **23.**

Es gibt Worte der Bibel, die braucht man nicht groß auszulegen. Die sprechen für sich und können das Leben prägen. So ist das mit Psalm 23. Wer von uns ist diesen wunderbaren Trostworten noch nicht begegnet? Wer hat nicht schon irgendwann den einen oder anderen Vers daraus auf sich wirken lassen? „Der HERR ist mein Hirte“ – was für ein Trost in den unruhigen Zeiten, in denen wir leben. „Er erquickt meine Seele“ – ja, das habe ich oft erlebt. „Dein Stecken und Stab trösten mich“ – wie gut, dass einer mit mir geht, durch dick und dünn! Bei diesem Psalm gibt es nur eins: bitte, bitte auswendig lernen! Im Englischen heißt das: „learning by heart“. Psalm 23 ist ein Herzenspsalm, er geht zu Herzen. Der gute Hirte hilft durchs Leben. Auch wenn es manchmal drunter und drüber geht.

„Ich bin der gute Hirte. Meine Schafe hören meine Stimme.“
Johannes 10,11.27

In Christus verbunden

Römer 16,1-16 Montag, **24.**

Die Grußliste von Paulus ist lang. Nach den sorgfältig theologisch und rhetorisch formulierten Ausführungen des eigentlichen Briefes wird Paulus persönlich. Priska und Aquila haben sich so sehr für ihn eingesetzt, dass sie selbst in Gefahr geraten sind (V. 3). Mit

Andronikus und Junias hat Paulus im Gefängnis gesessen (V. 7). Junias war eine Frau, die zu den Aposteln gehörte und die, wie Andronikus, damals sehr bekannt gewesen sein musste. Aber auch Phöbe, von deren Dienst in der Gemeinde von Kenchreä man überall sprach, hat Paulus beigestanden (V. 1f.). Insgesamt 28 Personen, die Paulus grüßen lässt. Mit ihnen allen hat Paulus eine mehr oder weniger intensive gemeinsame Geschichte. Er ist nicht der einsame Apostel, der allein die Mission unter den Heiden schultert. Paulus ist eingebunden in ein persönliches und zugleich geistliches Netzwerk. Wer an Jesus Christus glaubt, gehört zu dieser Gemeinschaft, die trägt. Ein Christ steht nie allein.

„Ihr aber seid der Leib Christi." *1. Korinther 12,27*

Am Ende steht der Lobpreis Gottes

Römer 16,17-27 **Dienstag, 25.**

Am Ende steht der Lobpreis Gottes. Die tiefgründigen theologischen Aussagen, die den Römerbrief so faszinierend machen, sind nicht die Früchte eines großen Geistes, den man bewundern und dem man nachfolgen soll. Was Paulus schreibt, soll Gott ehren. Der Lobpreis am Ende des Briefes (V. 25-27) ist deshalb kein Zufall, sondern das Ziel des Römerbriefes und des Wirkens von Paulus: Gott kann durch das Evangelium von Paulus, seine Predigt von Christus (V. 25), die stärken, die an Jesus Christus glauben. Gott offenbart darin sein ewiges Geheimnis (V. 25), das durch die Schriften der Propheten angezeigt ist (V. 26) und das darin besteht, dass Gott „den Gehorsam des Glaubens" unter den Heiden aufrichtet (V. 26). Und das gereicht Gott zur Ehre, wie sie allein ihm gebührt (V. 27). Dieser Lobpries Gottes fasst noch einmal zusammen, worum es Paulus geht:

„Gebt unserm Gott allein die Ehre." *5. Mose 32,3*

Das Buch der Sprüche

„Abenteuer Alltag“ – das Sprüchebuch ist eine Sammlung von vielen meist kurzen Weisheitsworten, die zum Teil heute noch „sprichwörtlich“ sind: „Wer anderen eine Grube gräbt“ (26,27); „Hochmut kommt vor dem Fall“ (16,18). Im ersten Teil (Kap. 1–9) finden wir aber längere Lehrreden bzw. Weisheitsgedichte. Sie wollen erklären, wie die Spruchsammlung verstanden sein will. Es geht darum, die grundsätzlichen Ordnungen zu erkennen, die Gott in seine Schöpfung hineingegeben hat. Was im Gesetz des Mose als Gebot formuliert wird, findet sich hier in praktischer Anwendung. Dabei geht es nicht darum, jeden Einzelfall zu treffen: Nicht jeder Hochmütige kommt zu Fall, nicht jeder fällt in seine eigenen Gruben. Der Schüler soll verstehen, wie das Leben normalerweise funktioniert, und den Alltag von Gott so prägen lassen, dass es gelingt.

Die Sprüche sind dichterisch und bildhaft. Sie bedienen sich zahlreicher literarischer Stilmittel wie Allegorien, überzeichneter Kontraste, Euphemismen usw. Diese Bildhaftigkeit muss man beim Lesen im Auge behalten!

Salomo gilt als Inbegriff der Weisheit im alten Israel. Deshalb trägt das Buch seinen Namen, auch wenn die verschiedenen Spruchsammlungen im Buch und auch die Zusammenstellung des Buchs aus anderer Zeit stammen.

Genug für alle

Sprüche 1,1-7 Mittwoch, **26.**

Irgendwie spricht Salomo alle an: die Weisen, die Jungen, aber auch die Unverständigen. Die Sprüche gelten allen, die bereit sind, sich raten zu lassen. Für Salomo ist dies eine Grundhaltung. Sie wirkt direkt wie in unsere Zeit gesprochen: Toren sind die, die nur hören, was sie eh schon glauben. Weise ist dagegen, wer sich und sein Verstehen noch hinterfragen lassen kann. Hier stellt Salomo klar: Gleich folgt Bahnbrechendes, das diese Grundhaltung braucht und dich herausfordern wird! Das aber auch ein Wachstum im Glauben verspricht, wenn du bereit bist, dich diesen Worten unterzuordnen. Und dann verspricht Salomo, dass in diesen Worten auch ein Verstehen zu finden ist. Die ersten Verse sind so eine Ankündigung der Frohen Botschaft: Hier folgt Bahnbrechendes, das dich hinterfragt, aber dir auch ein tiefes Verstehen schenkt.

„Wer Ohren hat, der höre!“ *Matthäus 11,15*

Wer solche Freunde hat …

Sprüche 1,8-19 **Donnerstag, 27.**

Gleich zu Anfang der Sprüche beginnt Salomo mit etwas Selbstverständlichem. Sollte das nicht klar sein? Nicht anderen zu schaden. Sie nicht zu berauben oder gar zu töten. In was für einer Gesellschaft muss Salomo leben, wenn das gesagt werden muss? Mir gefällt, dass er gleich zu Anfang klare Worte findet, nicht drum herumredet, sondern die Richtung vorgibt. Und dies direkt begründet. Nicht moralisch. Und auch nicht von Gott her oder um Mitgefühl mit dem anderen als Opfer ringend. Er denkt ganz nüchtern eine Gesellschaft zu Ende, in der eine so selbstverständliche Grundordnung nicht mehr klar ist. Wer sich zusammentut, um die Macht des Stärkeren ausleben und sich einfach nehmen zu können, was andere noch haben – dem wird auf Dauer dieses Gesetz des Stärkeren selbst richten und er wird genauso all das verlieren, was er an sich gerissen hat.

„Du sollst deinen Nächsten lieben wie dich selbst.“ *3. Mose 19,18*

Wer nicht hören will

Sprüche 1,20-33 **Freitag, 28.**

Sich am Unglück anderer erfreuen? Selbst wenn sie nur bekommen, was sie vorher ausgeteilt haben? Mich schreckt das ab. Gilt denn die Voraussetzung dafür wirklich, die Salomo anfangs beschreibt: Die Weisheit von Gott ist allgegenwärtig? Hat tatsächlich jeder den Ruf der Weisheit hören können? Mein Einwand ist ein Nachhaken, ob jeder die Botschaft der Rettung mitbekommen haben kann. Doch hier ist wichtig, dass dies damals nicht das erste Wort war, das zuerst an die Menschen um Salomo herum erging. Wir wissen, dass er sie immer wieder gewarnt hatte – und dann abgelehnt wurde. Auch für mich als Leser heute gilt, dass dies nicht das erste Wort der Sprüche ist. Die Warnung folgt erst auf die rettende Botschaft. Diese mahnenden Worte gehen bewusst an die, die schon gehört haben. Und für die gilt: Irgendwann musst du die Frohe Botschaft annehmen – noch kannst du es.

„Selig sind, die das Wort Gottes hören und bewahren.“ *Lukas 11,28*

Unterwegs

Sprüche 2,1-22 **Samstag, 29.**

Das Bild des Lebens als Weg zieht sich durch das Kapitel durch. Die Weisheit hilft, unterwegs den richtigen Weg zu finden. Sie gleicht dabei nicht einer Karte, die jeden Winkel unseres Lebens im Vorhinein schon vorgezeichnet hat. Die Weisheit will uns befähigen, uns zu orientieren, um uns so immer wieder neu zurechtzufinden. Im Original finden wir so explizit nicht nur den einen richtigen Pfad (V. 8), sondern es geht um die Ausrichtung auf Gott auf vielen möglichen Wegen. Doch dies ist verbunden mit der Warnung vor irreführenden Wegen. Ganz praktisch wird dies auch darin deutlich, dass hier das persönliche Wort steht: Es spricht nicht mehr die Weisheit allgemein, wie im Kapitel davor, sondern der Lehrer darf weitergeben, was er begriffen hat, und es in die Gegenwart seines Schülers bringen und darin fortzeichnen.

„In Christus liegen verborgen alle Schätze der Weisheit und der Erkenntnis.“ *Kolosser 2,3*

Wochenspruch

Ist jemand in Christus, so ist er eine neue Kreatur; das Alte ist vergangen, siehe, Neues ist geworden. *2. Korinther 5,17*

Großer Jubel

Psalm 100 **Sonntag, 30.**

Neben der Klage in den Psalmen bricht hier die Freude durch. Ich werde bei diesem Jubellied an den Bäckermeister Hans Hägel erinnert, der die große Pfingsttagung in Bobengrün/Frankenwald immer mit einem Jodler (einem Jubelruf) für den Herrn eröffnete. So werden die Menschen auf dem Weg zum Tempelgottesdienst eingeladen: Stimmt ein, jubelt und dankt! Der Grund liegt nicht in uns oder oberflächlicher Stimmung, sondern bei Gott selbst. Er hat sein Volk Israel und auch uns geschaffen und erwählt. So wie er Israel aus der Knechtschaft in Ägypten befreit hat, so vergibt er uns unsere Schuld und schenkt uns Leben auch über den Tod hinaus. Er sorgt wie ein guter Hirte für unsere geistliche Ernährung. Er stärkt uns durch die Gemeinschaft mit anderen Christen. Wenn das mal kein Grund zum Jubeln ist! Stimmen wir mit ein?

„Danket dem HERRN; denn er ist freundlich, und seine Güte währet ewiglich.“ *Psalm 106,1*

Monatsspruch Mai
Weigere dich nicht, dem
Bedürftigen Gutes zu tun,
wenn deine Hand es vermag.
Sprüche 3,27

Solide Grundlage

Sprüche 3,1-12 **Montag, 1.**

Was geben wir der nächsten Generation mit auf den Weg? Hier geht es nicht um eine Geschäftsübergabe oder irgendwelche anderen klugen Ratschläge, sondern um die Lebens- und Glaubensgrundlage. Wie kann unser Leben gelingen? Wie können wir auf klarem Kurs bleiben? Wir sind eingeladen, an Gottes Wort, seinen Weisungen und Geboten, dranzubleiben. Ja, sie in unserem Herzen wohnen zu lassen. Wir sind eingeladen, uns Zeit zu nehmen, sein Wort zu hören, es aufzunehmen und praktisch anzuwenden. Das wird unser alltägliches Handeln konkret verändern und korrigieren. Es schließt auch unseren Umgang mit Besitz und Geld mit ein. Dankbar werden wir anfangen zu teilen. Frei nach dem Motto „Probiert es – dann spürt ihr es!" Wir werden dann die Beschenkten sein. Das wiederum stärkt unseren Glauben und unser Vertrauen zu Gott.

„Wer mich liebt, der wird mein Wort halten." *Johannes 14,23*

Echtes Glück

Sprüche 3,13-26 **Dienstag, 2.**

Wir können heute auf einen so großen Wissensvorrat wie noch nie in der Geschichte der Menschheit zurückgreifen. Doch verhilft uns dieses Wissen zu echtem Lebensglück und Frieden? Gottes Wort eröffnet uns eine überraschende Perspektive: Wer sich an Gott und seinen Weisungen orientiert, der gewinnt entscheidende Einsichten in sein eigenes Leben, die Schöpfung und den Umgang miteinander. Wer sich am Baum des Lebens, an Gott, festhält, der gewinnt Halt in seinem Leben. Dem werden Umsicht und Weitsicht geschenkt. Der wird ein Friedensstifter in einer zerstrittenen Welt und anderen Geschmack machen auf diesen Weg des echten Glücks. Ja, er wird sogar gut schlafen können.

„Ich liege und schlafe und erwache, denn der HERR hält mich."
Psalm 3,6

„Es gibt nichts Gutes, außer man tut es."

Sprüche 3,27-35 **Mittwoch, 3.**

Dieses Zitat von Erich Kästner fasst unseren heutigen Bibeltext treffend zusammen. Häufig besitzen wir hilfreiche Erkenntnisse und haben sie zum Teil auch als gute Vorsätze im Kopf abgespeichert. Doch wie wenig davon setzen wir konkret in unserem Alltag um? Lieber verschieben wird es auf den nächsten Tag. Meist wird dann nichts mehr daraus. Wie gut, wenn uns Gottes Wort heute daran erinnert und ermutigt: Öffne deine Hand, um zu teilen, zu helfen und zu segnen. Öffne deinen Mund, damit Menschen Gottes gute und rettende Nachricht heute hören. So wirst du ein weiser und damit von Gott gesegneter Mensch werden.

„Wer diese meine Rede hört und tut sie, der gleicht einem klugen Mann, der sein Haus auf Fels baute." *Matthäus 7,24*

Sonnenaufgang

Sprüche 4,10-19 **Donnerstag, 4.**

Ich mag Sonnenaufgänge in den Bergen. Das erste Morgenlicht lässt die dunklen Schatten vergehen und die Strahlen der Sonne wärmen mich. So vergleicht Gottes Wort heute unseren Lebensweg. Wer auf ihn und sein Wort schaut, der lernt, im Sonnenaufgang zu leben. In seinem Licht werden die Schatten der Schuld und des Todes weggenommen. Wenn ich Jesus nachfolge, dann bedeutet das, nicht stehenzubleiben, sondern zu kämpfen und manche unliebsame Entscheidung zu treffen. Zum Beispiel: „Tritt nicht auf den Weg der Bösen!" (V. 14b). Doch dabei sind wir nicht allein. Jesus ist das Licht der Welt und leuchtet immer heller, bis einmal, an seinem großen Tag, alles hell wird. Bis dahin verbreiten wir als seine Nachfolger keine Sonnenuntergangs-, sondern Sonnenaufgangsstimmung. Heute ist dazu eine gute Gelegenheit, einen Menschen auf Jesus und sein Licht hinzuweisen.

„Und es wird keine Nacht mehr sein, und sie bedürfen (...) nicht des Lichts der Sonne, denn Gott der Herr wird sie erleuchten." *Offenbarung 22,5*

Unser Denken ist entscheidend

Sprüche 4,20-27 **Freitag, 5.**

Es geht nicht nur um allgemeine Lebensberatung und Erfahrungen, die der Lehrer seinem Schüler, dem „Sohn“, mitgibt. Grundlage der Lebenshilfen der Sprüche ist immer zuerst eine Einladung, auf Gottes Reden zu hören und mit Gottesglauben das Leben zu gestalten. Es soll hell werden in unserem Leben – gleich einem Sonnenaufgang. Eine Schlüsselweisheit wird besonders betont: unsere Gedankenwelt. Was füllt unser Denken? Wer sich von Lügen und zerstörerischen Gedanken bestimmen lässt, braucht sich nicht zu wundern, wenn böse Taten ihn zerstören und zerreißen. Gottes Wort ermutigt: „Bleib auf dem ehrlichen, geraden Weg. Meide böse Menschen und Einflüsse, die dein Leben zerstören wollen.“ Wie wird das Leben „gradlinig“? Wer sich an Gottes Geboten orientiert und Jesus nachfolgt, der gewinnt echtes Glück. So werden wir zu Hoffnungslichtern in der Gesellschaft.

„Der HERR denkt an uns und segnet uns.“ *Psalm 115,12*

Unsere Beziehungen sollen gelingen

Sprüche 5,1-23 **Samstag, 6.**

Es geht hier um ein ganz persönliches Gespräch zwischen dem Vater und seinem Sohn. Im Alten Testament werden Väter aufgefordert, ihre Kinder zu erziehen. Sie sollen Vorbilder sein, auch in der Gottesbeziehung (5. Mose 6), und heiße Lebensthemen nicht ausklammern. Heute geht es um Beziehungsfragen, die Faszination der Sexualität und das Geschenk einer glücklichen Ehe. Unsere Beziehungen sollen gelingen. Es geht um Lebenserfahrungen, über Jahrtausende hinweg immer wieder gemacht. Die Botschaft geht an Männer und Frauen mitten auf der Lebensstraße. Das Weisheitswort lädt uns zu einer frischen Liebe und zu echter Treue ein. Wer trotzdem schuldig wird, kann bei Jesus Vergebung und neue Kraft erleben. Jesus kann und will uns heilen und erneuern. Er sagt: „Kommt her zu mir mit den Brüchen in eurem Leben.“ Was für ein Geschenk!

„Gott gebe euch viel Barmherzigkeit, Frieden und Liebe.“ *Judas 2*

Wochenspruch

Singet dem HERRN ein neues Lied, denn er tut Wunder.
Psalm 98,1

Gottes Gnade reicht für unsere Welt

Psalm 108 **Sonntag, 7.**

Psalmen der Bibel zeigen Stimmungen des Lebens. Auch wir können in diese Herzensmelodien einstimmen. David, der große König, eine kluge Führungspersönlichkeit, vertraut auf Gottes Kraft, Führung und Hilfe. Faszinierend, wie er sich selbst zum Danken, Loben und Singen ermutigt. Er wusste, wie gut es jedem tut, in die Nähe Gottes zu kommen. Bei allen Herausforderungen ist es wichtig, innere Ruhe bei unserem Schöpfer und Heiland zu finden. Bevor wir zu neuen Taten aufbrechen, nimmt uns dieser Psalm in ein sehr persönliches Gebet. Die Gnade Gottes soll auch uns heute berühren – was für ein Segen! Bei David sehen wir einen großen Vertrauensblick. Diese Psalmverse, die Tausende von glaubenden Menschen im Laufe der Geschichte gebetet und gesungen haben, geben uns eine gewaltige Hoffnung. Die Gnade Gottes umspannt unsere geschundene Welt.

„Durch Gottes Gnade bin ich, was ich bin!“ *1. Korinther 15,10*

Aktiv bleiben wie Ameisen

Sprüche 6,6-11 **Montag, 8.**

Man kommt ins Staunen beim Lesen dieser Weisheiten. Kein Blatt wird vor den Mund genommen, moderne Alltagsherausforderungen werden benannt:

1. Lass dich nicht über den Tisch ziehen! Geldfallen gefährden uns täglich. Verstricke dich nicht in den Fesseln zerstörerischer Gier!

2. Wir sehen ein Tiergleichnis aus der Welt der Ameisen. Die Bibel will uns zur Arbeit anspornen. Mit viel Engagement schaffen Ameisen gemeinsam den ganzen Tag. Der Schöpfer hat uns viel Energie und Kreativität geschenkt. Wir sollen Verantwortung übernehmen und unsere Fähigkeiten kräftig entfalten und nicht träge sein. Wenn der Vater zu seinem Sohn „Faulpelz" sagt, ist dies eine steile Ermahnung, die niemand gerne hört. Jesus nimmt dies später auf. Er fordert uns auf, unsere Talente einzusetzen (Mt 25,14-30) und sie nicht aus Faulheit und Angst zu verstecken. So trägt unser Leben Frucht und bringt Segen.

„Handelt, bis ich wiederkomme." *Lukas 19,13*

Die öffentliche Einladung gilt uns

Sprüche 9, 1-18 **Dienstag, 9.**

Zum Abschluss der Sprüche werden Klugheit und Dummheit, Weisheit und Torheit gegenübergestellt. „Gott kennen und an ihn glauben" (V. 10) wird zum entscheidenden und zentralen Kriterium für Klugheit. Mit der Feinfühligkeit und Kreativität einer liebenden Hausfrau wird das Besondere der Weisheit verglichen. Die sieben Säulen symbolisieren das Haus Gottes, festlich vorbereitet. Es kommt zur öffentlichen Einladung an den Tisch des Lebens – gerade auch für Außenseiter. Jesus lädt auch uns zum Festmahl ein. Eine herzliche Einladung, kein frommer Zwang. Alle sollen satt werden und Gottes Heil erleben.

Täglich laden uns verführerische Stimmen mit großen Worten auf einen trügerischen Weg der Lüge und der Gier ein. Welche Einladung nimmst du heute an? Es geht um Weisheit oder Dummheit, um verlieren oder gewinnen.

„Jesus spricht: Kommt her zu mir (...), ich will euch erquicken."
Matthäus 11,28

Verführung

Sprüche 7,1-27 **Mittwoch, 10.**

Aus seinem Fenster heraus beobachtet der Weise in der Abenddämmerung eine raffinierte Verführung. Die Frau eines reichen Kaufmanns hat ihr Mahlopfer gebracht, um ein Gelübde zu erfüllen. Ihr Mann ist auf Reisen, sie hat sturmfrei. Vom Mahlopfer sind Reste übrig. Diese müssen innerhalb von zwei Tagen aufgebraucht werden. So will es das Gesetz. Ein Grund, jemanden zu suchen, mit dem sie bei der häuslichen Nachfeier die Reste verzehren kann. Die Reste sind der Vorwand – nicht der Grund. Die Gelegenheit ist günstig. Sie setzt all ihre Reize ein. Es klappt. Gründe finden sich immer und Opfer auch. Aber um die Frau und ihr Tun geht es dem Weisen gar nicht. Zu einer Verführung gehören immer zwei. Niemand ist immun dagegen. Doch was tun, wenn das so ist? Des Weisen Rat: „Habt Gottes Weisungen im Herzen und vor Augen."

„Aber der HERR ist treu; der wird euch stärken und bewahren vor dem Argen." *2. Thessalonicher 3,3*

Verheißung

Sprüche 8,1-21 **Donnerstag, 11.**

Nun wird die Weisheit zur Person, die ruft und wirbt. Unüberhörbar, in aller Öffentlichkeit. Niemand soll sagen können, er habe nicht gewusst, was sie zu sagen hat. Und was hat sie zu sagen? Sie appelliert an das Gewissen: „Wer den HERRN fürchtet, der muss das Böse hassen." Als „böse" nennt die Weisheit: Stolz und Übermut, ein Leben voll Bosheit und Lügen, Ungerechtigkeit. Die

Weisheit bietet sich als Begleiterin für den Weg durch das Leben an. Aber wer hört schon auf sie? Wer beachtet ihre Worte und Mahnungen? Ist Leben nicht viel leichter, wenn man ihre Weisungen und die Stimme des Gewissens nicht ganz so ernst nimmt? Führt es wirklich zu Reichtum und Ehre, wenn wir Gott fürchten und uns an seine Gebote halten? Die Realität scheint eher das Gegenteil zu belegen. Der Ehrliche ist oft der Dumme. Sind die Verheißungen der Weisheit noch gültig?

„(...) sie sollen das Geheimnis des Glaubens mit reinem Gewissen bewahren.“ *1. Timotheus 3,9*

Rettung

Sprüche 8,22-36 **Freitag, 12.**

Inmitten der Sprüche: ein Lobgesang auf die Schöpfung. Ein Blick auf den Anfang vor dem Anfang. Bevor Gott alles schuf, war die Weisheit bei ihm. Alle Geschöpfe sind nach ihr geschaffen. Mit dieser Autorität kann sie erwarten, gehört zu werden. Nach der Schöpfungsgeschichte berichtet die Bibel vom Abfall des Menschen von Gott – Adam und Eva, Kain und Abel, die Menschen zur Zeit Noahs ... Keine Erfolgsgeschichte, obwohl die Schöpfung mit dem Satz endet: „Und Gott sah alles an, was er gemacht hatte, und siehe, es war sehr gut“ (1Mo 1,31). Die Weisheit will die Verbindung zu den von Gott abgefallenen Menschen herstellen. Ihre wichtigste Botschaft: „Die (Ehr-)Furcht des HERRN ist der Anfang der Erkenntnis.“ Es ist lebensnotwendig, die Botschaft der Weisheit zu hören und zu befolgen.

„Gott will, dass alle Menschen gerettet werden und zur Erkenntnis der Wahrheit kommen.“ *1. Timotheus 2,4*

Entscheidung

Sprüche 9,1-18 **Samstag, 13.**

Die Weisheit hat alles vorbereitet und lädt zu Tisch. Die Torheit sitzt vor ihrem Haus und lockt die Vorübergehenden einzutreten. Was haben die beiden zu bieten? Die Weisheit bietet ein großes Abendessen, so wie es Lukas beschreibt (Lk 14,15-24). Alle sind willkommen. Neben den Köstlichkeiten steht auf der Speisekarte der Weg von der Torheit zur Weisheit. Es ist der Weg von der Gottlosigkeit zur Ehrfurcht des Herrn, der Weg vom Tod zum Leben. Für dieses Ziel tut die Weisheit alles. Die Torheit hingegen verlässt sich darauf, dass die Menschen schon eintreten werden. Sie sitzt untätig vor ihrem Haus und lockt mit ihrer schamlosen, aufreizenden Art. Nichts ist vorbereitet, nur ein paar Sprüche, die zur Sünde verführen. Hochzeitsmahl oder Totenmahl, wo werden die Menschen eintreten? Ist doch klar! Ist es das wirklich?

„Siehe, ich habe dir heute vorgelegt das Leben und das Gute, den Tod und das Böse.“ *5. Mose 30,15*

Wochenspruch

Gelobt sei Gott, der mein Gebet nicht verwirft noch seine Güte von mir wendet. *Psalm 66,20*

Erinnerung

Psalm 111 **Sonntag, 14.**

„Halleluja“, das heißt: „Preist, lobt, verherrlicht Gott!“ Mit diesem Aufruf beginnt dieser Psalm. Warum beginnen Psalmbeter mit einem Halleluja? Es ist die Erinnerung, die Menschen zum Lob Gottes bringt. In Psalm 111 erinnert der Beter an die großen Taten Gottes in der Geschichte seines Volkes. An die Speisung in der Wüste (V. 5), an die Eroberung Kanaans (V. 6), daran, dass Gott für Recht und Gerechtigkeit sorgt (V. 7), an den Auszug aus Ägypten (V. 9). Glaube wächst aus der Erinnerung. „Aus der Erinnerung und Wiederholung lebt Glaube und Gehorsam. Erinnerung wird zur Kraft der Gegenwart, weil es der lebendige Gott ist, der einst für mich gehandelt hat und mich heute dessen vergewissert" (Dietrich Bonhoeffer). Kann es sein, dass unser Glaube manchmal so brüchig ist, weil wir zu schnell vergessen?

„Lobe den HERRN, meine Seele, und vergiss nicht, was er dir Gutes getan hat." *Psalm 103,2*

Der Brief des Paulus an die Philipper

Paulus ist im Gefängnis. Seine Zukunft ist ungewiss. Sein Wirken ist auf das Schreiben von Briefen beschränkt. Auch wenn wir nicht genau wissen, wo Paulus gefangen gesetzt ist, ist der Brief an seine Lieblingsgemeinde in Philippi eines der letzten Schreiben, die wir von ihm haben. Zusammen mit dem Römerbrief ist der Philipperbrief so etwas wie das Vermächtnis von Paulus.

Auffällig ist – vor allem wenn man die Lebenssituation von Paulus bedenkt – die Freude, die Paulus spürt und die er den Geschwistern in Philippi weitergeben will (1,18.25; 2,1.2.29; 3,1; 4,1.4). Das ist mehr als nur Optimismus angesichts einer bedrohlichen Lebenslage. Paulus weiß sich, als Apostel, mit Jesus Christus verbunden, sodass sogar sein Tod ihn näher zu seinem Herrn bringt (1,21). Und er weiß: Das Werk, das Christus durch Paulus in der Gemeinde in Philippi begonnen hat, wird weitergeführt, was immer mit ihm selbst geschehen mag (1,6). Jesus Christus bleibt ihm nahe und wird weiter wirken, das ist der Grund seiner Freude. Paulus sieht also gleichsam durch seine belastende Lebenssituation hindurch auf Jesus Christus.

Jesus Christus hat selbst auf seine göttliche Macht verzichtet und ist den Weg der Menschwerdung, der Erniedrigung, ja des Todes am Kreuz gegangen – und ist durch die Macht Gottes wieder zu Ehre und Einfluss gelangt (2,6-9). Daran soll sich

die Gemeinde in ihrem Glauben und ihrem Zusammenleben ein Vorbild nehmen (2,1-5).
Doch es sind fremde Missionare in die Gemeinde in Philippi eingedrungen, die ein anderes Evangelium verkündigen, das gerade nicht die eigene Schwachheit akzeptiert, um ganz aus der Kraft Gottes zu leben, sondern das den glaubenden Menschen und seine Möglichkeiten in den Vordergrund gestellt hat (3,1-3). Paulus macht an seinem eigenen Leben deutlich: Das Evangelium besteht nicht in dem, was man selbst ist und kann. Es geht darum, sich auf die Kraft der Auferstehung Christi zu verlassen und so auch die Leiden Christi ertragen zu können (3,4-11). Das ist für Paulus der Grund der Freude und die Quelle der Kraft: sich ganz auf Jesus Christus zu konzentrieren und alles andere auszublenden (3,12-21). Das ist seine Gegenwart – und seine Zukunft.

Geteilte Freude

Philipper 1,1-11 **Montag, 15.**

Der ganze Brief von Paulus an die Gemeinde in Philippi strahlt vor Freude. Paulus, der große Apostel, sitzt in der muffigen, dunklen Enge seiner Zelle. Kaum Tageslicht fällt auf die über den kleinen Holztisch gebeugte Gestalt, die mit Mühe mit der Feder die Gedanken zu Papier bringt. Selbst jetzt, in der Ungewissheit seines Schicksals, zwischen Leben und Sterben, will er weiter für seine Gemeinden da sein. Er macht ihnen Mut zum Glauben. Er erzählt ihnen und uns von seiner Freude.
Drei Freudefaktoren: Dankbarkeit, Optimismus, Fürbitte. So viel gibt es – danke. Gott wird es gut machen – garantiert. Wir denken aneinander – im Gebet. Dankbarkeit, Optimismus und Fürbitte sprengen die Ketten der Hoffnungslosigkeit und des Frusts immer wieder neu. Aus diesen drei Knopflöchern des Glaubens strahlt Freude heraus. Und so geteilte Freude ist doppelte Freude.

„Denn unser Herz freut sich seiner, und wir trauen auf seinen heiligen Namen.“
Psalm 33,21

Vor-Freude

Philipper 1,12-18a **Dienstag, 16.**

Wenn man Schwierigkeiten hat, türmen sich bisweilen noch weitere auf. So bei Paulus: Gefängnis und jetzt auch noch Neid und Hass unter den Mitchristen. Und scheinbar schaukelt sich alles immer weiter hoch. Und trotzdem hält Paulus an seiner Lebensfreude unerschütterlich fest: „Ich werde mich auch weiterhin freuen“ (V. 19).

Was in aller Welt bringt ihn dazu? Es muss eine Art vorrangige Freude geben. Eine Art Freude, die alles andere sticht. Eine „Vor-Freude“ im wortwörtlichsten Sinn. Und bei Paulus ist das der Moment, wenn die beste aller Botschaften, das Evangelium von Jesus Christus, weitergegeben wird.

Auch heute und morgen werden Leute von Jesus erzählen, und Menschen werden die gute Botschaft hören. Also erlischt auch heute trotz allem, was uns bedrückt, diese „Vor-Freude“ nie.

„Du weckst lauten Jubel, du machst groß die Freude.“ *Jesaja 9,2*

Schönste Freude

Philipper 1,18b-26 **Mittwoch, 17.**

Paulus schildert den Philippern seine Freude in den schönsten Farben – und damit bis heute uns allen. Sein Kernsatz lautet: Christus ist mein Leben. Oder, anders übersetzt: Leben, das ist für mich Christus. Wenn ich vom Leben rede, dann nicht einfach vom Existieren. Dann nicht davon, wie weit ich es gebracht habe. Dann nicht davon, wie gesund ich geblieben bin. Sondern von Christus, dem Sohn Gottes. Mit ihm habe ich erfülltes Leben. Alles, was ich ohne ihn hätte, wäre nichts.

Christus ist mein Leben, damit sagt Paulus, dass durch Christus sein Leben zu einem Ganzen, zu einer Einheit, zu einem Wunderwerk geworden ist. Damit wird Jesus selbst und allein zum schönsten Grund unserer Lebensfreude. Und damit wiederum steht unsere Lebensfreude bei allen Stimmungsschwankungen auf festem Grund.

„Ihr Gerechten, freut euch des HERRN und danket ihm und preiset seinen heiligen Namen!" *Psalm 97,12*

Festfreude

Psalm 110 **Christi Himmelfahrt, 18.**

Was für ein Fest! Was für eine Freude. Der König wird eingesetzt, bevollmächtigt, beauftragt. Der König erhält aus der Hand Gottes seine abgeleitete Macht. Er wird erhöht. Er wird Stellvertreter Gottes. König und Priester ist er. Erhobenen Hauptes setzt er sich für seine Leute ein. Das Böse hat keine Zukunft mehr. Die Machtfrage ist geklärt.
Was für ein vergessenes Fest! Was soll Himmelfahrt? Es immer neu zu erklären und Festfreude zu verbreiten, scheint ein Himmelfahrtskommando zu sein. Dabei geht es doch genau darum: Gottes Macht setzt sich letztlich durch. Böses in jeder Gestalt wird am Ende überwunden. Und wir fügen über Psalm 110 hinaus und ihn auslegend dazu: Jesus tut das – König, Priester und Prophet. Er ist nicht dann mal weg, sondern ihm gehört alle Macht. Und er ist bei uns alle Tage. Was für ein Fest! Was für eine Freude. Fröhliche Himmelfahrt.

„Bist du der Christus, der Sohn des Hochgelobten? Jesus aber sprach: Ich bin's; und ihr werdet sehen den Menschensohn sitzen zur Rechten der Kraft." *Markus 14,61-62*

Im Kampf für den Glauben

Philipper 1,27-2,4 **Freitag, 19.**

Die Gemeinde als geistliches Haus von lebendigen Steinen, als Leib oder Braut Christi – diese Bilder kommen uns beim Thema „Gemeinde" bekannt vor. Paulus erzeugt nun neue Bilder-Assoziationen mit Ernst und Dringlichkeit. Die Gemeinde befindet sich in einem Kampf! Es geht um ein einmütiges Kämpfen für den Glauben an das Evangelium, um ein ausdauerndes und unerschrockenes Bezeugen der Kernbotschaft. Einzig und allein das

Evangelium ist der Grund, warum die Gemeinde Christi überhaupt existiert. Ist eine solche kämpferische Haltung schon eine Schippe zu viel für unsere heutigen Ohren? Paulus macht uns deutlich: Gemeinde ist kein theologischer Debattierclub und auch kein Freundestreffen. Mit der frohen Botschaft von Jesus Christus geht es ums Ganze. Wo fehlt uns heute im Gemeindeleben bzw. im Alltag als Christ der Biss, die kämpferische Liebe oder schlichtweg der Mut?

„Wandelt nur würdig des Evangeliums Christi, damit ich (...) von euch erfahre, dass ihr in einem Geist steht und einmütig mit uns kämpft für den Glauben des Evangeliums.“ *Philipper 1,27*

Ein tiefer Fall

Philipper 2,5-11 **Samstag, 20.**

Am 24. Oktober 2014 wagte der Amerikaner Alan Eustace einen Stratosphärensprung aus einer Höhe von 41000 Metern und stellte damit einen neuen Höhenrekord auf. Paulus beschreibt mit dem Philipperhymnus eindrücklich, wie Jesus ebenfalls einen unglaublichen Sprung wagte. Gott überwand in Jesus die unendliche Entfernung zwischen ihm und den Menschen, damit Versöhnung und Gemeinschaft mit ihm wieder möglich werden. Bemerkenswert ist: Jesus sucht sich nicht den komfortabelsten Weg aus, um Mensch zu werden. Er wird kein wohlhabender König, sondern nimmt „Knechtsgestalt“ (V. 7) an. Seine Mission ist der Dienst am Menschen. Diese Mission führt ihn bis ans Kreuz. Wie unendlich tief hat er sich aus Liebe zu uns fallen lassen? Paulus setzt die Liebe und Demut, die an Jesus sichtbar wird, direkt mit christlicher Gemeinschaft in Verbindung. Auch wir dürfen uns gegenseitig in Demut und hingebungsvoller Liebe dienen, weil Gott sich vollkommen für uns hingab.

„Seid so unter euch gesinnt, wie es der Gemeinschaft in Christus Jesus entspricht.“ *Philipper 2,5*

Wochenspruch
Christus spricht: Wenn ich erhöht werde von der Erde, so will ich alle zu mir ziehen. *Johannes 12,32*

Feindesland

Psalm 27 **Sonntag, 21.**

Die Feinde spielen eine große Rolle in den Psalmen. Spielen? Das Leben ist für den Beter des Psalms kein Spiel, sondern Kampf. Es sind keine Gegner, mit denen man sich den Regeln gemäß misst. Es sind Feinde, die ihn vernichten, regelrecht verschlingen wollen (V. 2), die ihn umringen und so keinen Ausweg lassen (V. 3). Sicher sehr extreme Aussagen. Lebenserfahrungen, die in dieser Heftigkeit vielleicht nicht jeder mit dem Beter teilt. Aber die Psalmen loten die Extreme aus. Wenn das Leben auf der Kippe steht und man sich wie von Feinden umzingelt und bedroht fühlt. Und wenn man dann nur noch diesen einen Satz hat: „So verlasse ich mich auf ihn“ (V. 3). Wenn Gott der Einzige ist, der zählt, weil er bleibt. Der einzige Schutz in einem schutzbedürftigen Leben. Wenn der Glaube dann noch gilt, dann trägt er das ganze Leben.

„Denn Gott ist mein Schutz.“ *Psalm 59,10*

Vorsätze und die Realität

Philipper 2,12-18 **Montag, 22.**

Wenn ich mir am Anfang des Jahres Vorsätze mache, dann sind das Dinge, von denen ich glaube, dass sie mir guttun und meine Lebensqualität steigern. Es kommt aber leider häufig vor, dass mich irgendwann dann die Willenskraft verlässt, an den Vorsätzen festzuhalten. Ich falle schnell wieder in alte Gewohnheiten zurück und wähle lieber wieder den Komfort anstatt die Anstrengung. Paulus schreibt, dass Gott in uns sowohl das „Wollen“, als auch das „Vollbringen“ bewirkt, um nach seinem Wohlgefallen zu handeln. Bei meinen Vorsätzen erlebe ich zwar, dass gute Absichten und die Realität manchmal auseinanderdriften, doch genau in dieses Scheitern spricht der Zuspruch Gottes hinein. Er möchte an uns arbeiten, wenn wir ihn lassen. Er befähigt uns, über unsere eigene Begrenztheit hinauszuwachsen. Was sind innere Hürden in unserem Leben, die wir Gott mit neuer Tatkraft anbefehlen können?

„Gott kann unendlich viel mehr an uns tun, als wir jemals von ihm erbitten oder uns ausdenken können. So mächtig ist die Kraft, mit der er in uns wirkt."
Epheser 3,20

Träger der frohen Botschaft

Philipper 2,19-30 **Dienstag, 23.**

Der Philipperbrief ist wohl der persönlichste Brief von Paulus an eine Gemeinde. Paulus kündigt das Kommen von Timotheus in Philippi an, von dem er in den höchsten Tönen spricht. Weiter schreibt er von Epaphroditus, der ihm ein Geldgeschenk der Gemeinde überbracht hatte und infolge einer schweren Krankheit länger in Rom bleiben musste. Durch Gottes Wirken wird Epaphroditus wieder gesund und kann mit dem Brief nach Philippi zurückkehren. Es wird mit dieser Passage etwas Wesentliches deutlich: Die frohe Botschaft von der hingebungsvollen Liebe Gottes trägt sich letztlich nicht durch niedergeschriebene Erkenntnisse und Dogmen. Sie geschieht ganz praktisch im Leben von Menschen und wird so auch erfahrbar für andere. Wo können wir aus unserem Leben anderen berichten, was Gott für uns getan hat? Das ist die wertvollste und fruchtbarste Botschaft, die wir haben!

„Wir können's ja nicht lassen, von dem zu reden, was wir gesehen und gehört haben."
Apostelgeschichte 4,20

Die Mitte des Evangeliums

Philipper 3,1-11 **Mittwoch, 24.**

Es geht Paulus um nichts weniger als um die Mitte des Evangeliums. Er wird dabei persönlich und biografisch. Was ist denn die Mitte? Gebot und Gesetz oder der Glaube? Paulus kennt beide Seiten nur zu gut aus seinem eigenen Leben. Halten aller Gebote und Gesetze? Kann ich das, um so vor Gott gerecht zu werden? Nein, sagt Paulus, der auf diesem Weg schon ganz weit vorne war. Der Glaube an Christus ist die Mitte des Evangeliums! Nicht das Halten der Gesetze. Und aus diesem Glauben heraus darf ich Christus folgen. Damit werden mein Leben und die Gebote nicht beliebig, überflüssig oder gleichgültig. Sie sind jetzt aber nicht mehr die Grundlage, sondern die Folge des Evangeliums, der frohen Botschaft. Das darf ich dankbar annehmen und befreit und erlöst im Glauben leben. Das ist die Mitte des Evangeliums.

„Wer an mich glaubt, von dessen Leib werden Ströme lebendigen Wassers fließen.“ *Johannes 7,38*

Nicht vom Pferd fallen, von keiner der beiden Seiten

Philipper 3,12-21 **Donnerstag, 25.**

Die Mitte des Evangeliums ist geklärt. Wir sind gerettet und von Christus angenommen. Was ist jetzt die Konsequenz in meinem Leben? V. 12 bringt es auf den Punkt, „Ich jage ihm aber nach“, die Verse danach führen es weiter aus.

Wenn unsere Beziehung zu Gott in Christus ein für alle Mal geklärt ist, kann ich mein Leben danach ohne Angst und Unsicherheit gestalten. Ich bin schon gerecht und kann nicht mehr scheitern, wenn ich es nicht schaffe, die Gesetze einzuhalten. Auf dieser Seite kann ich nicht vom Pferd fallen.

Auf der anderen Seite ist mir das Leben als Christ nicht gleichgültig. Durch meine Beziehung zu Christus kann ich gar nicht anders, als im Sinne von Christus mein Leben zu leben. Auch auf dieser Seite werde ich nicht vom Pferd fallen.

Von Christus angenommen sein und sein eigenes Leben nach seinem Vorbild gestalten! Dieses doppelte Geheimnis des Lebens werde ich mehr und mehr erfahren und verstehen.

„Ich aber laufe nicht wie ins Ungewisse." *1. Korinther 9,26*

Auf Kommando freuen?

Philipper 4,1-9 **Freitag, 26.**

Kann man sich auf Kommando freuen? Egal, wie die aktuellen Umstände gerade sind? Muss man zur Freude nicht erst in der richtigen Stimmung sein? Paulus ist auch nicht immer zufrieden und ausgeglichen. Und er schreibt dennoch diese Zeilen aus dem Gefängnis. Er hat viel durchgemacht in seinem bewegten Leben.
Aber er ist absolut sicher, dass er auf dem richtigen Weg zum klaren Ziel ist. Das löst Freude in ihm aus und lässt ihn auch andere mit seiner Freude anstecken. Davon darf ich mich auch anstecken lassen.
Der Herr ist nahe. Das ist nicht immer mit meiner Vernunft zu begreifen. Es ist gut, dass ich mich im Glauben darauf verlassen und mich darauf freuen darf. So eine Freude hat Konsequenzen. Ich darf anderen Menschen von dieser Freude berichten. Auch ich darf ansteckend sein.

„Freuet euch in dem Herrn allewege, und abermals sage ich: Freuet euch! Eure Güte lasst kund sein allen Menschen! Der Herr ist nahe!"
Philipper 4,4.5

Solidarität in der Gemeinschaft

Philipper 4,10-23 **Samstag, 27.**

Beim Geld hört die Freundschaft auf. Sagt man. Geld ist ein sehr sensibles Thema. Paulus spricht es am Ende des Briefes an die Philipper offen an. Voller Dankbarkeit.
Die Themen Geld und Unterstützung können schnell zu einer Gratwanderung werden und uns auseinanderbringen. Auf der

einen Seite kann ich zu stolz sein, Hilfe von anderen anzunehmen. Ich will auf jeden Fall unabhängig bleiben, um weiter frei reden und entscheiden zu können.
Paulus will nur von Gott abhängig sein. Die gute Gemeinschaft mit der Gemeinde in Philippi gibt ihm jedoch die Freiheit, eine Unterstützung von den Menschen aus Philippi anzunehmen. Ein Geben und Nehmen. Das ist gelebte Solidarität.
Die Möglichkeit, etwas geben zu können, ist auch eine große Verantwortung für uns. In welchen Situationen hilft uns unsere Gemeinschaft, diese Solidarität zu pflegen?

„Alle aber, die gläubig geworden waren, waren beieinander und hatten alle Dinge gemeinsam." *Apostelgeschichte 2,44*

Wochenspruch
Es soll nicht durch Heer oder Kraft, sondern durch meinen Geist geschehen, spricht der HERR Zebaoth. *Sacharja 4,6*

Dreimal im Jahr – raus aus dem Alltag

Psalm 118,1-14 **Pfingstsonntag, 28.**

Das Leben im Alltag kann belastend sein. Probleme und Herausforderungen umzingeln uns. Wir haben oft Angst und fürchten uns vor vielem und vor vielen. Dann kreisen wir um uns selbst und wissen nicht weiter. Wir brauchen einen anderen Blick, einen Ortswechsel.
Fest- und Feiertage auf der anderen Seite können uns guttun. So gibt es auch in Israel drei hohe Wallfahrtsfeste im Jahresverlauf: Passah, Schawuot und Sukkot. Auf nach Jerusalem zum Tempel! Und in der Gegenwart Gottes und auf dem Weg zu ihm verändern wir uns. Unsere Ängste, Sorgen und Feinde werden im Angesicht der Gegenwart Gottes kleiner und unwichtiger. Wir dürfen uns auf ihn verlassen und sind nicht mehr verlassen. Gottes Güte währet ewiglich. Das gilt uns allen.

Psalm 118 ist die Liturgie auf diesem Weg zum Tempel nach Jerusalem. Er kann auch meine Liturgie sein, wenn ich mich mit meinem Leben in die Nähe Gottes aufmache. Ich darf ihm danken und die Ängste loslassen. Seine Güte währt ewiglich. Nicht nur an Festtagen; das strahlt bis in meinen Alltag.

„HERR, zeige mir deine Wege und lehre mich deine Steige!“

Psalm 25,4

Auf das gute Ende sehen

Psalm 118,15-29 **Pfingstmontag, 29.**

Wir sind auf dem Weg nach Jerusalem, in den Tempel. Festtagsstimmung. Aber die Gedanken an den Alltag mit all seinen Ängsten und Sorgen belasten uns weiter. So einfach kann man die nicht abschütteln und vergessen.

In V. 15-21 sind diese Sorgen auch noch nicht vorüber. Es ist noch nicht alles überstanden. Aber ich darf schon voller Zuversicht sein, dass alles gut ausgehen wird. Und wie gut es ausgehen wird! V. 22 mit dem guten und sicheren Ausgang finden wir auch im Neuen Testament wieder. Jesus wird dort als Eckstein bezeichnet. Der wichtigste Stein in einem Bauwerk mit großem Gewicht. Er hat eine tragende Funktion – darauf kann ich aufbauen. Ich darf in den Jubel einstimmen und mich freuen.

„Das ist der Stein, von euch Bauleuten verworfen, der zum Eckstein geworden ist. Und in keinem andern ist das Heil, auch ist kein anderer Name unter dem Himmel den Menschen gegeben, durch den wir sollen selig werden.“ *Apostelgeschichte 4,11.12*

Einführung in das 1. Buch Mose s. S. 8f.

Gott gibt Gelingen

1. Mose 24,1-28 **Dienstag, 30.**

Nach alter Sitte muss Abraham für seinen Sohn Isaak eine Frau suchen. Er beauftragt damit seinen ältesten Knecht und bindet die Suche an konkrete Bedingungen (V. 3b.6). Der Knecht bittet darum, dass Gott sein Vorhaben gelingen lässt (V. 12). Natürlich hat er sich genau überlegt, wie er strategisch am besten vorgeht (V. 12-14) und wie er auf die Frau aufmerksam wird, die Gott für Isaak vorgesehen hat.
Diese Strategie ist ein beeindruckendes Beispiel dafür, wie menschliches Wählen und Entscheiden unter göttlicher Führung stehen können. Mir gibt das Orientierung, wenn ich vor wichtigen Entscheidungen stehe. Ich bitte Gott darum, meine Entscheidung, wenn sie nicht seinem Willen entspricht, mit einem eindeutigen Zeichen zu korrigieren. Ich habe das Vertrauen, dass Gott mir den richtigen Weg weist.

„Weise mir, HERR, deinen Weg, dass ich wandle in deiner Wahrheit."
Psalm 86,11

Gott hat entschieden

1. Mose 24,29-49 **Mittwoch, 31.**

Laban, der Bruder Rebekkas, will den Mann kennenlernen, der seiner Schwester teure Geschenke macht. Der Knecht betont, dass Gott ihn den richtigen Weg geführt hat, um für den Sohn seines Herrn die richtige Frau zu finden. Er hat nach seinem Gebet in großer Zuversicht gehandelt und darf jetzt feststellen, dass er richtig entschieden hat, denn Gott hat Gnade gegeben. Nur der Glaubende ist gehorsam, und nur der Gehorsame glaubt (D. Bonhoeffer). Rebekka ist die richtige Frau für Isaak. Jetzt geht es da-

rum, das Familienoberhaupt zu gewinnen. Das wird spannend. Der Knecht fordert die Entscheidung konkret und vehement ein (V. 49).
Ich habe es in meinem Leben einige Male erlebt, dass meine Entscheidung, die ich in großem Gottvertrauen getroffen habe, noch mal abhängig war von der Entscheidung anderer. Dafür offen zu sein, ist ein Akt des Gehorsams. Bin ich dazu bereit?

„Der HERR, vor dem ich wandle, wird seinen Engel mit dir senden und Gnade zu deiner Reise geben.“ *1. Mose 24,40a*

Monatsspruch Juni

Gott gebe dir vom Tau des
Himmels und vom Fett der Erde
und Korn und Wein die Fülle.

1. Mose 27,28

Gottes Handeln kommt zum Ziel

1. Mose 24,50-67 **Donnerstag, 1.**

Der Knecht drängt zum Aufbruch, damit Gottes Handeln schnell zum Ziel kommt (V. 54b). „Wer nicht in der Stunde oder in dem Augenblick, wo ihn der Heilige Geist ruft, aufbricht, wird ihn niemals ergreifen; denn wenn er einmal gegangen ist, kommt er nicht wieder" (Martin Luther). Zum richtigen Zeitpunkt das tun, was gefordert ist, ist auch heute mehr denn je vonnöten. Das zentrale Thema der gesamten Erzählung ist Führung. Sie geschieht nicht durch spektakuläre Wunder, sondern verborgen durch Ereignisse, die alles anderes als sensationell sind. Entscheidend ist immer das menschliche Herz, das Gott lenkt und – bei Widerständen – auch überwindet. Heute sind auch wir aufgefordert, Gottes Handeln nicht nur in den spektakulären Ereignissen zu sehen, sondern wachsam zu werden für Gottes Wirken an uns und mit uns.

„Es ist aber nichts verborgen, was nicht offenbar wird, und nichts geheim, was man nicht wissen wird." *Lukas 12,2*

Gott wählt anders

1. Mose 25,19-34 **Freitag, 2.**

Das ging ja vor und während der Geburt der Zwillinge schon richtig zur Sache (V. 26). Später, als Heranwachsende, kann die Entwicklung der beiden Brüder gegensätzlicher nicht sein. Aus dem Nebeneinander wird ein Gegeneinander. Das ist in vielen Familien so. Die Geschwisterkonstellation und die jeweiligen Sympathien der Eltern haben unmittelbaren Einfluss auf unser Leben.

Wir haben hier eine Betrugsgeschichte erster Güte vorliegen. Das „Muttersöhnchen" Jakob legt den „Naturmenschen" Esau kräftig herein. Esau ist ausgehungert. Was interessiert ihn in dieser Situation sein Erstgeburtsrecht? Und ehe er sichs versieht, ist es weg. Dies ist der Ausgangspunkt für ein Gegeneinander, das das Leben der beiden Brüder für lange Zeit bestimmen wird. Jakob ist der Auserwählte. Ist das zu verstehen?

„So liegt es nun nicht an jemandes Wollen oder Laufen, sondern an Gottes Erbarmen.“ *Römer 9,16*

Was ist der Segen?

1. Mose 27,1-29 **Samstag, 3.**

Jakob hat ganz schön viel investiert: Er hat die Kleider seines Bruders Esaus geklaut und mit Fellen die haarigen Arme seines Bruders Esaus vorgetäuscht. Volles Risiko – auf die Gefahr hin, alles zu verlieren. Und das, um Esau den Segen ihres im Sterben liegenden Vaters Isaak zu stehlen. Was ist dieser Segen, für den Jakob bereit ist, so viel zu tun? Zum einen ist der Segen ein Wunsch und ein Zuspruch zugleich: „Dir soll es gut gehen und dein Leben soll reich und erfüllt sein.“ Zum anderen ist in der Geschichte der Erzväter der Segen noch viel mehr: Er ist das Versprechen, dass es Jakob sein wird, der den mit Abraham geschlossenen Bund mit Gott weiterführen wird. Den Bund, in dem Gott ein großes Volk und einen großen Namen versprochen hat. Auch wenn es Jakob nur darum geht, ein reiches und erfülltes Leben zu führen, kommt Gott doch auch so an sein Ziel, den Segen Abrahams zu den Völkern zu bringen.

„Wer ist's, der Leben begehrt und gerne gute Tage hätte?“ Psalm 34,13

Wochenspruch

Die Gnade unseres Herrn Jesus Christus und die Liebe Gottes und die Gemeinschaft des Heiligen Geistes sei mit euch allen.
2. Korinther 13,13

Dort ist Gott

Psalm 113 **Sonntag, 4.**

Wo ist Gott? Natürlich thront er in der Höhe (V. 5). Er ist der Schöpfer und König. Der Herr über Himmel und Erde. Und er schaut von dort herunter (V. 6), sieht, was in seiner Schöpfung geschieht. Ihm bleibt nichts verborgen. Wie ein guter, starker König behält er die Übersicht über sein Reich. Doch dann beugt er sich herab, richtet den Geringen, den von Menschen Verachteten, aus dem Staub auf (V. 7) – und setzt ihn neben die Mächtigen (V. 8). Der Geringgeschätzte hat teil an der Macht der Bedeutungsvollen. Was für eine Provokation der Machthaber. Während wir Menschen es zulassen, dass die Unterschiede immer größer werden und die Mächtigen die Machtlosen unterdrücken, richtet Gott Menschen auf, ehrt sie und verschafft ihnen Einfluss. Gott ist nicht nur oben, er wirkt auch hier unten.

„Wer ist wie der HERR, unser Gott.“ *Psalm 113,5*

Segen vergeht nicht

1. Mose 27,30-40 **Montag, 5.**

Anderer Bruder, gleiche Szenerie. Wie zuvor schon Jakob, kommt auch Esau zu Isaak, um den Segen seines Vaters zu erlangen. Aber dann der Schock: Der Segen ist schon vergeben. Es gibt nichts mehr zu holen für Esau. Jakob hat sich mit einer arglisten Täuschung den Segen erschlichen. Heute würde vielleicht alles annulliert werden: Die Weitergabe des Segens war nicht rechtens, weil Isaak nicht wusste, was er tat. Jakob würde den Segen wieder verlieren. Aber so funktioniert im Alten Testament der Segen nicht, den ein Vater seinem Sohn zuspricht. Wer den göttlichen Segen zugesprochen bekommen hat, der bleibt gesegnet. Gottes Wort ist nicht flüchtig. Wenn Gott auch uns seine Zusage gibt, dann können wir sicher sein: Gott hält Wort.

„Ich habe ihn gesegnet; gesegnet wird er auch bleiben.“ *1. Mose 27,33*

Konsequenzen unseres Handelns

1. Mose 27,41-28,9 **Dienstag, 6.**

Esau hatte einen Plan gefasst. Sobald ihr Vater Isaak gestorben wäre, wollte er seinen Bruder Jakob töten. Doch ihre Mutter Rebekka hatte davon erfahren und aus Angst davor, ihre beiden Söhne zu verlieren, flehte sie Jakob an: „Nun aber, mein Sohn, hör auf mich! Mach dich auf und flieh zu meinem Bruder Laban nach Haran!" (V. 43). Jakob ist zu diesem Zeitpunkt noch nicht bereit, sich seinen Taten zu stellen. Er ist nicht bereit, auf seinen Bruder zuzugehen. Mit dem Segen im Gepäck flieht er und lässt seinen Bruder und den Konflikt hinter sich. Doch er schafft es nicht, die Erfahrungen zurückzulassen. Diese prägen Jakob und verfolgen ihn. Alles Handeln im Leben hat Konsequenzen. Jakob hat viel gewagt, um sich den Segen zu erschleichen. Aber hat er auch gewonnen?

„So bedenke nun und sieh zu, was du tust." *1. Samuel 25,17*

Gott geht ins Ungewisse mit

1. Mose 28,10-22 **Mittwoch, 7.**

Jakob war ausgezogen. Weg von zu Hause hatte er sich auf den Weg gemacht in ein ihm unbekanntes Land. Und er machte eine Erfahrung, die er dort im Nirgendwo nicht erwartet hatte. Als er sich schlafen gelegt hatte, hatte er einen Traum von einer Himmelsleiter, auf der Gott stand. Und Gott sprach zu ihm: „Siehe, ich bin mit dir, ich behüte dich, wohin du auch gehst, und bringe dich zurück in dieses Land. Denn ich verlasse dich nicht, bis ich vollbringe, was ich dir versprochen habe" (V. 15). Gott ist nicht nur dort bei uns, wo wir ihn erwarten. Er ist uns nicht nur in unserer Komfortzone nahe. Auch wenn wir aus unserem gewohnten Setting ausbrechen, ist Gott an unserer Seite. Gott gibt uns die Sicherheit und verspricht uns: „Geh deinen Weg und ich gehe mit!" Also mach dich auf den Weg mit Gott – vielleicht oder gerade auch ins Ungewisse.

„Wirklich, der HERR ist an diesem Ort und ich wusste es nicht."
1. Mose 28,16

Jakob trifft auf Rahel, die Tochter Labans

1. Mose 29,1-14a **Donnerstag, 8.**

Ein langer Weg liegt hinter Jakob, bis er an einen Brunnen kommt, wo er Hirten mit ihren Schafherden vorfindet. Von ihnen erfährt er, dass Haran, der Wohnort seines Onkels Laban, ganz nahe liegt und es ihm gut geht. Als seine Tochter Rahel ebenfalls mit Schafen zum Brunnen kommt, weiß Jakob, dass Gott seine Zusage, ihn zu segnen, wahr macht. Er steht sofort auf, wälzt mit großer Kraft den schweren Stein vom Brunnenloch und tränkt Rahels Schafe. Danach umarmt er sie und weint vor Freude. Er erklärt ihr die Beziehung zu ihrer Familie. Rahel eilt zu ihrem Vater, der Jakob aufs Herzlichste begrüßt und in sein Haus holt. Eine schöne Familienzusammenführung, die zeigt, dass Gottes Gnade größer ist als die Schuld des betrügerischen Erbschleichers Jakob. Wo muss Gott in unserem Leben seine Gnade gegen unser Handeln zum Ziel bringen?

„Deine Gnade reicht, so weit der Himmel ist." *Psalm 108,5*

Jahreslosung 2023:

Du bist ein Gott, der mich sieht. (1. Mose 16,13)

Hoffnungsschritte auf Wüstenwegen

März 2022. Berlin in Blau-Gelb. So hat man die Hauptstadt noch nicht gesehen. Blau-gelbe Flaggen wehen auf öffentlichen Gebäuden, hängen an Balkonen und Fenstern. Menschen mit blau-gelben Schals über den Schultern und mit blau-gelben Schildern in den Händen. Viele bekunden ihre Verbundenheit mit einer geschundenen Nation. Es ist Tag 15 nach Kriegsbeginn. Ich spüre Angst in den Straßen. Entsetzen. Wut. Hilflosigkeit. Und das Bedürfnis, Verbundenheit mit denen auszudrücken, die in unserer europäischen Nachbarschaft bedroht und bekämpft, verjagt und

vertrieben werden: „We stand in solidarity with Ukraine“, steht immer wieder zu lesen. Kerzen auf dem Boden vor der russischen Botschaft. Ein Mann hält ein Schild hoch: „Stop Putin!“, steht darauf zu lesen.
Am Bahnhof ein anderes Bild. Menschen gehen durcheinander, suchen Orientierung, stehen Schlange. Dicht an dicht. Viele Frauen und Kinder. Alte Menschen. Müde Gesichter. Es ist anders als sonst. Ernster. Eine eigenartige Schwere liegt in den Bahnhofshallen. Hier kommen Menschen an, die nicht hierherwollten. Menschen mit allzu schwerem Gepäck. Sie stranden hier. Sie werden hierhergespült von Kriegswellen, die sie überrollt haben.
Wenn das Jahr 2023 angebrochen sein wird, hat sich das Rad der Geschichte längst weitergedreht und es wird sich weiterdrehen. Wer weiß, wohin ... Was aber bleibt, ist gestern, heute und morgen gewiss: Die Wüstenwege in dieser Welt sind Gott nicht verborgen. Was den lebendigen Gott von allen anderen Göttern und Götzen, von Weltanschauungen und Weltbildern unterscheidet, ist dies: Er sieht. Er sieht Einzelne. Nicht nur das Weltgeschehen, nicht nur eine Masse oder Menge, nicht nur das Gewirr und Gewusel von tausend Wegen auf den Bahnhöfen dieser Welt und von tausend Leben. Er sieht mich. Das ist der Gottesname, den Hagar in der Wüste ausspricht. „Du bist ein Gott, der mich sieht.“ Sie, die Geschundene und Geflohene, die Verjagte und Vertriebene. Sie, die immer nur Sklavin war. Eine Abhängige, nie wirklich frei. Eine Vasallin. Eine Frau ohne Ansehen. Sie erfährt: Gott sieht mich. Diese Erfahrung ist eine Offenbarung.
Gott sieht und sieht nicht weg, wenn es unansehnlich wird. Er hält aus. Mit uns. Aber damit nicht genug. Er belässt es nicht beim Sehen. Gott sieht nicht fern – sieht nicht nur von der Ferne aus zu. Er kommt uns nah. Mitten hinein in diese Welt. Dafür steht Jesus Christus. Weil Gott sieht und sich mit Krieg und Hass, mit Ungerechtigkeit und Unmenschlichkeit nicht abfindet, kommt er. Weil wir zu Unmenschen geworden sind, wird Gott Mensch. Weil wir Menschen immer wieder auch Kriegstreiber sind, kommt er als Friedefürst. So schafft er Frieden mit Gott

und macht Frieden in der Welt möglich. Davon singen die Engel an Weihnachten: „Friede auf Erden“... das Lied verstummt nicht, auch nicht, wenn das Unrecht zum Himmel schreit. Denn Gott sieht. Auch die Schuld. Und weil er sieht, wird er Recht schaffen und die Schuldigen zur Rechenschaft ziehen. Die Hoffnung darauf gibt Kraft, Mut und Zuversicht. Auch an diesem blau-gelben Morgen in Berlin.
(Steffen Kern, gekürzter Abdruck aus: Chistoph Morgner (Hg.), Du bist ein Gott, der mich sieht: Das Lesebuch zur Jahreslosung 2023)

Jakob wird hintergangen

1. Mose 29,14b-30 **Freitag. 9.**

Jakob erlebt im Haus seines Onkels Laban nach anfänglicher Harmonie eine bittere Enttäuschung. Am eigenen Leib erfährt er, der seinen blinden Vater betrog und sich dessen Segen erschlich, wie es ist, hintergangen zu werden. Laban hatte ihn über seine Absicht, erst die ältere Tochter Lea an ihn zu verheiraten, sieben Jahre lang im Unklaren gelassen. Als sie ihm in der Hochzeitsnacht, in Schleier gehüllt, zugeführt wird, entdeckt er erst am Morgen danach, dass er betrogen wurde. Zur Rede gestellt, beruft sich Laban auf die Landessitte, die Jüngere nicht vor der Älteren zu verheiraten. Um auch die geliebte Rahel zur Frau zu bekommen, muss Jakob nun noch weitere sieben Jahre Dienst tun. Eine harte Lehrzeit, die der Erbschleicher Jakob durchlaufen muss. Welche „Erziehungswege“ muss Gott mit uns gehen, um uns an sein Ziel zu führen?

„Was der Mensch sät, das wird er ernten.“ *Galater 6,7*

Jakobs Flucht mit den Seinen

1. Mose 31,1-7.14-32 **Samstag. 10.**

Die Söhne Labans unterstellen Jakob, er habe sich auf Kosten ihres Vaters bereichert. Auch Laban selbst ist misstrauisch geworden. Nun befiehlt Gott Jakob heimzukehren, und sagt ihm seinen

Schutz zu. Dies teilt er Rahel und Lea mit, die auch über ihren listigen und geizigen Vater enttäuscht sind. Als Laban mehrere Tage abwesend ist, brechen sie mit der ganzen Familie, den Tieren und allem Hab und Gut auf. Dass Rahel den Hausgötzen des Vaters mitnimmt und der ganze Aufbruch fluchtartig geschieht, zeigt, dass Jakob und seine Familie nur halbherzig auf Gott vertrauen. Laban, der sie sieben Tage später auf dem Gebirge Gilead einholt, wirft Jakob zu Recht vor, er habe ihn hintergangen. Gott aber habe ihn davor gewarnt, Jakob etwas Böses anzutun. Wie sehr vertrauen wir auf Gott und wo erwartet er von uns Nachsicht?

„Vergeltet niemand Böses mit Bösem.“ *Römer 12,17*

Wochenspruch

Wer euch hört, der hört mich; und wer euch verachtet, der verachtet mich. *Lukas 10,16*

Unter Gottes Schutz

Psalm 34 **Sonntag, 11.**

Was bedeutet es, unter Gottes Schutz zu stehen? Absolute Sicherheit? Leben ohne Risiko? Unverwundbarkeit? Das entspricht nicht unserer Lebenserfahrung. Auch wer glaubt, kann in Lebensnöte geraten. Was aber immer gilt: Gott bleibt mir nahe! Er sieht mich und hört mich (V. 16). Ich gerate ihm nie aus den Augen und aus dem Sinn. Und mein Schrei um Hilfe verhallt nicht ungehört, auch wenn kein Mensch darauf reagiert. Es ist nicht Gottes strafender Blick, den man immer wieder zum Zwecke der Erziehung vor Augen gemalt hat. Und es ist nicht nur Gottes aufmerksames Ohr, das jedes falsche Wort vernimmt und strafend erinnert. Gott sucht mich und blickt mich fürsorglich an. Und er hört hin und hört zu. Er weiß, wie ich mich fühle, was mich belastet, aber auch beglückt. Gott bleibt mir nahe. Das ist Gottes Schutz.

„Du bist ein Gott, der mich sieht.“ *1. Mose 16,13*

Jakobs Vertrag mit Laban

1. Mose 31,33-54 **Montag, 12.**

Rahel, die den gestohlenen Hausgötzen unter ihrem Kamelsattel versteckt hat, bleibt vor der Folge ihrer Tat bewahrt. Statt darüber dankbar zu sein, hält Jakob seinem Onkel das ihm 20 Jahre lang widerfahrene Unrecht vor. Dabei bekennt er zwar, dass Gott ihm geholfen habe, nennt aber Gott immer noch nicht „seinen" Gott, sondern den seiner Väter. Dabei gebraucht er die alte Bezeichnung „Schrecken Isaaks" – der Gott, dem sein Vater mit Furcht dient. Gott ist es aber, der jetzt alles zum Besten wendet und die beiden Kontrahenten für einen Friedensbund bereitwillig macht. Jakob überhört dabei Labans Anmaßung, dass ihm Jakobs Frauen, Kinder und Herden gehören. Er willigt in den angebotenen Bund ein. Dass auch Laban dabei Gott als Zeugen und Richter anruft, ist Frucht von Gottes Wirken an beiden Herzen. Wie kann Gott unser Denken, Reden und Handeln friedensstiftend machen?

„Der Friede Gottes regiere in euren Herzen, zu welchem ihr auch berufen seid." *Kolosser 3,15*

Nicht müssen, aber wollen

1. Mose 32,1-22 **Dienstag, 13.**

Menschen machen Fehler. Jeder sagt oder macht im Laufe des Lebens Dinge, die nicht gut sind und auf die man – im Rückblick – auch nicht stolz ist. Davon kann Jakob ein Lied singen. Er kennt seine Schuld – gerade bezüglich seines Bruders, den er damals hintergangen hat. Aber er ist gesegnet und Gott wirkt durch ihn. Eine dunkle – und so gar nicht aufgearbeitete – Vergangenheit steht einer Erwählung und einer gesegneten Zukunft nicht per se im Weg. Was für eine Freiheit! Für Jakob aber auch kein Freifahrtschein. Flucht ist keine Option mehr. Er möchte aufarbeiten. Er möchte Frieden. Also stellt er sich seiner Vergangenheit und geht den Weg der Versöhnung – wenn auch voller Angst. Er muss nicht, aber er möchte – Jakobs ganz eigene Segensspuren.

„Denn Gott war in Christus und versöhnte die Welt mit ihm selber und rechnete ihnen ihre Sünden nicht zu und hat unter uns aufgerichtet das Wort der Versöhnung.“ *2. Korinther 5,19*

Kämpfe, die sich lohnen

1. Mose 32,23-33 **Mittwoch, 14.**

Jakobs Leben ist Kampf: um seinen Platz, um Segen, um seine Frau Rahel, um ein gemeinsames Kind, um Zukunft, um Versöhnung, um inneren Frieden – ein Kampf um sich selbst. Und alle Kämpfe gipfeln in dieser kämpferischen Nacht am Jabbok, in der Gott selbst der Gegner ist. Aber Moment mal, ist er wirklich ein Gegner? Nein, dieser Kampf ist Teil von Jakobs Heilung. Es gibt Kämpfe im Leben, die gekämpft werden wollen – auch mit Gott selbst. Gott ist Liebe, aber er scheut den Kampf nicht, wenn wir ihn brauchen. Gott ist nicht nur bereit, für uns zu kämpfen, sondern auch mit uns. So ein Kampf ist ernst – wie auch hier –, aber niemals tödlich, sondern heilsam, segensreich. Nicht jeder Kampf lohnt sich, aber manche Kämpfe müssen sein.

„Kämpfe den guten Kampf des Glaubens; ergreife das ewige Leben, wozu du berufen bist und bekannt hast das gute Bekenntnis vor vielen Zeugen.“ *1. Timotheus 6,12*

Dranbleiben

1. Mose 33,1-20 **Donnerstag, 15.**

Mit einem ängstlichen, übervorsichtigen Jakob wird die Versöhnungsszene mit seinem Bruder Esau in Kap. 32 eingeleitet und nach einer zähen Kampfnacht am Jabbok scheint es jetzt fast wie von selbst zu gehen: Die Versöhnung der beiden Brüder ist da. 20 Jahre lang herrschte Funkstille, aber beide haben in dieser Zeit ihren Weg und ihren Anteil an einer Versöhnung gefunden. In Jakob wuchs die Reue und in Esau die Vergebungsbereitschaft. Für echten Frieden braucht es beides. In diesem Fall waren die Rollen klar verteilt. Das ist in unseren Entweihungen und Streitigkeiten selten der Fall. Beides, Reue und Vergebungsbereitschaft, will und muss in mir Raum gewinnen – nur so ist Versöhnung möglich. In diesem Sinne: dranbleiben!

„Einer ertrage den andern und vergebt euch untereinander, wenn jemand Klage hat gegen den andern; wie der HERR euch vergeben hat, so vergebt auch ihr!" *Kolosser 3,13*

Der holprige Start lässt auf kein gutes Ende hoffen

1. Mose 37,1-11 **Freitag, 16.**

Heute beginnt für die nächsten 23 Tage die spannende Josephsgeschichte. Aus einem bevorzugten Angeber wird ein Geächteter, aus einem Strafgefangenen ein Staatsmann mit einem großen Herzen.

Da ist am Anfang viel schiefgelaufen. Der alte Vater merkt nicht, dass seine besondere Liebe zu Josef die anderen Brüder auf die Palme bringt. Ihr Neid auf das arbeitsscheue Greenhorn vergiftet die familiäre Situation und der Sonnyboy gießt noch Öl ins Feuer, als er ihnen seine Träume erzählt. Neid zerfrisst sogar lebenswichtige familiäre Bindungen. Überheblichkeit, die den anderen nicht wahrnimmt, bricht Brücken ab. Ich merke, dass diese Gefahren uns heute noch genauso zusetzen wie in dieser über 3000 Jahre alten Geschichte. Nun frage ich mich: Wie hätte Josef positiver reagieren können?

„Wer groß sein will unter euch, der sei euer Diener." *Markus 10,43*

Der Abstieg ist unaufhaltsam

1. Mose 37,12-36 **Samstag 17.**

Josef wird zwar von seinem Vater als „Kümmerer" eingesetzt, aber die Brüder sehen in ihm den Kontrolleur. Hier, in der Einsamkeit, bietet sich die Chance, den Träumer hinterhältig aus dem Weg zu räumen. Er wird schon sehen, was aus seinen Höhenflügen wird.

„Aus der Traum" für Josef! Der Mord kann zwar verhindert werden, aber es geht weiter runter – nach Ägypten. Und was wird Josef gedacht, gefühlt haben? Verraten und verkauft, ausgeliefert und von Gott verlassen! Voller Ungewissheit landet er auf dem Sklavenmarkt. Jetzt, hier in Ägypten, hat Gott da überhaupt noch Einfluss? Ist Josef nicht allen anderen Mächten und Mächtigen ausgeliefert? Äußerlich schon. Aber Gott hat einen genialen Plan, den sich weder Josef noch die Erstleser dieser Geschichte vorstellen können. Ich möchte Josef am liebsten zurufen:

„Wirf dein Vertrauen nicht weg, welches eine große Belohnung hat."
(nach Hebräer 10,35)

Wochenspruch
Kommt her zu mir, alle, die ihr mühselig und beladen seid; ich will euch erquicken. *Matthäus 11,28*

Kneten statt plappern
Psalm 4 **Sonntag, 18.**

So schön dieser Psalm in V. 9 endet, so wild und ungeordnet ist er davor. Mal ist Gott der Angesprochene (V. 2.8.9), mal diskutiert der Beter im Kopf mit seinen Widersachern (V. 3-6). Er empfindet sich als Opfer (V. 3), weiß aber scheinbar auch etwas vom nicht ganz unberechtigten Zorn, den er bei diesen Leuten ausgelöst hat (V. 5). Der Beter scheint nicht nur Vertrauen zu kennen, sondern auch Zweifel (V. 7). V. 8 lässt darauf schließen, dass er Neid überwinden musste. Dieser Psalm plappert also nicht nur von einem schönen, rosaroten Ergebnis (V. 9). Der Psalmbeter knetet das Leben förmlich vor Gott durch, in all seinen Facetten. Nur dadurch bekommt V. 9 Echtheit und Tiefe und genau dazu möchten Psalmen einladen. Kneten statt plappern!

„Siehe, dir gefällt Wahrheit, die im Verborgenen liegt, und im Geheimen tust du mir Weisheit kund." *Psalm 51,8*

Das Jo-Jo eines Lebens

1. Mose 39,1-23 **Montag, 19.**

Als Sklave kommt Josef in Ägypten an und wird an einen hohen Staatsbeamten verkauft. Dort steigt er zum Verwalter mit allen Vollmachten auf. Die mannstolle Frau des Verwalters will den gut aussehenden jungen Mann in ihr Bett und weil das nicht funktioniert, landet Josef im Gefängnis. Interessant ist die Begründung, die er der Verführerin entgegenhält. Er sagt nicht: „Das macht man nicht! Das ist nicht unsere Kultur in Israel. Das wäre mir deinem Mann gegenüber zu peinlich." Er sagt: „Wie sollte ich gegen Gott sündigen?" Wenn wir unsere Betrügereien, die Seitensprünge und Lügen nicht als clevere Coolness kleinreden, sondern als ein Vergehen gegen Gott sehen würden, wäre manche Sünde vermieden. Für Josef bringt die Aufrichtigkeit den Absturz ins Gefängnis – aber das Jo-Jo ist schon wieder auf der Bahn nach oben.

„Wie sollte ich denn nun ein solches großes Übel tun und gegen Gott sündigen?" *1. Mose 39,9*

Gott war mit Josef

1. Mose 40,1-23 **Dienstag, 20.**

Der Schlüsselvers steht im Kapitel 39,23. Gott bekennt sich zu dem geradlinigen jungen Mann und er hat ihn im Gefängnis nicht vergessen. Die bevorzugte Arbeit an und mit den Gefangenen ist ein erster Beweis dafür – obwohl das Josef sicher noch nicht so sehen kann. Josef pflegt nicht sein Selbstmitleid, sondern kann seine Mitgefangenen trösten und ihnen mit Gottes Hilfe die ungewissen Träume deuten. Dieser Umweg durch das Gefängnis stellt sich schließlich – mit zwei Jahren Verzögerung – als der Weg heraus, der ihn direkt in den Machtbereich des Pharao bringt. Umwege mit Zeitverzögerung sind vielleicht ärgerlich, aber wenn sie von Gott kommen, dann bringen sie uns ans Ziel. Erlebst du gerade solche Umwege? Du kannst wissen: Gott ist mit dir!

„Wir wissen aber, dass denen, die Gott lieben, alle Dinge zum Besten dienen." *Römer 8,28*

Weg-weiser sein

1. Mose 41,1-36 **Mittwoch, 21.**

Gott redet zum mächtigsten Mann Ägyptens in der Weise, wie es ein Mensch damaliger Zeit mit Ehrfurcht aufnahm: in Träumen. Der aber versteht ihn nicht. Auch Pharaos Ratgeber können ihm nicht weiterhelfen. Doch es gibt einen, der versteht Gottes Reden, der hat einen „Draht" zum Gott Israels und kann ihm weiterhelfen. Wie später Philippus, der dem Kämmerer die Schrift durch die Kraft des Heiligen Geistes deutet und erklärt, bis dieser merkt: Gottes Worte haben etwas mit meinem Leben zu tun!

Diese Bestimmung gilt allen, die einen „Draht" zum lebendigen Gott haben. Gott redet nach wie vor zu allen Menschen – nur: Die Menschen können es nicht einordnen, nicht deuten. Sie brauchen „weise und verständige Leute", die ihnen Gottes Reden übersetzen und es ihnen mutig und mit Weitblick erklären, damit Gott gehört wird.

„Verstehst du auch, was du liest? Er aber sprach: Wie kann ich, wenn mich nicht jemand anleitet? Und er bat Philippus, aufzusteigen und sich zu ihm zu setzen." *Apostelgeschichte 8,30b.31*

Segensträger für die Welt

1. Mose 41,37-57 **Donnerstag, 22.**

Josef offenbart Pharao die Macht eines für ihn fremden Gottes. Pharao spürt: Gott ist mit Josef – und zieht daraus den Schluss, dass Josef selbst der geeignetste Mann für die herausfordernden Aufgaben der nächsten Jahre ist. Er stattet ihn mit den Zeichen eines Herrschers aus.

Josef hat einen neuen Platz im Weltgeschehen gefunden. Hier setzt er nun seine von Gott gegebenen Gaben ein. Mit seiner Traumauslegung und mit seinem weisen und umsichtigen Han-

deln wird er nicht nur zum Retter für seine Familie, sondern auch für Ägypten und die Länder ringsum.
In Josef bewahrheitet sich etwas von dem, was bereits seinen Voreltern seit Abraham zugesagt war: Segensträger für ihre Umwelt zu werden. Ihre Präsenz in der Welt soll Segen bringen. Menschen, die mit Gott leben, haben Ausstrahlung und Auswirkung auf ihr Umfeld.

„In dir sollen gesegnet werden alle Geschlechter auf Erden."
1. Mose 12,3b

Der Weg der Versöhnung

1. Mose 42,1-28 **Freitag, 23.**

Josefs Träume von einst beginnen sich zu erfüllen. Doch von seiner Überheblichkeit im Umgang mit seinen Brüdern, wie damals bei den Traumdeutungen, ist nichts mehr zu spüren. Josef hat sich verändert. Er hat eine schwere Lebensgeschichte hinter sich. Sein Gottvertrauen wurde auf eine harte Probe gestellt. Josef hat erlebt: Gott meint es gut. Welches Recht hätte er, gegen andere hart zu sein.
Doch bevor er sich seinen Brüdern zu erkennen gibt, stellt er sie auf die Probe. Josefs Handeln zielt auf Versöhnung. Doch er will wissen, ob auch die Brüder sich in ihrem Wesen und Herzen verändert haben. Er bringt sie in eine Situation, in der sie es beweisen können, und erlebt, wie ihr Gewissen anschlägt und ihre Vergangenheit sie einholt. Eigene Schuld einzugestehen, ist eine Herausforderung. Doch heiles Leben ist nur möglich, wo Schuld erkannt, benannt und vergeben wird.

„Wenn wir sagen, wir haben keine Sünde, so betrügen wir uns selbst, und die Wahrheit ist nicht in uns." *1. Johannes 1,8*

Verstrickungen

1. Mose 42,29-38 **Samstag, 24.**

Was für eine fragwürdige Aussage der Brüder: „Wir sind ehrliche Leute!" (V. 31, BB). Häppchenweise präsentieren sie Jakob ihre Erlebnisse in Ägypten. Doch dabei geraten sie in einen Strudel der Verwirrung, denn noch ist die alte Wahrheit von vor 20 Jahren nicht ans Licht gekommen.

Und Jakob? Während zehn seiner Kinder vor ihm stehen, behauptet er, er sei „seiner Kinder" beraubt. Was für eine Abwertung der verbliebenen Kinder. Selbst nach all den Jahren hält Jakob noch an seiner Bevorzugung fest. Dabei war genau das der Auslöser für das Handeln der Brüder damals.

Durch alles Auf und Ab im Leben, durch alle Schuld und Verstrickungen des Menschen, schreibt Gott seine große Geschichte. Nicht nur mit Josef und seiner Familie, auch mit uns.

„Ist's nicht so: Wenn du fromm bist, so kannst du frei den Blick erheben. Bist du aber nicht fromm, so lauert die Sünde vor der Tür, und nach dir hat sie Verlangen; du aber herrsche über sie." *1. Mose 4,7*

Wochenspruch

Der Menschensohn ist gekommen, zu suchen und selig zu machen, was verloren ist. *Lukas 19,10*

Loben zieht nach oben

Psalm 103 **Sonntag, 25.**

Welches Hohelied auf die Gnade, die Güte und die Barmherzigkeit unseres Gottes. Was für großartige Aussagen. Und was für eine Anleitung zum Loben und Danken. Wunderschöne, extreme Vergleiche (V. 11-13) veranschaulichen Gottes Erbarmen. Wohin wir auch schauen – alles ist voll von dem Gott, der uns nur Gutes will.

Doch Gott zu loben versteht sich nicht von selbst. Daran müssen wir anscheinend immer wieder erinnert werden. Daran muss vor allem ich mich selbst immer wieder erinnern. Wie oft übersehe ich, wofür ich Gott loben kann. Dankbarkeit ist eine erstklassige geistliche Sehhilfe dafür. Ich erkenne: Gott ist da, hat durchgeholfen, hat es gut gemacht. Gott loben bringt neues Leben in meinen Alltag. Es befreit meinen Blick, weg von mir, hin zu ihm. Das gibt Mut, in die Zukunft zu schauen, und auch für das, was auf mich zukommt, seine Hilfe zu erwarten.

„Freut euch in dem Herrn allewege, und abermals sage ich: Freuet euch.“ *Philipper 4,4*

Nicht ohne den Bruder!

1. Mose 43,1-14 **Montag. 26.**

Die Hungersnot herrscht weiter. Die Vorräte sind aufgebraucht. Eine Reise nach Ägypten ist längst überfällig. Aber solch eine Reise würde nur Sinn machen, wenn Benjamin, der jüngste Bruder, mit dabei wäre. „Nicht ohne den Bruder!“ (V. 3). Josef, der für seine Brüder immer noch der rätselhafte Mann aus Ägypten war, hatte es so angeordnet.

Die Geschichte von Josef hat einige Parallelen zur Jesus-Geschichte. Auch Jesus will, dass wir nicht nur an unsere eigene Rettung denken und zu ihm kommen. Die Menschen, mit denen wir zusammenleben, sollen ebenfalls zu ihm finden (1Tim 2,4; 2Petr 3,9). Auch Jesus ist es wichtig, dass unser Bruder/unsere Schwester „bei uns sind“, wenn wir zu ihm kommen. Seien Sie Zeuge in Wort und Tat für Jesus, damit niemand verloren geht.

„Denn Gott hat alle eingeschlossen in den Ungehorsam, damit er sich aller erbarme.“ *Römer 11,32*

Er kennt uns!

1. Mose 43,15-34 **Dienstag. 27.**

Als die Brüder nach Ägypten kommen, werden sie nicht eingekerkert wie beim ersten Mal. Sie werden zum Festessen im Haus

des Josef eingeladen. Und sie werden platziert. Genau nach ihrem Alter. Merkwürdig! Unerklärlich! Als Leser aber wissen wir es: Josef, der sich noch nicht zu erkennen gegeben hatte, kannte sie alle.
So wie Josef seine Brüder kannte, so kennt uns Jesus Christus. Er kennt unsere geheimsten Wünsche und Gedanken. Er weiß über unser Leben Bescheid. Ob Sieg oder Niederlage, ob Glück oder Unglück, ob Freud oder Leid: Jesus Christus weiß es. Wenn ich ihm vertraue, Gott mich mit Namen kennt, bin ich nirgends allein oder auf mich gestellt. „Fürchtet euch nicht!" (V. 23) – das gilt denen, die Gott namentlich bekannt sind (Lk 10,20).

„Das habe ich mit euch geredet, damit ihr in mir Frieden habt. In der Welt habt ihr Angst; aber seid getrost, ich habe die Welt überwunden."
Johannes 16,33

Eine wichtige Entdeckung!

1. Mose 44,1-34 **Mittwoch, 28.**

„Wir sind ehrliche Männer", behaupten die Brüder. Wie der Becher in den Getreidesack kommt, können sie sich nicht erklären. Diese Probe Josefs soll ihnen vor Augen führen, dass sie nicht so vertrauenswürdig sind, wie sie behaupten. Juda ist der Erste, dem das klar wird: „Gott hat die Schuld deiner Knechte gefunden!" (V. 16). Ja, sie sind schuldig. Sie haben ihren Vater belogen und unglücklich gemacht. Sie haben Josef verachtet, verkauft und seiner Jugend und Freiheit beraubt.
Es ist Gnade Gottes, wenn wir die Heimlichkeiten, Lügen, Bindungen und unseren Egoismus entdecken. So anständig, wie wir meinen, sind wir oft nicht. Wer sich aber der Wirklichkeit stellt, kann vor Gott ehrlich sein. Durch seinen Sohn Jesus Christus will er uns unsere Schuld und Sünde vergeben und ein neues Leben ermöglichen.

„Schaffe in mir, Gott, ein reines Herz, und gib mir einen neuen, beständigen Geist."
Psalm 51,12

Nicht katastrophal, sondern genial!

1. Mose 45,1-24 — **Donnerstag, 29.**

Gründe gab es genug, um seine Brüder anzuklagen und sich gegenüber Gott zu beklagen: eine verpfuschte Jugend. Erniedrigungen als Sklave und Häftling. Einsamkeit und Angst im fremden Land. Wachsende Hoffnung und entmutigende Rückschläge. Erlebnisse, die Josef veränderten.

Aus einem unerträglichen jungen Schnösel war ein Mann geworden, der Gott vertraute. Er hatte gelernt, dass sein Leben nicht dem Schicksal ausgeliefert war. Gott war mit ihm (39,2). Er hatte dafür gesorgt, dass Josef seiner Familie zum »Lebensretter« wurde (V. 7).

Gott prägt unsere Persönlichkeit durch Erfolge und Misserfolge, durch Menschen, die uns fördern oder behindern. Und wenn wir seiner Führung vertrauen, kann es dazu kommen, dass andere den Retter, Jesus Christus, kennenlernen.

„Wir wissen aber, dass denen, die Gott lieben, alle Dinge zum Besten dienen, denen, die nach seinem Ratschluss berufen sind.“

Römer 8,28

Hinein ins Fremde

1. Mose 45,25–46,7 — **Freitag, 30.**

Festhalten. Stehen bleiben. Die Früchte genießen und es sich gut gehen lassen. Gott hatte dieses Land doch versprochen!

Für Israel (Jakob; vgl. 45,28) kommt es anders. Er muss weiter, fort aus dem versprochenen Land, um als Fremder in einer fremden Kultur zu leben. Israel bricht auf, obwohl er doch eigentlich am Ziel war. Allerdings geht er nicht ohne Gott – nicht gegen dessen Willen.

In V. 3 und V. 4 gibt Gott seine Zusagen: 1. Ich werde dich (dein Volk = Israel) groß machen. 2. Ich werde mit dir gehen. 3. Ich werde dich (dein Volk) wieder zurückbringen. Das entspricht dem, was Jesus sagt: 1. Lehrt und tauft alle Völker. 2. Ich bin bei euch (Mt 28,19-20). 3. Ich bringe euch nach Hause (z.B. Mt 24,31).

Bin ich bereit, mich auf „das Fremde" einzulassen, solange ich hier auf der Erde lebe? Glaube ich den Zusagen Gottes?

„Denn wir haben hier keine bleibende Stadt, sondern die zukünftige suchen wir." *Hebräer 13,14*

Monatsspruch Juli
Jesus Christus spricht: Liebt eure Feinde und betet für die, die euch verfolgen, damit ihr Kinder eures Vaters im Himmel werdet.
Matthäus 5,44-45 (E)

Clever gemacht

1. Mose 46,28-34 Samstag, **1.**

Goschen liegt leicht abgelegen im Nordosten Ägyptens. Sich dort anzusiedeln erscheint sinnvoll: Der Weg zurück nach Kanaan ist einfach möglich. Hier konnte man sich einigermaßen unbehelligt entwickeln. Es handelt sich um Weideland – für Jakob und seine „Familie" die ideale Existenzgrundlage. Am Anfang (V. 28) ist nicht davon auszugehen, dass Jakobs Familie sich bereits in Goschen angesiedelt hatte, sondern dass der Pharao erst auf die Bitte eingehen und ihnen dieses Land zuweisen musste. Josef gibt sich große Mühe, dem Pharao seinen Plan schmackhaft zu machen. Die Brüder sollen sich als Kleinviehhirten ausgeben. Es soll dem Pharao klar werden, dass Weideland benötigt wird. Außerdem sind in Ägypten vor allem Kühe und Pferde angesehen. Schafe und Ziegen waren nicht beliebt. Auf den ersten Blick wirkt es also dumm, die Familie als Schafhirten vorzustellen. Aber hier zeigt sich Josefs Cleverness: Dem Pharao bleibt fast nichts anderes übrig, als das Land Goschen anzubieten. Josef macht dadurch auch klar, dass seine Familie keinen Anspruch auf Macht stellt.

„Er lässt es den Aufrichtigen gelingen und beschirmt die Frommen."
Sprüche 2,7

Wochenspruch
Einer trage des andern Last, so werdet ihr das Gesetz Christi erfüllen.
Galater 6,2

Nach-denken über Gott

Psalm 77 Sonntag, **2.**

Manchmal habe ich schlaflose Nächte. Dann denke ich über das nach, was war und was ist, und komme nicht zur Ruhe.
So geht es auch dem Beter unseres heutigen Psalms. Man sieht ihn förmlich vor sich sitzen, seine Gedanken kreisen und er kann

nicht aufhören (nach) zu denken. Allerdings fällt eines auf: Die Gedanken des Psalmbeters kreisen nicht um Nichts – in der Not und Verzweiflung denkt er nicht nur über sich und seine Situation nach. Nein, er denkt an die Wunder, die Gott getan hat. Auch über die Wunder und Rettungen, die er selbst gar nicht miterlebt hat. Vielleicht ist das ein Rezept für schlaflose Nächte: nicht nur an mich und uns denken, sondern an das, was Gott getan hat.

„Was bei den Menschen unmöglich ist, das ist bei Gott möglich."

Lukas 18,27

Das Gute im Blick

1. Mose 47,1-12 **Montag. 3.**

Ich – auf der Suche nach Heimat, wo soll ich sie finden? Was mir lieb ist, wurde mir genommen, ich erlebe keinen Trost. „Wenig und böse ist die Zeit meines Lebens" (V. 9b).
Jakob zieht kein positives Fazit seines Lebens. Und auch das Leben von Josef hatte ausgeprägte dunkle Tage. Nur: Jakob scheint vor dem Pharao ganz zu vergessen, welchen Segen er erlebt hat. Heute kommt die Geschichte mit Josef zu einem Ziel. Nach all dem Schweren und all der Trauer, die in seinem Leben war, ist er jetzt der, der seinen Vater und seine Brüder mit ihren Familien versorgt. Dieses Ziel seines Lebens hatte Josef bestimmt nicht vor Augen – aber Gott hatte ein Ziel mit dem Leben von Josef. Er hatte ein Ziel mit dem Leben von Jakob und er hat auch ein Ziel mit meinem Leben.

„Und ob ich schon wanderte im finsteren Tal, fürchte ich kein Unglück; denn du bist bei mir, dein Stecken und Stab trösten mich."

Psalm 23,4

Heimat

1. Mose 47,27-31 **Dienstag, 4.**

Am letzten Freitag ging es um die Frage, inwieweit Jakob bereit war, sich auf das fremde Ägypten, die Kultur, die Menschen und das Leben dort einzulassen. Ja, Jakob war bereit, hierherzuziehen und seine letzten Jahre hier zu verbringen. Seine Heimat ist Ägypten allerdings nie geworden. Er hat nie die Verheißung vergessen, die Gott Abraham gegeben hat, hat nie vergessen, dass er und sein Volk eigentlich in Kanaan leben sollten. Erst viele, viele Jahre und eine große Leidenszeit später zieht das Volk Israel wieder zurück in das verheißene Land.

„Der HERR aber, der selber vor euch hergeht, der wird mit dir sein und wird die Hand nicht abtun und dich nicht verlassen. Fürchte dich nicht und erschrick nicht!“ *5. Mose 31,8*

Durchkreuzter Segen

1. Mose 48,1-2 **Mittwoch, 5.**

Erstens kommt es anders, und zweitens als man denkt! In einem ungewöhnlichen Adoptionsritual stellt Jakob seine Enkel seinen beiden ältesten Söhnen gleich. Diese Stellung ist mit großen Vorteilen bei der Verteilung des Erbes verbunden. Auch der nächste Schritt ist außergewöhnlich: Josef stellt seine beiden Söhne nach der damaligen Sitte so vor Jakob hin, dass er mit seiner rechten Hand, der besondere Segenskräfte zugesprochen werden, den erstgeborenen Manasse segnen muss. Doch Jakob überkreuzt seine Hände und legt seine rechte Hand auf den Kopf des jüngeren Efraim. Dabei weiß er genau, was er tut. Er sieht weiter. Und seine Handlung hat sich in der Geschichte Israels bestätigt. Segen ist die erbetene Zuwendung Gottes. Gesegnete empfangen geistliche und materielle Gaben Gottes. Und Gott sei Dank: Manasse geht nicht leer aus (V. 19).

„Ich lasse dich nicht, du segnest mich denn.“ *1. Mose 32,27*

Besonderer Segen

1. Mose 49,1-28 **Donnerstag, 6.**

Alle Söhne Jakobs erhalten den persönlichen Segen ihres Vaters. Dabei werden Juda und Josef hervorgehoben. Juda wird sogar zugesprochen, dass einer seiner Nachkommen der Messias sein wird (V. 10). Wenn ich am Ende eines Gottesdienstes die Gemeinde segne, sage ich: „Den Segen Gottes kann man für ein bestimmtes Ereignis, eine Not oder Frage erbitten." Dann leite ich eine kurze Stille ein, in der alle überlegen können, wofür sie den Segen Gottes empfangen wollen. Danach spreche ich: „Ich segne dich im Namen Gottes, des Vaters und des Sohnes und des Heiligen Geistes. Der Gott des Friedens mache dich heil und ganz. Er bewahre deinen Leib und deine Seele und deinen Geist unversehrt. Gehe hin im Frieden, Jesus gehe mit dir." Dann bitte ich die Gemeindemitglieder, in den nächsten Wochen darauf zu achten, was der Segen Gottes bei ihnen bewirkt.

„Der HERR segne dich und behüte dich." *4. Mose 6,24*

Letzte Wünsche

1. Mose 49,29–50,14 **Freitag, 7.**

Haben Sie einmal miterlebt, wie jemand verstorben ist? Wie fühlten Sie sich dabei? Konnte die oder der Verstorbene mit Würde versorgt werden? Was bedeuten die letzten Wünsche eines Verstorbenen? Josef ist der letzte Wunsch seines Vaters ganz wichtig. Nach den Bestattungsritualen der Ägypter wird Jakob sehr aufwendig versorgt und betrauert; dann wird er an seinem Wunschort beerdigt. Heute sterben Menschen zumeist in Pflegeeinrichtungen oder Krankenhäusern. Bestattungsunternehmen kümmern sich um die ganze Prozedur vom Sterbebett bis zur Grablegung. Dadurch haben wir leider das Sterben verdrängt. Dagegen könnte helfen, was eine junge Bestatterin sagte: „Ich lade alle Trauernden ein, jeden Schritt bis zur Beerdigung mit mir mitzugehen. Sie können da sein, wenn der Verstorbene abgeholt wird, wenn er versorgt wird."

„In meines Vaters Hause sind viele Wohnungen." *Johannes 14,2*

Alles wird gut

1. Mose 50,15-26 **Samstag, 8.**

Hat Ihnen im Leben schon einmal jemand richtig übel mitgespielt? Wie haben Sie dieses böse Spiel verkraftet? Josef wird durch wundersame Führung Verwalter in Ägypten. Als solcher entwickelt er ein Konzept gegen eine Hungersnot im Land. Als seine Brüder bei ihm Getreide kaufen wollen, sind sie in seiner Gewalt. Aber Josef verzichtet auf Vergeltung: Er sieht Gottes wunderbare Führung (45,5-8). Gott hat ihn durch alle Tiefen nach Ägypten und in diese Stellung gebracht, damit viele Menschen – auch seine Familie – der Not entrinnen können. Da hat Rache keinen Platz. Die Brüder haben Böses getan. Aber Gottes Absicht war, daraus Heilsames entstehen zu lassen. Nicht immer ist das sofort mit Händen zu greifen. Aber Gott ist am Werk. Darauf dürfen wir vertrauen.

„Wir wissen aber, dass denen, die Gott lieben, alle Dinge zum Besten dienen, denen, die nach seinem Ratschluss berufen sind."

Römer 8,28

Hintergrund: Alles nur ein abgekartetes Spiel?

„Ihr gedachtet es böse mit mir zu machen, aber Gott gedachte es gut zu machen, um zu tun, was jetzt am Tage ist, nämlich am Leben zu erhalten ein großes Volk" (1. Mose 50,20) – auch wenn in den Geschichten gar nicht immer direkt von Gott die Rede ist, ist er es doch, der die Geschicke lenkt. Läuft also alles nach

einem vorher festgelegten Plan? Zieht Gott als der große Puppenspieler die Fäden der Marionetten auf der Weltbühne? Dann stellt sich allerdings die Frage, warum die Welt so ist, wie sie ist, und warum Gott manche Episoden der Weltgeschichte eingebaut und geplant hat – die Jahre 1933–1945 hätte sich ein guter, liebender Gott doch wohl anders überlegen können, wenn er sie vorab am Schreibtisch entworfen hätte.
In der Bibel begegnet uns aber kein „Schreibtischtäter", kein Gott, der die Weltgeschichte am grünen Tisch entworfen hätte. Adam und Eva. Kain und Abel. Die Sintflut. Der Turmbau zu Babel. Die Erwählung Abrahams und die Geschichte der Erzväter und -mütter bis hin zu Josef: Hier kämpft Gott aktiv um eine aus den Fugen geratene Welt und Menschheit. Dabei lässt er sogar mit sich verhandeln und sich umstimmen (1. Mose 18,16-33), als Abraham für Sodom und Gomorra zahlreiche gute Worte einlegt. Er schließt Bünde mit den Menschen und geht damit Verpflichtungen ein. Hier ist nicht alles ein vorher abgekartetes Spiel. Die Menschen, die hier – sei es zum Bösen, sei es zum Guten – handeln, sind keine Statisten und keine Marionetten. Hier ist Gott live mit der Welt und seinen Menschen unterwegs. Der Mathematiker und Philosoph Blaise Pascal (1623–1662) nannte Gott den Gott Abrahams, Gott Isaaks, Gott Jakobs und den Gott Jesu Christi – nicht den Gott der Philosophen. Deshalb geht es nicht darum, jedes Rätsel des Wesens oder Handelns Gottes zu lösen und beantworten zu können, ob und wie Gott alles vorherbestimmt hat. Wir können Gott nicht auf seinen Schreibtisch gucken. Wir dürfen aber diesem Gott, der in der Geschichte handelt, vertrauen. Er wird mit der Welt, mit den Menschen und mit mir zum Ziel kommen! (UB)

Wochenspruch

Aus Gnade seid ihr selig geworden durch Glauben, und das nicht aus euch: Gottes Gabe ist es. *Epheser 2,8*

Ehrlich werden

Psalm 101 **Sonntag, 9.**

So denkt der Beter, der König, das will er für sich: keinen Einfluss auf mich für die, die meine Schritte auf schiefe Wege lenken könnten. Ich möchte mein Ohr verschließen vor losem Geschwätz, vor einer Gleichmacherei, die Gut und Böse nicht mehr unterscheiden kann. Ich möchte mich verschließen vor den Einflüsterungen, die den Glauben weniger ernst nehmen lassen und die so tun, als könnte ich das Leben auch ohne die ganze Abhängigkeit von Jesus bewältigen. Einfach ist das nicht. Ich weiß es nicht, ob ich sagen kann, wie der Psalmbeter, dass bei mir die Bösewichter keine Chance haben, dass die Gottlosen von mir auf Abstand gehalten werden und nur die Frommen bei mir ein offenes Ohr finden. Ich weiß nicht, wie weit ich so ein großes Wort für mich in Anspruch nehmen kann und nehmen darf oder ob ich mich dabei selbst übernehme. Es fordert mich heraus.

„Die Liebe sei ohne Falsch." *Römer 12,9*

Einführung in das Matthäusevangelium
s. S. 66 ff.

Ein Anfang

Matthäus 4,18-22 **Montag, 10.**

Jede Reise, so sagt man, beginnt mit dem ersten Schritt. In diesen Versen sehen wir so einen Schritt. Jesus beruft hier seine ersten Jünger. Simon Petrus, Andreas, Jakobus und Johannes. Sie alle sind Fischer am Galiläischen Meer, also am See Genezareth. Vielleicht haben sie schon mal von Jesus gehört, der kurz vorher sein Wirken in Galiläa begonnen hatte. Aber bis zu diesem Punkt hatte dieser Jesus noch nichts mit ihrem Leben zu tun. Und auf einmal steht er vor ihnen und fordert sie auf, mit ihm zu kommen. Ein

Schritt aus dem Boot heraus, hinter Jesus her. Und dieser erste Schritt verändert alles. Simon Petrus, dieser erste Mann, den Jesus als seinen Jünger beruft, ist es, der später einen der Kernsätze des Matthäusevangeliums sagen wird: „Du bist der Christus, des lebendigen Gottes Sohn!"

„Da antwortete Simon Petrus und sprach: Du bist der Christus, des lebendigen Gottes Sohn!" *Matthäus 16,16*

Die Botschaft

Matthäus 4,23-25 **Dienstag, 11.**

Jesus beginnt sein öffentliches Wirken und erzählt den Menschen vom Reich Gottes. Diese Verse sind eine kurze Zusammenfassung dessen, was Jesus tut. Es wird nicht genau beschrieben, was er den Menschen erzählt, wörtlich steht dort „die frohe Botschaft (Evangelium) des Königreiches". Doch nicht nur das, er heilt auch Menschen in ganz Galiläa und sie kommen von weit her, um gesund zu werden. Jesus begegnet ihnen nicht nur mit theoretischem Wissen, sondern mit praktischer Hilfe. Die Verkündigung des Evangeliums besteht bei Jesus immer aus beidem: der Botschaft und dem Anpacken. Hilfe im geistlichen und im leiblichen (praktischen) Bereich gehören zusammen. Wenn wir Menschen von Jesus erzählen, haben wir dann immer beides im Blick?

„Denn ich schäme mich des Evangeliums nicht; denn es ist eine Kraft Gottes, die selig macht alle, die glauben, die Juden zuerst und ebenso die Griechen." *Römer 1,16*

Das Maß, an dem wir messen

Matthäus 5,1-12 **Mittwoch, 12.**

Jesus geht auf einen Berg. Er tut das immer wieder, um sich zurückzuziehen, Zeit mit Gott zu verbringen oder, wie hier, zu seinen Jüngern und einer Volksmenge zu sprechen. Die Rede, die er hier hält, von der in den nächsten Kapiteln erzählt wird, gehört zu den bekanntesten Bibelstellen überhaupt. Und obwohl wir die Worte der Bergpredigt kennen, ist es immer wieder herausfordernd, sie wirklich zu verstehen. Jesus widerspricht mit dem, was er hier sagt, vielem, was in unseren Köpfen fest verankert ist. Niemand wünscht sich, geistig arm zu sein, zu leiden, zu hungern, verfolgt zu werden. Sanftmut, Barmherzigkeit und Friedfertigkeit sind keine Eigenschaften, die man in seinen Lebenslauf schreibt. Und doch ist es genau das, worauf es Jesus ankommt. Er stellt den Maßstab der Welt auf den Kopf.

„Selig sind, die Frieden stiften; denn sie werden Gottes Kinder heißen.“
Matthäus 5,9

Das Leuchten

Matthäus 5,13-20 **Donnerstag, 13.**

Manche Bibelverse sind so bekannt, dass sie in unseren normalen Sprachgebrauch übergegangen sind und viele gar nicht mehr wissen, wo sie eigentlich herkommen. „Stell dein Licht nicht unter einen Scheffel“ bedeutet heute: Mache dich nicht kleiner, als du bist, sei stolz auf das, was du kannst. Wenn Jesus sagt: „So lasst euer Licht leuchten vor den Leuten“, meint er damit nicht, dass wir uns selbst in den Vordergrund stellen sollen, sondern dass die Menschen in dem Licht, das aus uns scheint, Gott erkennen sollen. Es geht nicht darum, wie toll ich bin, sondern wie großartig Gott ist. Mein Leuchten, meine Salzkraft (V. 13) kommt nicht aus mir selbst, sondern von Gott. Verhalte ich mich so, dass mein Nächster das Licht der Liebe Gottes in mir leuchten sieht?

„So lasst euer Licht leuchten vor den Leuten, damit sie eure guten Werke sehen und euren Vater im Himmel preisen.“ *Matthäus 5,16*

Vergebung

Matthäus 5,21-26 **Freitag, 14.**

Vergebung ist ein großes Thema in unseren Gemeinden. Wenn wir einen Konflikt haben, wird uns ans Herz gelegt, dem anderen zu vergeben. Gott hat mir vergeben und deswegen soll ich auch meinem Nächsten vergeben. Das stimmt natürlich. Gott hat mir alle meine vergangenen und zukünftigen Sünden vergeben und er kann mir die Kraft schenken, auch meinen Widersachern zu vergeben. Aber in diesen Versen heute geht es um die andere Seite. Hier wird derjenige angesprochen, der an jemand anderem schuldig geworden ist. Jesus fordert ihn dazu auf, erst seine Beziehungen wieder in Ordnung zu bringen, bevor er Gott auf dem Altar opfert. Es ist seine Aufgabe, auf den anderen zuzugehen und sich zu versöhnen, bevor es zu spät ist und die Beziehung zerbrochen ist. Vergebung muss nicht immer einseitig stattfinden.

„Hütet euch! Wenn dein Bruder sündigt, so weise ihn zurecht; und wenn er umkehrt, vergib ihm." *Lukas 17,3*

Wertvolles muss geschützt werden!

Matthäus 5,27-32 **Samstag, 15.**

Mit 3374 Tonnen verfügt Deutschland weltweit über die zweitgrößte Menge an Goldreserven. Insgesamt beläuft sich der Wert dieses Schatzes auf rund 120 Milliarden Euro. Die meisten Goldbarren lagern in der Frankfurter Zentralbank oder an anderen Orten, die über eine so gute Sicherheitstechnik verfügen, dass sie praktisch nicht gestohlen werden können. Wertvolle Dinge brauchen einen besonderen Schutz.

Das gilt gleichermaßen auch für die Ehe zwischen Mann und Frau. Nicht umsonst wird sie häufig als die Keimzelle der Gesellschaft bezeichnet. Deshalb benutzt Jesus zu keinem anderen ethischen Thema solche deutlichen, fast schon abschreckenden Worte wie zum Thema Ehebruch: „Auge ausreißen, Hand abhacken" (V. 29 f.). Das sind Bilder und Vergleiche, mit denen er deutlich machen will, dass für den Erhalt einer Ehe keine Investition zu groß oder unmöglich ist.

„Was nun Gott zusammengefügt hat, das soll der Mensch nicht scheiden!“
Matthäus 19,6

Wochenspruch

So spricht der HERR, der dich geschaffen hat, Jakob, und dich gemacht hat, Israel: Fürchte dich nicht, denn ich habe dich erlöst; ich habe dich bei deinem Namen gerufen; du bist mein!
Jesaja 43,1

Dafür sind andere zuständig

Psalm 82 **Sonntag, 16.**

Wird es Gott uns durchgehen lassen, dass Menschen sich aufspielen als Götter und vergessen, dass sie sich einmal verantworten müssen vor dem Herrn aller Herren? Er wird fragen: Warst du da, als deine Tochter dich gebraucht hat, als deine Söhne den Vater gesucht haben? Als die Angst nach dem Herzen deines Nächsten gegriffen hat? Damit muss man rechnen, dass er sagt: Ich habe dir so viele zur Seite gestellt, für die du sorgen konntest, damit dir die Sorge um dich selbst kleiner wird. Du hast so viele Möglichkeiten verpasst, vertan. Leben – eine Kette versäumter Möglichkeiten. Was, wenn wir immer nur Zuschauer waren? Nichts getan haben, als die Grundfesten der Erde wankten. Und doch hoffen wir, dass Gott uns mit unserer Schuld annimmt und nicht verwirft. Ich glaube Gottes Erbarmen.

„Aber mir hast du Arbeit gemacht mit deinen Sünden und hast mir Mühe gemacht mit deinen Missetaten. Ich, ich tilge deine Übertretungen um meinetwillen und gedenke deiner Sünden nicht.“
Jesaja 43,24-25

Ein Christ, ein Wort!

Matthäus 5,33-37 **Montag, 17.**

In der Hanse, einem fast 500 Jahre währenden Städtebund, galt der Handschlag als Vertragsunterzeichnung. Heute würden wir das als sehr leichtsinnig, vielleicht sogar naiv bezeichnen. Damals gehörte das zum normalen und fairen Verhalten und wurde von allen befolgt.

Jesus geht noch einen Schritt weiter: Es soll nicht nur der Handschlag, sondern auch unser Wort so zuverlässig sein, dass sich alle anderen Sicherheitsmaßnahmen erübrigen. Das Wort gilt und wird befolgt – komme, was wolle.

Was für ein Bild: Wir Christen werden für andere zum Symbol für Zuverlässigkeit und Treue. Unsere Auszeichnung, also das, was man draußen über uns sagt, lautet: Auf die Frommen kannst du dich verlassen. Oder: ein Christ, ein Wort! Leider ist das nur ein fiktives Bild. Können wir es Wirklichkeit werden lassen?

„Ich will meinen Bund nicht entheiligen und nicht ändern, was aus meinem Munde gegangen ist." Psalm 89,35

Konsequent anders!

Matthäus 5,38-48 **Dienstag, 18.**

„Frugalisten" sind Menschen, die so sparsam leben, dass sie mit 40 Jahren in Rente gehen können – einer der modernen Lebensstile, die sich in den letzten Jahren durchgesetzt haben. Andere leben als moderne Nomaden oder Digital Creatives. Ausgangspunkt für diese scheinbar neu entdeckten Lebensarten ist der Umgang mit Krisen und deren Bewältigung.

Wen ich bei diesen Lebensstilen vermisse, sind die „Wange-Hinhalter". Wir haben ein waches Gerechtigkeitsempfinden. Sehr sensibel meldet dieses Organ, wenn wir scheinbar zu kurz kommen und glauben, uns wehren zu müssen.

Jesus dagegen empfiehlt, in der Bewältigung von Krisen gerade nicht unser Recht zugrunde zu legen, sondern die Frage, wie wir den anderen zum Staunen bringen. Hier punkten jene, die die Wange hinhalten können. Probieren wir es mal aus!

„Vielmehr, ‚wenn deinen Feind hungert, so gib ihm zu essen; dürstet ihn, so gib ihm zu trinken. Wenn du das tust, so wirst du feurige Kohlen auf sein Haupt sammeln' (Sprüche 25,21-22)." Römer 12,20

Fishing for compliments

Matthäus 6,1-4 **Mittwoch, 19.**

„Fishing for compliments": auffallend nett sein, etwas Gutes tun, armen Menschen helfen – und das möglichst offensichtlich, damit andere mich als Vorbild loben und achten. Was ist daran verkehrt? Könnte man nicht sagen: Der Zweck heiligt die Mittel? Hauptsache, es geschieht etwas Gutes, egal mit welchem Motiv? Genau das ist es, was Jesus verurteilt. Denn dadurch wird klar, dass hinter den guten Taten letztlich das eigene Ego steht. Ich will gesehen und gelobt werden. Dinge, die wir als Christen tun, sollen aus einem anderen Motiv heraus geschehen: als Antwort auf die Liebe Gottes, von der wir alle gleichermaßen abhängig sind – auch die Almosengeber. Deshalb brauchen solche „Gaben" keine Öffentlichkeit. Denn der, der ins Verborgene sieht, weiß, was wir tun. Und vor allem: aus welchem Motiv wir es tun. Das hat ewigen Wert.

„Siehe, du liebst Wahrheit, die im Verborgenen liegt, und im Geheimen tust du mir Weisheit kund." Psalm 51,8

Beten wie die Chinesen?

Matthäus 6,5-15 **Donnerstag, 20.**

Ein deutscher Chinamissionar erzählte mir, dass in der chinesischen Sprache oftmals ein und dasselbe Wort etwas völlig anderes bedeutet, je nachdem, wo und wie man es betont. Man müsse also nicht nur Vokabeln lernen, wie man es z.B. aus dem Englischen kennt, sondern auch noch die unterschiedlichen Betonun-

gen kennen, um ein Wort richtig zu benutzen. Sonst kann man in sehr komische Situationen kommen.
Beim Beten ist das ganz ähnlich: Nur fromme Vokabeln und Sätze aneinanderzureihen, ist noch lange kein Gebet, das erhört wird. Viel wichtiger ist Jesus die Absicht, die hinter unseren Worten steckt: Weder zur eigenen Selbstdarstellung (V. 5) noch als fromme Fleißarbeit (V. 7) sollte man das Gebet nutzen. Eine ehrliche und bescheidene Haltung gegenüber Gott macht Beten wertvoll und birgt die berechtigte Chance, erhört zu werden.

„Und er ging hinein und schloss die Tür hinter sich zu und betete zu dem HERRN.“ *2. Könige 4,33*

Verzicht?

Matthäus 6,16-18 **Freitag, 21.**

Sokrates soll einmal über einen Markt gegangen sein und bemerkt haben: „Wie viele sind doch der Dinge, deren ich nicht bedarf.“ Verzichten ist uns ferngerückt. Mir auch. Ständig werden wir im Internet mit Angeboten zugeschüttet, und immer sollen wir sofort zuschlagen. „Jetzt kaufen!“, plärren uns die Schaltflächen an. Lange Lieferzeiten? Inakzeptabel. Warten war gestern. Ist Ungeduld anerziehbar? Ein Traum für Marketingexperten? Tja, was wiegt schwerer: meine Bequemlichkeit oder die miesen Arbeitsbedingungen beim Lieferdienst? Und Fasten? Machen das nicht nur Mönche oder Diät-Junkies? Aber vielleicht könnte ich, könnten wir lernen, das Verzichten einzuüben. Uns auszurichten auf einen Gott, der uns beschenken will etwa. Und vielleicht sogar ein Stück echte Freiheit.

„Alles ist mir erlaubt, aber nicht alles dient zum Guten. Alles ist mir erlaubt, aber nichts soll Macht haben über mich.“ *1. Korinther 6,12*

Herr und Knecht

Matthäus 6,19-23 Samstag, **22.**

Es war einmal ein reicher alter Geizkragen. Er lebte in einem großen, alten Haus, angefüllt mit wertvollen Gemälden und Antiquitäten. Er aß von goldenen Tellern. Sein Kleiderschrank quoll über von wertvollen Stoffen. Auf dem Schreibtisch stapelten sich die Goldmünzen. Aber im Winter zog er die klirrende Kälte den Kosten für ein Kaminfeuer vor. Die Kost auf seinen Tellern war armselig, sein Gehrock schon vor Jahren abgetragen. Er zählte gerade mit zitternden Händen seine Münzen, als es an der Tür klopfte. Ein gut gekleideter Herr mit rosigen Wangen trat an ihm vorbei in den Raum, ohne ihn zu beachten, wandte sich an den Schreibtisch und bat um eine Spende für die Armen. „Ausgeschlossen!“, antwortete der Geizige. „Verzeihen Sie, mein Freund, Sie waren nicht gemeint“, sprach der Besucher. Er blickte zu dem Stapel Goldmünzen. „Meine Frage richtete sich an den wirklichen Herrn in diesem Hause.“

„Ihr könnt nicht Gott dienen und dem Mammon.“ *Matthäus 6,24*

Wochenspruch

So seid ihr nun nicht mehr Gäste und Fremdlinge, sondern Mitbürger der Heiligen und Gottes Hausgenossen.

Epheser 2,19

Gott gibt nicht auf

Psalm 106,1-23 Sonntag, **23.**

Wunder über Wunder – aber ohne Echo. Das Auf und Ab eines Glaubensweges mit Gott. Gott bleibt der Treue und Gnädige, der Beständige und Barmherzige. Aber wir Menschen bleiben nicht treu und beständig, wir sind nicht immer fest im Glauben. Wie ein schwankendes Rohr, das vom Wind hin und her getrieben wird, so sind wir oft genug im Leben, auch im Glauben. Wir erfahren Gottes gute Taten und vergessen sie so schnell wieder, die

Väter vergaßen Gott, ihren Heiland. Wir werden von Gott angenommen und tun doch so, als ob wir uns selbst gehörten. Es wäre kein Wunder, wenn Gott uns auslieferte an die Wege, die wir uns selbst erwählt haben. Es wäre kein Wunder, wenn Gott sich uns verweigerte. Wir leben davon, dass Gott uns die Konsequenzen unseres Lebens nicht auferlegt, sondern sie in Jesus sich selbst auflädt. Es ist Gottes konsequente Inkonsequenz, die uns leben lässt. Gnade!

„Wie unbegreiflich sind seine Gerichte und unerforschlich seine Wege!" *Römer 11,33*

Luftballons

Matthäus 6,24-34 **Montag, 24.**

Nicht, dass wir Menschen nicht kreativ sein könnten, aber es gibt nur eine Sache, die wir aus dem Nichts schaffen können: Sorgen. Hier kann der fantasieloseste Mensch zum da Vinci werden, und dann sind Sorgen in allen Größen und Variationen unsere ständigen Begleiter. Im richtigen Maße können sie uns ein Ansporn zur Arbeit und zur Vorsicht sein. Aber Achtung: Sie blasen sich schneller auf als jeder Luftballon. Und dann sind da noch jene Sorgen, die nicht einmal der Realität, sondern nur unseren Köpfen entspringen. Aber auch eingebildete Löwen können sehr laut brüllen. Unser Text ist eine Nadel, die diesc Ballons zum Platzen bringen kann. Er gibt den Dingen ihre wirkliche Größe wieder. Welcher unserer Sorgenballons könnte heute (k)einen Piks vertragen?

„Darum sorgt nicht für morgen, denn der morgige Tag wird für das Seine sorgen. Es ist genug, dass jeder Tag seine eigene Plage hat."
Matthäus 6,34

Barmherzigkeit

Matthäus 7,1-6 **Dienstag, 25.**

Paris zur Zeit der französischen Revolution. Ein Mann stolpert durch enge Seitengassen. Er hält inne und lauscht, mit klopfendem Herzen. Er ist ein Adliger, ein Baron aus der Provinz, und die Hauptstadt ist gerade kein guter Ort für Männer seines Standes. Zumindest soweit sie Wert darauf legen, ihren Kopf als festen Bestandteil ihres Körpers zu betrachten. Er versucht noch, zu Atem zu kommen, als er das Stimmengewirr und Fußgetrappel seiner Verfolger hört. Aber bevor der Mob um die Ecke biegt, öffnet sich die Tür hinter ihm und ein kräftiger Arm zerrt ihn nach drinnen. Gerettet. Der Baron blickt in ein gutmütiges Bauerngesicht. „Warum ...?“, stammelt er. „Erinnert Ihr Euch nicht, Monsieur? Ich bin Jacques. Ihr hättet mich damals aufhängen lassen können, als Euer Vieh gestohlen wurde. Aber Ihr habt es nicht getan.“

„Richtet nicht, damit ihr nicht gerichtet werdet.“ *Matthäus 7,1*

Warum Gott nicht jedes Gebet erfüllt und Beten sich dennoch lohnt

Matthäus 7,7-11 **Mittwoch, 26.**

Wenn wir beten (z.B. für kranke Mitmenschen oder für eigene schwierige Lebensumstände), machen wir auch die Erfahrung, dass Gott nicht alle unsere Gebete so erfüllt, wie wir es wünschen. Warum ist das so? Möglicherweise entspricht unser konkretes Gebetsanliegen nicht Gottes Willen und wäre somit nicht gut für uns. Auch persönliche Schuld kann die Gesprächsleitung zwischen uns und Gott blockieren.

Obwohl Gott nicht alle unsere Gebete erfüllt, macht es dennoch Sinn zu beten. Wenn wir beten, reden wir mit Gott und intensivieren unsere Gottesbeziehung. Wenn wir Gott um etwas bitten, eröffnen wir uns die Möglichkeit zu erleben, dass Gott unser Gebet erhört und ganz konkret in unser Leben eingreift. Dieser

Erfahrung würden wir uns berauben, wenn wir nicht mehr beten würden.

„Sorgt euch um nichts, sondern in allen Dingen lasst eure Bitten in Gebet und Flehen mit Danksagung vor Gott kundwerden!“

Philipper 4,6

Der Glaube an Jesus Christus zieht gute Taten nach sich

Matthäus 7,12-23 **Donnerstag, 27.**

Die persönliche Annahme des Kreuzestodes Jesu Christi ist die Grundvoraussetzung dafür, dass wir in Beziehung zu Gott treten können und gerettet werden. Sind dann unsere Taten nicht mehr von Bedeutung?
Zum einen stimmt das, denn wir können durch unsere Taten nicht vor Gott gerecht werden. Unser Heil bleibt unverdientes, gnädiges Geschenk Gottes, weil wir durch jede Sünde wieder hundertprozentig vor ihm schuldig werden und seiner Vergebung bedürfen.
Zum anderen gilt aber, dass Gott will, dass unsere Mitmenschen spüren, dass wir durch den Heiligen Geist veränderte Menschen sind und ihnen in Nächstenliebe begegnen. Die Goldene Regel (V. 12) gibt uns dazu eine Hilfe an die Hand: Wenn wir jedem Mitmenschen so begegnen, wie wir es uns selbst gegenüber wünschen, dann werden wir diesem Auftrag gerecht.

„Denn wie der Leib ohne Geist tot ist, so ist auch der Glaube ohne Werke tot.“ *Jakobus 2,26*

Jesus Christus – das sichere Lebensfundament

Matthäus 7,24-29 **Freitag, 28.**

Die entscheidenden Lebensfragen lauten: Worauf baue ich mein Leben? Was ist mein Fundament?

Jesus fordert hier die Zuhörer auf, seine Worte nicht nur zu hören, sondern auch in die Tat umzusetzen. Er lädt uns ein, dass wir uns ihm ganz und gar anvertrauen, wir uns dem Wirken des Heiligen Geistes aussetzen, und wir anderen so begegnen, wie er selbst mit seinen Mitmenschen umgegangen ist. Wenn wir danach unser Leben ausrichten, dann werden wir mit Jesus an unserer Seite den Stürmen des Lebens widerstehen können. Wir werden zwar nicht vor allen schwierigen Situationen bewahrt werden, aber von seiner starken Hand hindurch begleitet und geführt werden. Wenn wir aber unser Leben auf unsere eigenen Kräfte und Möglichkeiten bauen, dann werden wir zwangsläufig Schiffbruch erleiden.

„Einen andern Grund kann niemand legen außer dem, der gelegt ist, welcher ist Jesus Christus.“ *1. Korinther 3,11*

Von dem Aussätzigen beten lernen

Matthäus 8,1-4 **Samstag, 29.**

Der Aussätzige weiß um seine eigene aussichtslose gesundheitliche Lage. Deshalb kommt er Hilfe suchend zu Jesus und wirft sich ihm ehrfurchtsvoll zu Füßen, womit er dessen Macht anerkennt. In seiner Bitte zeigt sich, dass er es Jesus zutraut, das Unmögliche zu tun und ihn zu heilen, und dass er sich seinem Willen unterordnet und offen für sein Handeln ist. Nach der Heilung bringt er Gott ein Opfer, um seinen Dank auszudrücken.
Dieser Begebenheit können wir fünf wichtige Aspekte für unser Gebetsleben entnehmen: Jesus erwartet von uns, dass wir im Gebet 1. offen und ehrlich mit ihm reden, 2. ihm in Ehrfurcht und Anbetung begegnen, 3. ihm voll und ganz vertrauen, 4. bereit sind, seinen Willen in unserem Alltag umzusetzen, sowie 5. ihm dankbar für sein Wirken und sein Interesse an uns sind.

„Und siehe, ein Aussätziger kam heran und fiel vor ihm nieder und sprach: Herr, wenn du willst, kannst du mich reinigen.“ *Matthäus 8,2*

Wochenspruch

Lebt als Kinder des Lichts; die Frucht des Lichts ist lauter Güte und Gerechtigkeit und Wahrheit. *Epheser 5,8.9*

Gottvergessen

Psalm 106,24-48 **Sonntag, 30.**

Kennzeichnet auch unser Land, dass wir gottvergessen sind? Dass wir die Wohltaten Gottes nicht sehen, sondern nur das, was wir tun, was wir zustande bringen? Die Worte dieses Psalms klingen in meinen Ohren wie eine Mahnung gegen die Vergesslichkeit. Gott tut sein Bestes, aber das Volk reagiert mit Undank, Gleichgültigkeit und Abwendung. Wie oft lebe ich an den Wohltaten Gottes vorbei? Wie oft überhöre ich die Freundlichkeit, die mir von Gott her entgegenkommt? Es wäre nur zu verständlich, wenn Gott irgendwann die Faxen dicke hätte, wenn er mich abschriebe und sich von mir zurückziehen würde. Ich lebe von der Langmut Gottes – mehr als ich je begreife. Ich kann mir nicht oft genug klarmachen: Aller Einsatz meines Lebens ist nur ein schwaches Antworten auf die Güte, mit der Gott sich um mich immer neu müht.

„Oder verachtest du den Reichtum seiner Güte, Geduld und Langmut?“ *Römer 2,4*

Der Oberbefehlshaber

Matthäus 8,5-13 **Montag, 31.**

Der Rekrut Müller schwitzt Blut und Wasser. Heute wird der Feldwebel wieder die Spinde kontrollieren, und ihn hat er auf dem Kieker. Er findet immer einen Grund, Müller das Leben schwer zu machen. Resigniert sieht der Rekrut, wie der Feldwebel an seinen Spind tritt. Aber heute steht der Bataillonskommandeur neben ihm und bemerkt: „Na, das nenne ich mal eine vorbildliche Ordnung.“ „Jawohl, Herr Hauptmann!“, schnarrt der Feldwebel.

Der Hauptmann von Kapernaum hatte eines klar erfasst: Jesus war der Oberbefehlshaber, nicht in einer Armee, sondern der Herr aller Wirklichkeit. Was er sagte, das geschah. Der alte Soldat hatte wahrscheinlich viele Befehlshaber erlebt, aber bei Jesus wusste er ohne Zweifel, dass er diesem Herrn vertrauen konnte. Bedingungslos. Egal, welche Mächte uns bedrohen, das letzte Wort hat Jesus.

„Aber sei nur stille zu Gott, meine Seele; denn er ist meine Hoffnung."

Psalm 62,6

Monatsspruch August

Du bist mein Helfer, und
unter dem Schatten deiner
Flügel frohlocke ich.

Psalm 63,8

Von Jesus berührt

Matthäus 8,14-17 **Dienstag, 1.**

In Filmen haben meist jene Charaktere keinen Namen, denen etwas Schlimmes passiert, Figuren ohne tragende Rolle. Die Leute, die in eine Falle laufen, damit der Hauptdarsteller gewarnt ist. Ganz anders hier. Wir erfahren niemals die Namen der Schwiegermutter des Petrus und der Besessenen und Kranken, die Jesus hier heilt. Aber denken wir wirklich, Jesus hätte diese Menschen weniger ernst genommen, weniger geliebt als solche, deren Namen wir kennen? Ich glaube nicht.

Wenn wir Christen sind, dann hat Jesus auch unser Leben berührt. Wahrscheinlich war es bei den meisten von uns nicht so spektakulär wie in den Heilungsberichten. Aber nicht weniger wunderbar. Der Beginn eines neuen Lebens und von Anfang an ein Geschenk.

„Darum: Ist jemand in Christus, so ist er eine neue Kreatur; das Alte ist vergangen, siehe, Neues ist geworden.“ *2. Korinther 5,17*

Verlieren und gewinnen

Matthäus 8,18-22 **Mittwoch, 2.**

Der Missionar Jim Elliot hat einmal sinngemäß gesagt: „Ich verliere, was ich nicht behalten kann, um zu gewinnen, was ich nicht verlieren kann.“ Wir sind zerlumpte Königskinder. Glaube beinhaltet ein Risiko, aber nichts, was uns für die Ewigkeit geschenkt ist, könnten wir in unserem jetzigen Leben verlieren. Nur Dinge, die nicht bleiben. Woran hängen wir unser Herz?

Vers 22 klingt sehr hart. Aber derselbe Jesus, der am Grab des Lazarus weinte, ist nicht taub für unsere Trauer. Ist der Vater hier überhaupt schon gestorben? Jesus stellt fest: Der Tod muss für uns Christen nicht mehr das große ABER in unserem Leben sein. Von Kreuz und Auferstehung her können wir sagen: Der Tod ist verschlungen in den Sieg Christi.

„Und der auf dem Thron saß, sprach: Siehe, ich mache alles neu!“
Offenbarung 21,5

Eine andere Perspektive

Matthäus 8,23-27 **Donnerstag, 3.**

Er hat den Löwen genau im Visier, sieht, wie das herrliche Tier immer näher kommt, aber der Jäger schießt nicht. Er ist viel zu fasziniert, ja gebannt von dem Anblick dieses außerordentlichen Exemplars, von der wehenden Mähne, dem Spiel der Muskeln unter dem gelbbraunen Fell, den blendend weißen Reißzähnen, dem fokussierten Blick der Raubkatze, während sie zum Sprung ansetzt.

Wenn wir hoffen, dass der Jäger sich endlich des Ernstes der Lage bewusst wird, dann sitzen wir mit den Jüngern in einem Boot. Dieses Boot steht kurz davor unterzugehen. Wie kann Jesus da schlafen? Die Jünger hat eine natürliche Angst gepackt, die ihr ganzes Blickfeld ausfüllt. „Herr, hilf, wir verderben!" Jesus erwacht, und aus seiner Perspektive ist die Lage vollkommen unter Kontrolle. Er kann auch die Stürme in unseren unruhigen Herzen stillen.

„Befiehl dem HERRN deine Wege und hoffe auf ihn, er wird's wohlmachen." *Psalm 37,5*

Das Drehbuch ist schon lange geschrieben

Matthäus 8,28-34 **Freitag, 4.**

Schauplatz Hollywood. Beim Dreh der letzten Szene eines Thrillers wendet sich der Bösewicht an den Regisseur, kurz bevor er in den Abgrund stürzt. Es seien doch noch einige Sekunden Drehzeit übrig. Könnte er vielleicht die Luft in der Nähe des Helden noch mit ein paar Kugeln durchsieben, bevor er seinen Weg nach unten antritt?

Schauplatz Gadara. Jesus möchte die Dämonen bei zwei Besessenen austreiben, als ihn diese um einen Aufschub bitten. Sie wissen genau, wer Jesus ist und dass ihre Tage gezählt sind. Aber Gottes Drehbuch gibt ihnen noch etwas Zeit. Könnte Jesus da nicht ...? Seit Jesus auf der Erde war, führt das Böse nur noch Rückzugsgefechte. Für uns fühlt es sich oft anders an, aber der Teufel hat nicht eine Sekunde mehr auf dem Filmset unseres Lebens zu spielen, als Gott ihm zugesteht. Das Happy End für uns ist schon lange geschrieben.

„Aber Gott ist treu, der euch nicht versuchen lässt über eure Kraft, sondern macht, dass die Versuchung so ein Ende nimmt, dass ihr's ertragen könnt." *1. Korinther 10,13*

Freu(n)de

Matthäus 9,1-8 **Samstag, 5.**

Echte Freunde sind viel wert. Sie gehen für einen bis zum Äußersten. Sie schmeicheln nicht, sondern sagen die Wahrheit. Wenn nötig, wagen sie Verbotenes, um Hilfe zu holen. So auch die Freunde des Gelähmten. Sie betrieben sogar Hausfriedensbruch (vgl. Lk 5,19). Nur um den Kranken zu Jesus zu bringen. Doch was macht der? Er spricht: „Deine Sünden sind dir vergeben" (V. 2). „Hä? Heilung bitte!" Das wäre wahrscheinlich meine erste Reaktion gewesen. Mit welchen Anliegen kommen wir zu Jesus? Auch auf ungewöhnlichen Wegen? Er hilft uns. Doch er sieht zuerst, was wir wirklich brauchen. Und dann, was wir uns wünschen. Danken wir ihm für Personen, die uns näher zu Jesus gebracht haben. Für wen könnten wir (heute) so jemand sein?

„Die Menschen aber verwunderten sich und sprachen: Was ist das für ein Mann, dass ihm Wind und Meer gehorsam sind?" Matthäus 8,27

Wochenspruch

Wem viel gegeben ist, bei dem wird man viel suchen; und wem viel anvertraut ist, von dem wird man umso mehr fordern.

Lukas 12,48

Du bist mein Bergungsort

Psalm 63 **Sonntag, 6.**

Mit allem bin ich in Gottes Händen. Das beeindruckt mich an diesem Psalm, dass er so tief eingehüllt ist in die Gewissheit: Gott ist da. Ich liege und er wacht über meinem Ruhen. Ich gehe und er ist mein Weg. Ich stehe und er ist mein Halt. Ich schweige und er ist die Stille um mich. Von daher kommt mir Geborgenheit zu und Hoffnung. Es macht froh, mit allen Sorgen, die einem oft genug zu schaffen machen, doch umhüllt zu sein von dieser Gegenwart Gottes. Sie hüllt ein, leicht, und doch so, dass ich geschützt bin, getröstet. Es ist besser, bei Gott aufgehoben zu sein, als die Fülle des Reichtums der Welt zu haben. Es ist besser, vor Gott ein versöhntes Herz zu haben, als überall Anerkennung zu finden. Nur: jeden Tag einüben. Denn es ist nicht so, dass wir diesen Psalm bloß einmal lernen müssten und dann nach ihm leben könnten.

„Herr, wohin sollen wir gehen? Du hast Worte des ewigen Lebens; und wir haben geglaubt und erkannt: Du bist der Heilige Gottes."

Johannes 6,68.69

Geld oder Leben?

Matthäus 9,9-13 **Montag, 7.**

Geiz ist geil. Das war die Devise der Zöllner. Die eigenen Landsleute abzuzocken mit Deckung der römischen Besatzungsmacht. Das brachte viel Geld, jedoch wenige Freunde. Jesus sieht die Not des Pseudoreichen. Und fordert ihn auf: „Wag was Neues: Geh mit mir!" Dazu entschieden sich auch andere seiner Kollegen. Und weitere Menschen, auf die „Otto Normalverbraucher" herabschaute.

Oft dreht Jesus den Spieß um: Aus Luxus wird echter Reichtum; aus sinnlos wird sinnvoll; aus verloren wird gerettet. Bedingung: ihm folgen. Nicht auf Twitter. Oder der Berliner Fanmeile. Sondern im Leben. In welchen Situationen fehlt mir der Mut, Jesus zu folgen? Wem sollte ich heute Barmherzigkeit entgegenbringen?

„Da sprach er zu allen: Wer mir folgen will, der verleugne sich selbst und nehme sein Kreuz auf sich täglich und folge mir nach.“

Lukas 9,23

Ewig gestrig?

Matthäus 9,14-17 **Dienstag, 8.**

Gute Traditionen sind nicht von gestern. Und nicht alles Neue ist fortschrittlich. Doch mit Jesus beginnt die Zukunft. Fasten ist dabei zweitrangig. Aber das Gesetz des Mose verlangte dies. Jesus bringt in seiner Person und seinem Werk die Erfüllung des Gesetzes (Kap. 5,17). Wer Jesus Christus als Herrn seines Lebens wählt, hat das Gesetz erfüllt. Der Gesetzesgehorsam ist für uns Christen nicht mehr die Mitte unserer Beziehung zu Gott. Wir leben von einer erfüllten Ordnung her. Ansonsten füllen wir neuen Wein in alte Schläuche: Das geht nicht gut.
Versuchen wir noch, Gott mit guten Taten zu imponieren? Dann müssten wir perfekt leben. Ohne Ausrutscher. Nicht mal Mose schaffte das (4Mo 20,12). Doch Jesus war perfekt. Er sprach: „Es ist vollbracht!“ Lassen wir das für uns persönlich gelten?

„Und das ist sein Gebot, dass wir glauben an den Namen seines Sohnes Jesus Christus und lieben uns untereinander, wie er uns das Gebot gegeben hat.“ *1. Johannes 3,23*

(Über)flüssig und zu spät?

Matthäus 9,18-26 **Mittwoch, 9.**

Eine Monatsblutung, die sich einfach nicht stoppen lässt. Das ist unangenehm, erschwert den Alltag und macht laut Gesetz unrein.

Deshalb meidet sie die anderen und wird selbst gemieden: wie eine Aussätzige. Die letzte Hoffnung der Frau ist Jesus. Bloß nicht auffallen und dennoch gesund werden. Doch bei Jesus geht nichts heimlich. Er bekommt ihren Glauben mit. Und lobt sie dafür.
Auch Jairus sucht Jesu Hilfe. Er glaubt, dass dieser Rabbi seine Tochter auferwecken kann. Mit seinem provokanten Satz: „Sie schläft nur!" prophezeit Jesus ihre Auferweckung. Den Glauben von Jairus schätzt Jesus höher als das Gelächter der anderen.
Bin ich aktuell in großer Not? Dann darf ich mich an Jesus wenden. Das ist nicht überflüssig. Und ich komme auch nicht zu spät.

„Jesus spricht zu ihr: Habe ich dir nicht gesagt: Wenn du glaubst, wirst du die Herrlichkeit Gottes sehen?" *Johannes 11,40*

(Un)gläubig

Matthäus 9,27-34 **Donnerstag, 10.**

Faszinierend: Die Blinden können plötzlich sehen. Weil sie Jesus glauben. Die theologischen Lehrer sind geistlich blind, obwohl sie sehen können. Weil sie Jesus nicht glauben. Wer von Jesus fasziniert ist, redet von ihm „zur Zeit oder zur Unzeit" (2Tim 4,2). Die Blinden taten es sogar trotz Verbot. Und der Ex-Stumme macht seine ganze Umgebung sprachlos. Vor positivem Entsetzen.
Manchmal sind auch wir sprachlos. Wegen Gottes (Nicht-)Handeln. Und vielleicht wünschen wir uns, dass er spcktakulärer in unseren Alltag eingreift. Doch wir können ihm auch danken, dass er uns vor manch spektakulärem Schaden bewahrt hat. In jedem Fall wird unser Leben spektakulärer, wenn wir von Jesus reden. Mit wem könnte ich das heute tun?

„Wir können's ja nicht lassen, von dem zu reden, was wir gesehen und gehört haben." *Apostelgeschichte 4,20*

Die Arbeit ruft

Matthäus 9,35–10,4 **Freitag, 11.**

Wir gehen unterschiedlich mit Arbeit um. Manche gehen ihr aus dem Weg, andere suchen Arbeit und sind froh, wenn sie welche haben. Sicher möchte niemand gern sinnlose Arbeit tun. Wenn unser Arbeiten einen sinnvollen Zweck erfüllt, motiviert und fördert das die Arbeitsmoral. Gott ruft seine Nachfolger in die Arbeit seines Reiches. Für diese Aufgabe als „Erntearbeiter" werden wir ausgerüstet und von Gott befähigt. Wer begegnet uns an diesem Tag, den Gott zur Ernte vorbereitet hat? Es wäre doch wunderbar, wenn wir als Erntearbeiter Gottes diesem Menschen Orientierung und Hilfe zum ewigen Leben sein könnten. Somit ist bei Gott niemand arbeitslos und wir haben eine sinnvolle Aufgabe als Mitarbeiter Gottes. Es motiviert und macht Freude, im Dienst Gottes stehen zu dürfen.

„Wer erntet, empfängt Lohn und sammelt Frucht zum ewigen Leben, auf dass sich miteinander freuen, der da sät und der da erntet."

Johannes 4,36

Spezialauftrag

Matthäus 10,5-15 **Samstag, 12.**

Schnell hält uns der Alltagstrott wie in einem Hamsterrad gefangen. Dennoch helfen uns Struktur und ein gesunder Lebensrhythmus, das Tagesgeschäft zu meistern. Doch so mancher wünscht sich: raus aus der Tretmühle. Ein Leben unter der Führung Gottes wird trotz Alltagsroutine nie langweilig. Da können sich die Prioritäten schon mal verschieben. Zu wem schickt uns Gott an diesem Tag? Mit welcher Vollmacht hat uns Gott ausgerüstet (V. 8)? Wir sollen uns gegenseitig ermutigen, auf dem rechten Weg zu bleiben. Wer im Auftrag Gottes sich zu den Menschen auf den Weg macht, braucht sich nicht entmutigen zu lassen, wenn er dennoch abgewiesen wird. Wichtig ist, dass wir Gottes Sendung folgen und in seinem Auftrag im Alltag unterwegs sind. Sollte ein

Gesandter im Auftrag Gottes heute zu uns kommen, dann lasst uns hören, was er uns von Gott zu sagen hat.

„Geht aber und predigt und sprecht: Das Himmelreich ist nahe herbeigekommen." *Matthäus 10,7*

Wochenspruch
Wohl dem Volk, dessen Gott der HERR ist, dem Volk, das er zum Erbe erwählt hat! *Psalm 33,12*

Der Väter Weisheit

Psalm 78,1-31 **Sonntag, 13.**

Wer von uns hört nicht gern Geschichten! Besonders spannende Geschichten von Abenteuern und Wundern sind sogar oft lehrreich. Genaues Hinhören ist wichtig, weil so manche Geschichten von unglaublichen Wundern unser Glaubensleben fördern. Sie erzählen von Erfahrungen mit Gott, seinen Taten. Gott schreibt seine Geschichte mit den Menschen und auch unsere persönliche Geschichte. Gott handelt im Leben von uns Menschen. Nicht immer nehmen wir das wahr. Besonders in den Zeiten, wenn wir eigene Wege gehen und nicht auf Gottes Hilfe hoffen. Aber dann ist es wichtig, dass wir uns auf die Erlebnisse und Geschichten mit Gott besinnen. Welche Geschichte hat Gott in unserem Leben geschrieben und wem sollten wir diese Geschichte erzählen?

„Aber das ist meine Freude, dass ich mich zu Gott halte und meine Zuversicht setze auf Gott den HERRN, dass ich verkündige all dein Tun." *Psalm 73,28*

Fürchtet euch nicht

Matthäus 10,16-26a **Montag, 14.**

Der Arbeitskollege belächelt uns, wenn wir vor dem Essen in der Pause beten. Der Nachbar zieht Sonntagmittag die Rollläden hoch und schüttelt den Kopf, als er uns aus dem Gottesdienst kommen sieht. Weniger harmlos ist es, wenn wir aufgrund unseres Glaubens gemobbt werden. Schlimm genug! Aber wenn ich den heutigen Bibeltext lese, dann wird es noch heftiger kommen. So weit, dass wir sogar unser Zuhause verlassen müssen. Jesu Worte sind aber auch heute schon aktuell. In manchen Familien geschieht bereits Verachtung, Anfeindung und Ausgrenzung aufgrund unseres Glaubens. In einer immer toleranter werdenden Gesellschaft wird der christliche Glaube immer weniger toleriert. Jesus kündigt uns Verfolgung an. Wie bereiten wir uns darauf vor und wie verhalten wir uns in den Anfeindungen, denen wir heute schon ausgesetzt sind?

„Darum seid klug wie die Schlangen und ohne Falsch wie die Tauben."
Matthäus 10,16

Wir sind kostbar und geliebt

Matthäus10,26b-33 **Dienstag, 15.**

Nach der Berufung der Jünger folgen nun detaillierte Aussagen Jesu, was ihr Auftrag ist, wie sie sich verhalten sollen und wie ernst es werden wird. Und dann kommt die Zusage: „Fürchtet euch nicht." „Ihr seid mir kostbar." „Ich bekenne mich zu euch, auch vor meinem Vater im Himmel, wenn ihr euch zu mir bekennt vor den Menschen" (V. 28.31.32). Das ist eine große Ermutigung unter sonst ernsten Worten. Warum aber spricht Jesus hier von den Sperlingen und der Anzahl unserer Haare? Ein Sperling war zur Zeit Jesu etwas Geringfügiges, fünf davon kosteten 10 Cent (Lk 12,6) und dienten als Reinigungsopfer eines Aussätzigen. Gott kennt jeden einzelnen von ihnen – und bei uns sogar jedes einzelne Haar! Jesus benutzt diese Bilder, um seinen Jüngern zuzusagen: Gottes liebevolle, stündliche Fürsorge gilt dem Kleinsten – und euch noch viel mehr! Ist das nicht wunderbar?

„Von seiner Fülle haben wir alle genommen Gnade um Gnade."
Johannes 1,16

Jahreslosung 2023

Du bist ein Gott, der mich sieht. **(1. Mose 16,13)**

Sehen und gesehen werden

In der Fußgängerzone ist eine Mutter mit ihrer kleinen Tochter unterwegs. Sie zückt das Handy und reflexartig stellt sich die Kleine in Pose wie eine Große. Das hat sie mit ihren vielleicht fünf Jahren verinnerlicht, so wie ich das Schalten beim Autofahren. Dann noch ein Selfie von beiden zusammen, und schon ist das Profil bei Facebook und Insta wieder angemessen versorgt. Es wird nicht lange dauern, bis die Kleine selbst bei Insta oder TikTok oder sonstwo unterwegs sein wird. Dann allerdings mit Weichzeichner und anderen Filtern. Und weil alle das so machen, wird sie glauben, dass man so modelmäßig aussehen muss wie die Mädels auf TikTok – die immer gut drauf sind und immer Freizeit haben. Wir wollen gesehen werden. Und dabei wollen wir ein möglichst gutes Bild abgeben. Ein völlig normales, menschliches Verhalten. Ich frage mich trotzdem, ob in unserer Social-Media-Kultur da nicht manchmal einige Dinge etwas aus dem Ruder laufen. Auch bei den Älteren. Und wer sich nicht selbst in Szene setzt, der postet dann sein Schnitzel auf dem Grill, den Urlaubsstrand oder das wichtige Meeting, am besten an einem attraktiven Ort. Auch damit wird man ja wahrgenommen.

„Du bist ein Gott, der mich sieht." – auch ganz so, wie ich bin. Morgens vor dem Spiegel, wenn ich noch denke: „Ich kenn dich nicht. Ich wasch' dich trotzdem." Der mich auf der Arbeit sieht, wenn ich wieder mal die eintönigste Routinearbeit erledigen muss oder vom Chef runtergeputzt werde. Der mich in meiner Familie sieht – wenn wir uns gerade mal nicht vor dem Hintergrund der Niagarafälle in den Armen liegen, sondern zu Hause über Banalitäten streiten wie die Kesselflicker. Er ist der, der mich so sehen darf. Es tut gut, einen zu haben, bei dem ich keinen Weichzeichner meines Lebens brauche. Vielleicht gibt mir das ja den Mut, auch vor anderen wieder etwas mehr ich selbst sein zu können. (UB)

Der HERR geht voran

Matthäus 10,34-39 **Mittwoch, 16.**

Als mein Mann seinem Vater mitteilte, dass er nach seinem Abitur Pastor werden wollte und nicht Ingenieur, wie zunächst geplant, sprach sein Vater ein ganzes Jahr nicht mehr mit ihm. Wenn sich alles ändert und die Nachfolge Jesu das Wichtigste im Leben wird, dann hat das oft Konsequenzen, mit denen wir nicht gerechnet haben. In den vier Evangelien finden sich mehrere Bibelstellen, in denen es darum geht, „sein Kreuz auf sich zu nehmen" und sein Leben für Jesus einzusetzen. Und der Herr weiß, dass es auch zu ernsteren Konsequenzen führen kann. Die völlige Hingabe gründet jedoch in der allumfassenden Liebe unseres Herrn, der uns vorausgeht, der für uns stirbt und uns das Leben mit ihm ermöglicht. Nachfolge heißt, sich jeden Tag ihm wieder anzuvertrauen, auf seine Hilfe und Gegenwart zu warten und unser Handeln immer wieder zu hinterfragen.

„Wer mir nachfolgt, der wird nicht wandeln in der Finsternis, sondern wird das Licht des Lebens haben." *Johannes 8,12*

Aufnahme um Jesu willen

Matthäus 10,40-42 **Donnerstag, 17.**

Was für eine große Zusage! „Wer euch aufnimmt, der nimmt mich auf" (V. 40). Wir Christen sind Vertreter des lebendigen Herrn Jesus Christus und durch seine Worte bringen wir Menschen in Gottes Gegenwart und Gemeinschaft. Haben wir das schon erlebt, dass ein Nachbar durch uns ein offenes Ohr für Gottes gute Nachricht bekam und in den Gottesdienst mitging? Oft ist das nicht so einfach, uns nicht ablenken zu lassen von unserem Auftrag. Der Herr traut uns das zu, mit Menschen über ihn zu reden, selbst wenn es nur einfache Worte sind. Er ermutigt diese ersten

Jünger, sich ganz auf seine Worte zu verlassen: Ich handele mit und durch euch. Und dann wird es Menschen geben, die die Tür ihres Herzens öffnen.

„Siehe, ich stehe vor der Tür und klopfe an. Wenn jemand meine Stimme hören wird und die Tür auftun, zu dem werde ich hineingehen und das Abendmahl mit ihm halten und er mit mir."

Offenbarung 3,20

Nachfolge in Nöten

Matthäus 11,1-19 **Freitag, 18.**

Johannes der Täufer zweifelt. Er, der große Prophet, der auf den Messias hingewiesen hat, sitzt im Gefängnis. In seiner Angst sendet er Boten zu Jesus, um sich zu vergewissern, ob dieser wirklich der angekündigte Gesalbte Gottes ist, der Retter der Welt. Die Antwort Jesu (V. 5.6) ist überwältigend. Aber warum tut Jesus nichts, um ihn aus der Hand des Herodes zu retten? Die Frage nach Hilfe und Kraft in Lebenskrisen bewegt auch mich, wenn Jesus nicht eingreift, nicht hilft, wie ich das persönlich erwartet und gehofft habe. Jesus möchte von mir ein „Trotzdem-Glauben" und Vertrauen, dass er mich liebt, mich trägt und alles zu einem guten Ende führen wird. Auch wenn es weiterhin Sorgen gibt, geliebte Menschen sterben oder Probleme bestehen bleiben – er ist und bleibt der Retter, der uns trägt.

„Dennoch bleibe ich stets an dir; denn du hältst mich bei meiner rechten Hand, du leitest mich nach deinem Rat und nimmst mich am Ende mit Ehren an." *Psalm 73,23.24*

Berechtigte Drohung?

Matthäus 11,20-24 **Samstag, 19.**

Schock! Das war meine erste Reaktion. Woher kommen diese Drohungen? Die harschen Zurechtweisungen, diese Vernichtungserzählungen? Je mehr ich darüber nachdenke, umso mehr kann ich mich in diese Emotionen hineinversetzen. Egal ob in der Pflege, der Erziehung, auf der Arbeit, viele kennen diese Situation: Man opfert sich nahezu komplett auf, aber weil sich niemand dafür interessiert, war alles umsonst. Jesu Weherufe – nachvollziehbar.

Während die Ausleger aber nun streiten, ob die Worte Jesu die Städte zur Umkehr bewegen wollen, prophetisch schon das Ergebnis des Gerichts vorwegnehmen oder aufgrund der Härte gar keine echten Jesusworte sein könnten, sollten sie uns Warnung sein: Wenn schon die Heimatstätten Jesus übersehen, wie schnell können wir sein Opfer vergessen?

„Der Lohn der Demut und der Furcht des HERRN ist Reichtum, Ehre und Leben.“ *Sprüche 22,4*

Wochenspruch

Gott widersteht den Hochmütigen, aber den Demütigen gibt er Gnade. *1. Petrus 5,5*

Erinnern statt Beschweren

Psalm 78,32-55 **Sonntag, 20.**

Ganz schön depressiv klingen diese Verse. Gott hat sich doch Israel gegenüber so nachsichtig und gnädig verhalten. Er schickte Wunder, Erlösung, Errettung, und das in einer wundersamen Art und Weise, die uns in Ehrfurcht erstarren lassen kann. Etwa in den Plagen, mit denen Gott sein Volk aus Ägypten befreit, oder auch den Wachteln, die sich das unzufriedene Volk in der Wüste wünscht. Der Psalmist stellt aber fest: Egal was Gott tut, wohltuende Wunder der Errettung oder barmherziger Verzicht auf seinen Zorn, die Menschen wollen ihr Leben nicht zum Besseren verändern.

Woran liegt das? Immerhin stehen wir auch heute noch in der Gefahr, Gott und unseren Mitmenschen zu bemängeln. Hiergegen kann es uns aber helfen, uns die gnadenvolle und barmherzige Wundertat Gottes am Kreuz neu bewusst zu machen.

„Damit deine Hoffnung sich gründe auf den HERRN, erinnere ich daran heute gerade dich." *Sprüche 22,19*

Der Glaube, eine Last?

Matthäus 11,25-30 **Montag, 21.**

Wer gerne wandert, kennt vielleicht das Gefühl eines vollgepackten Wanderrucksacks, der in den ersten Stunden noch einfaches Gepäck darstellt, aber gegen Ende des Tages den eigenen Rücken immer stärker zu Boden drückt. Egal wie leicht und einfach das Gewicht auf den Schultern zu Beginn sein mag, auf Dauer wird der Schmerz unerträglich. Wenn Jesus nun hier von seinem Joch spricht, welches üblicherweise bei Zugtieren in Gebrauch ist, wie kann dieses dann mild und leicht sein?
Tatsächlich kann der Glaube auf Dauer zur Last werden. Vor allem, wenn er durch Vorschriften erdrückt oder zu einer reinen Kopfsache wird. Doch Jesus bietet ein Leben im Frieden Gottes an, heute und in Ewigkeit. Die Nachfolge Jesu mag nicht immer leicht sein, aber sie ist der sanfte Weg zu Gott.

„Da wir nun gerecht geworden sind durch den Glauben, haben wir Frieden mit Gott durch unsern Herrn Jesus Christus." *Römer 5,1*

Wie handelt Jesus?

Matthäus 12,1-14 **Dienstag, 22.**

Herr über den Sabbat, größer als der Tempel. Wer ist Jesus, dass er eindeutige Gesetze bricht und trotzdem im Recht ist, und was meint er mit seinen Vergleichen? Er erzählt, wie David verbotenerweise die Brote aß und doch verschont blieb. Auch die Priester müssen Gesetze am Sabbat brechen, um Gott dienen zu können. Wenn sie nun in ihrem gesetzeswidrigen Handeln Gott ehren, wie viel mehr hat Jesus das Recht, das Gesetz zu verändern, um Gottes Willen zu tun?

Jesu Umgang mit dem Sabbat zeigt uns, dass wir Gottes Vorstellung verfehlen können, wenn wir gedankenlos und stur dem Buchstaben folgen, ohne das Ziel von Gottes Geboten zu verstehen. An welcher Stelle dienen wir dem Gesetz und nicht Gott; wo müssen wir den Menschen und nicht das Gebot lieben lernen?

„Das andre ist dies: ‚Du sollst deinen Nächsten lieben wie dich selbst'. Es ist kein anderes Gebot größer als diese." *Markus 12,31*

Das stille Wort für die Kranken

Matthäus 12,15-21 **Mittwoch, 23.**

Bei einer Predigt ruft ein älterer Herr in der letzten Reihe: „Bitte lauter sprechen!" Ich antworte: „Ich kann nicht ins Mikro hineinschreien. Kommen Sie in die erste Reihe, da ist noch Platz." Dieses Wort erfüllt sich buchstäblich in Jesu stillem und bescheidenem Auftreten. Sein Wesen steht im krassen Gegensatz zu den Lügenpropheten und Götzenmachern der damaligen und heutigen Zeit. Jesus bringt, was sich von selbst empfiehlt und keines forcierten Auftretens bedarf. Trost darf man nicht hinausschreien. Man spricht ihn freundlich zu. Manchmal wird er auch ins Ohr geflüstert oder es wird einfach nur geschwiegen und zugehört. Das stille Wort für die Kranken wirkt immer wunderbar. Aber nicht jedes Wunder ist eine Sensation. Gottes Wort wirkt oft gegen den Augenschein. Es gibt die gewisse Hoffnung auf das ewige Leben und auch die Kraft zum Sterben.

„Er wird nicht streiten noch schreien, und man wird seine Stimme nicht hören auf den Gassen." *Jesaja 42,2*

Das aufrichtende Wort für die Geknickten

Matthäus 12,22-37 **Donnerstag, 24.**

Das unscheinbare Wesen Jesu paart sich mit seelsorgerischer Milde. Er schreit nicht, das heißt jetzt, er zerbricht nicht. Die Art seines Auftretens entspricht ganz und gar der Weise seines Umgangs mit den Menschen. Der von einem bösen Geist besessene, niedergedrückte, blinde und stumme Mensch wird von Jesus geheilt und aufgerichtet. Die Obersten legen den Leuten schwere Lasten auf, unter denen sie letztlich zerbrechen. Wir haben auch einen Knick und können uns nicht selber aufrichten. Wenn wir es könnten, würden wir an der Knickstelle sofort wieder umfallen. Wir sind wie geknickte Schilfrohre. Wir liegen am Boden und sterben ab. Aber Jesus richtet auf, was Satan, Sünde, Aberglaube und menschliche Religionen zerbrochen haben. Sein Handeln widerspricht dem harten Gesetz der Natur und der Sünde.

„Der HERR ist nahe denen, die zerbrochenen Herzens sind, und hilft denen, die ein zerschlagenes Gemüt haben.“ Psalm 34,19

Das Wunder der Wunder

Matthäus 12,38-45 **Freitag, 25.**

Da kann nur noch ein Wunder helfen. So denken Menschen damals und heute. Kurz vor der Speisung der Fünftausend schielen einige Jünger vielleicht wundersüchtig zum Himmel und warten auf eine neue Auflage des Mannaregens. Damit speiste Gott in der Wüste wundersam täglich über eine Million Menschen. Um seine Gottheit zu beweisen, soll Jesus in der Wüste Steine in Brot verwandeln (Mt 4,3). Und nun fordern die Pharisäer ein Zeichen. Derartige Wunder sind spektakulär, aber taugen nicht als Glaubensgrundlage. Jesus könnte mit Leichtigkeit viele große Wunder vom Stapel lassen, aber er tut es nicht. Er tut das, womit niemand rechnet. Er stirbt für die Sünden aller Menschen am Kreuz und wird vom Vater wieder auferweckt. Die Vergebung der Sünden und die Erlösung sind das Wunder der Wunder.

„Lobe den HERRN, meine Seele, und vergiss nicht, was er dir Gutes getan hat: der dir alle deine Sünde vergibt und heilet alle deine Gebrechen, der dein Leben vom Verderben erlöst.“ Psalm 103,2-3

Die geistlichen Familienbande

Matthäus 12,46-50 **Samstag, 26.**

Wie versteht Jesus die Familie? Wer gehört dazu? Bei uns hat sie einen hohen Wert. In anderen Kulturen sogar den höchsten. Jesus sieht die geistlichen Familienbande. Der entscheidende Wert des Menschen liegt nicht im Fleisch und Blut. Es geht um die Zugehörigkeit zu Jesus. Sie zeigt sich im Gehorsam gegenüber dem himmlischen Vater. Da ist Maria, die Mutter Jesu, ein gutes Beispiel. In Lk 1,38 sagt sie: *„Siehe, ich bin des Herrn Magd; mir geschehe, wie du gesagt hast."* Dazu schreibt Augustinus: „Maria nimmt zuerst das Wort Gottes im Gehorsam in ihre Seele auf, und erst danach empfängt sie es in ihrem Schoß, und zwar durch die Menschwerdung Jesu." Wir gehören zur geistlichen Familie Jesu, wenn wir wie Maria Gottes Wort im Gehorsam aufnehmen und seinen Willen tun.

„Es werden nicht alle, die zu mir sagen: Herr, Herr!, in das Himmelreich kommen, sondern die den Willen tun meines Vaters im Himmel." *Matthäus 7,21*

Wochenspruch

Das geknickte Rohr wird er nicht zerbrechen, und den glimmenden Docht wird er nicht auslöschen. *Jesaja 42,3*

Schuld, Gericht und Gnade

Psalm 78,56-72 **Sonntag, 27.**

Ein zum Tode Verurteilter hat nach der Urteilsverkündigung noch einmal das Wort. Er appelliert an den Richter: „Herr Richter, wir kennen uns. Sie haben mir vor Jahren in den Bergen das Leben gerettet." Der Richter antwortet: „Ja, ich erinnere mich. Damals war ich Ihr Retter, aber heute bin ich Ihr Richter." In dem langen Psalm wird zuerst an Gottes segensreiche Geschichte mit seinem Volk erinnert. Dann aber geht es um das Gericht, weil das Volk Gottes abtrünnig wurde. Sünde hat Folgen. Aber hat dieses

Gericht das letzte Wort? Nein, denn Gott hat unser aller Gericht an seinem Sohn vollzogen. Seit Golgatha gilt: Der Richter ist und bleibt auch unser Retter. Gott sucht unsere Treue. Von der seinen spricht der letzte Vers im Psalm:

„Und er weidete sie mit aller Treue und leitete sie mit kluger Hand."
Psalm 78,72

Guter Boden

Matthäus 13,1-9.18-23 **Montag, 28.**

Das Saatgut ist hervorragend, nur der Boden macht Probleme. Jesus fordert uns heraus: Wenn Gottes Reden in unser Leben hinein keine dauerhaften Auswirkungen hat, liegt es nicht an Gott. Sein Reden kann in unserem Leben immer Früchte bringen. Wunderbares kann dann wachsen, wie Paulus in Galater 5,22-23 schreibt. Aber wie aufnahmefähig sind wir? Jesus nennt mögliche Ablenkungen: den Teufel (V. 19), Probleme (V. 21), ja sogar Erfolg und Reichtum. Was kann uns neu auf Gott fokussieren? Oft ist es einfach die Stille, in der ich mich auf ihn einlassen kann. Vielleicht kann ich mich heute für eine Viertelstunde rausziehen und zu ihm in Ruhe beten: Jesus, bei mir soll dein Reden auf guten Boden fallen. Mach mich bitte dazu bereit. Amen.

„Die Frucht aber des Geistes ist Liebe, Freude, Friede, Geduld, Freundlichkeit, Güte, Treue, Sanftmut, Keuschheit." *Galater 5,22-23a*

Schwer verständlich!

Matthäus 13,10-17 **Dienstag, 29.**

Oft sind wir über die Anschaulichkeit erstaunt, mit der Jesus zu Menschen geredet hat. Doch die Jünger erleben es ganz anders. Den Zuhörern fehlt oft der Schlüssel, um Gleichnisse zu verstehen. Dann wird das sprachliche Bild zu einem Rätsel. Jesus bestätigt, dass er bewusst so redet. Wie zur Zeit des Propheten Jesaja spricht Gott nur für die Menschen verständlich, die offen dafür sind. Wie schon im Gleichnis vom Ackerfeld reicht oberflächliches Hören nicht aus, um Gott zu verstehen. Noch dazu brauchen wir Gottes Geist in uns, um die tiefste Wahrheit und Weisheit von Gottes Reden zu verstehen. Der Heilige Geist erschließt uns, was Gott uns zusagt, was er uns aufträgt und wie er uns verändert. Wenn wir die Bibel lesen, Gottes Wort, verschließen wir uns nicht, lassen wir ihn zu Wort kommen und danken ihm für sein Reden.

„Wenn aber jener kommt, der Geist der Wahrheit, wird er euch in aller Wahrheit leiten.“ *Johannes 16,13*

Korn und Unkraut

Matthäus 13,24-30; 36-43 **Mittwoch, 30.**

Jesus erzählt ein unbequemes Gleichnis. Er spricht von Menschen, die zu Gott gehören, und anderen, die zum „Feind“, also dem Teufel gehören. Bevor wir uns ärgern: Es ist doch eine Tatsache, dass nicht alle unterschiedslos zu Gottes Reich gehören wollen. Niemand wird zu Gott gezwungen. Und dieses Gleichnis warnt davor (V. 28-30), schon in dieser Zeit endgültige Aussagen zu treffen, wer für oder gegen Gott steht. Das kann Menschen falsch beurteilen und schlimmen Schaden anrichten. Aber es beschreibt auch die ernste Situation, dass Gott am Ende aller Zeit endgültig akzeptieren wird, wer gegen ihn steht. Das ist seine Sache – nicht unsere. Wen sortieren wir schon jetzt ein oder aus? Vielleicht können wir – ohne Druck, nur aus Liebe – Menschen für Jesus gewinnen und in den Himmel retten.

„Dann werden zwei auf dem Felde sein; der eine wird angenommen, der andere wird preisgegeben.“ *Matthäus 24,40*

Klein – ganz groß

Matthäus 13,31-35 **Donnerstag, 31.**

Wenn man in einem Gurkenglas die kleinen weißen Senfkörner betrachtet, kann man nicht glauben, dass aus ihren gleich großen schwarzen Vettern, von denen hier die Rede ist, ein Strauch von zwei Metern Höhe entsteht. Auch kann man nur staunen, dass eine kleine Menge Sauerteig Mehl für 100 Menschen durchsäuern kann (V. 33: ca. 20 kg). Wie in allen Gleichnissen dieses Kapitels staunt man über die Wachstumskraft von Gottes Reich. Hätte jemand gedacht, dass die Botschaft an die zwölf Jünger einmal Milliarden Menschen erreichen würde? Das Himmelreich erscheint oft unscheinbar, klein, unattraktiv. Aber Gott fehlt es nie an Möglichkeiten. Vielleicht halten wir unsere eigene Gemeinde für ein solches Senfkorn. Gott kann uns staunen lassen. Loben wir Gott beim nächsten Gurkenglas dafür?

„Aber ihr werdet die Kraft des Heiligen Geistes empfangen, der auf euch kommen wird, und werdet meine Zeugen sein in Jerusalem und in ganz Judäa und Samarien und bis an das Ende der Erde."

Apostelgeschichte 1,8

Monatsspruch September

Jesus Christus spricht:
Wer sagt denn ihr, dass ich sei?

Matthäus 16,15

Auf Schatzsuche

Matthäus 13,44-46 **Freitag, 1.**

Um einen Schatz oder eine Perle zu finden, muss man graben oder wenigstens suchen. Das ist durchaus mit Aufwand verbunden und kann auch mal etwas dauern. – Manchmal entdecke ich in der Bibel einen Satz, ein Wort oder einen Hinweis Gottes, der meinen Alltag, mein Leben bereichert. Was mache ich mit dieser Entdeckung? Gebe ich den Schatz wieder her? Oder klammere ich mich daran fest, bewache ihn Tag und Nacht und lasse das Leben an mir vorbeiziehen? Was kann ich tun, damit das Entdeckte mein Schatz bleibt?

Das Himmelreich ist dort, wo sich Gottes Ideen in meinem Leben bemerkbar machen. Das dauert eine gewisse Zeit, vermutlich mein Leben lang. Dann ist „alles, was ich habe" der Einsatz, damit aus den Entdeckungen dann auch das Himmelreich werden kann.

„In ihm liegen verborgen alle Schätze der Weisheit und der Erkenntnis." *Kolosser 2,3*

Tägliche Entscheidung

Matthäus 13,47-52 **Samstag, 2.**

Es fällt mir schwer, zu lesen, dass Menschen „aussortiert" werden. Gottes Boten trennen in zwei Gruppen. Erklärung aus der Basis-Bibel für „Gerechte": „Menschen, die Gottes Gebote befolgen, sodass das Leben in Gemeinschaft miteinander gelingt". In dieser Gruppe gibt es die Bereitschaft zur Solidarität. Dort schaut man nicht nur auf sich und seine Interessen, sondern nimmt Rücksicht auf den Nächsten. Und der Nächste nimmt auch Rücksicht. In der zweiten Gruppe geht es um die Durchsetzung eigener Interessen, obwohl es auf Kosten und zu Lasten anderer geht. – In vielen Situationen des Alltags kann ich mich entscheiden, ob ich die Gemeinschaft durch mein Verhalten stärke oder schwäche. Bevor die Engel entscheiden, steht also meine Entscheidung. Und die bezieht sich nicht zuerst auf mein Tun, sondern auf das, was

Jesus am Kreuz getan hat. Gerecht, gerechtfertigt sind wir nur in ihm (Röm 3,28).

„Euch aber lasse der Herr wachsen und immer reicher werden in der Liebe untereinander und zu jedermann.“ *1. Thessalonicher 3,12*

Wochenspruch
Christus spricht: Was ihr getan habt einem von diesen meinen geringsten Brüdern, das habt ihr mir getan. *Matthäus 25,40*

Basics

Psalm 112 **Sonntag, 3.**

Dieser Psalm ist keine Gebrauchsanweisung, kein Versprechen und keine Garantieerklärung für ein glückliches Leben. Auch in einem Leben als Christ gibt es Dunkelheit (V. 4), schlechte Nachrichten (V. 7) und Feindschaft (V. 8). Und doch macht es einen entscheidenden Unterschied, wenn ich meinen Lebensweg gemeinsam mit Gott gehe. – Gott im Gelingen und im Scheitern vertrauen und ihm die Treue halten (V. 7), das sind aus meiner Sicht die Grundvoraussetzungen für ein gelingendes Leben. Mit diesen Basics kann mich selbst ein Scheitern nicht umhauen. Tiefes Vertrauen muss über Jahre hinweg wachsen. Gelingendes Leben ebenso. Zeit dafür haben heute die wenigsten. Wir verplempern viel Zeit mit Unnützem und Vergänglichem. Was kann ich heute weglassen, um meine Basics zu stärken?

„Meine Zeit steht in deinen Händen.“ *Psalm 31,16*

Tut sich nix?

Matthäus 13,53-58 **Montag, 4.**

Die Menschen in Nazareth dachten: „Den kennen wir!“ Jesu Auftreten und seine Worte passten jedoch nicht zu dem, was sie erwarteten. Sie waren entsetzt, irritiert, skeptisch. Sie standen sich mit ihrer Vorstellung von Jesus selbst im Weg. Da sind dann auch Jesus die Hände gebunden. Er kann nicht mehr viel für sie tun. – Auch uns Christen kann es so gehen: Wir stehen uns selbst im Weg, weil unser Bild von Jesus schon fertig ist. Gibt es bei mir Lebensbereiche, in denen sich nicht „viel tut"? Habe ich Jesus da schon mal reingelassen oder bin ich skeptisch, ob er mir an der Stelle weiterhelfen könnte?

„Siehe, dein König kommt zu dir, ein Gerechter und ein Helfer."
Sacharja 9,9

Hofintrigen

Matthäus 14,1-12 **Dienstag, 5.**

Dies ist eine Geschichte von zwei Gefangenen. Offensichtlich ist es bei Johannes, der in den Kerker geworfen wird und das Martyrium erleidet. Ein Prophet mit menschlichen Zügen, der auch den Zweifel kennt. Er stirbt wie viele von Gottes Propheten vor ihm. Der andere Gefangene ist Herodes Antipas. Äußerlich ist er frei, aber in Wirklichkeit gefangen in einem Netz aus Scham, Unsicherheit, Begierde, Erwartungen und Intrige. Er ist nicht frei in seinen Entscheidungen, reagiert nur auf Johannes, Herodias, ihre Tochter Salome und die versammelten Würdenträger. Seit er die verbotene Beziehung zu der Frau seines Bruders eingegangen war, stolperte er auf einer abschüssigen Straße bergab. Hätte er stoppen können?

„Die Opfer, die Gott gefallen, sind ein geängsteter Geist, ein geängstetes, zerschlagenes Herz wirst du, Gott, nicht verachten." Psalm 51,19

Brot und Spiele?

Matthäus 14,13-21 **Mittwoch, 6.**

Der Circus Maximus kocht. Gerade hat der junge Gallier mit Netz und Dreizack den Schwerbewaffneten aus Thrakien zu Fall gebracht, setzt zum Todesstoß an. Die Masse hält den Atem an. Ver-

gessen ist die eigene hoffnungslose Lage, ohne Land, ohne Einkommen, ohne Beziehungen. Die Unterhaltung ist gut und an den Eingängen der Arena wurde kostenloses Brot für alle verteilt. Und bei einem Wechsel auf dem Thron würde der neue Herrscher sicher wieder Geldgeschenke an alle Bürger der Stadt verteilen. Also: Es lebe der Kaiser! Aber nicht zu lange.
Jesus verteilt kein Brot, um sich die Gunst der Masse zu erwerben. Dann hätte er damit immer weitermachen müssen. Jesus gibt und ist selbst das Brot des Lebens. Er schenkt sich selbst, und wer an ihn glaubt, der hat ein ewiges Leben, das nicht mehr von Hunger und Not bedroht werden kann.

„Ich bin das Brot des Lebens." *Johannes 6,48*

Auf Tauchstation

Matthäus 14,22-36 **Donnerstag, 7.**

Es ist leicht, über den Maulhelden Petrus die Nase zu rümpfen. Aber Petrus erlebt etwas mit Jesus, was er nie vergessen wird. Die anderen Jünger bleiben Zuschauer. Und wer über Petrus lächelt, der erinnert ein wenig an zwei bestimmte alte Herren aus der Muppet Show. Ich finde, Petrus ist sympathisch, gerade weil seine Klappe so groß ist wie sein Herz. Er zeigt uns, dass Jesus seine Kirche auf Leute baut, die Fehler machen. Die sich überschätzen, aber denen dann Jesus groß wird. Ich mag Petrus, gerade weil ich ganz sicher im Boot geblieben wäre, die Hände krampfhaft in das Holz der Reling gekrallt. Petrus hat nicht nachgedacht, aber manchmal kann das besser sein, als vor lauter Furcht niemals auf Jesus zuzugehen.

„Alle aber miteinander bekleidet euch mit Demut; denn Gott widersteht den Hochmütigen, aber den Demütigen gibt er Gnade."
1. Petrus 5,5

Fromme Regeln

Matthäus 15,1-20 **Freitag. 8.**

Die Kammerjäger sind da – und Familie Schmitz fallen ein paar Steine vom Herzen. Das Haus ist voller Ratten. Im Keller, auf dem Speicher, in den Wänden. Überall huschende Nagetiere. Die Fachleute arbeiten schnell und effizient. Ein Nager nach dem anderen wandert in den Käfig. Aber immer, wenn sie eine besonders große Ratte erwischt haben, einmal sogar einen alten Ratz von geradezu ehrfurchtgebietenden Dimensionen, lassen sie sie sofort wieder frei. Was das solle, fragt Herr Schmitz. Oh, das habe schon seine Ordnung. Man habe sich in ihrer Innung geeinigt, dass nur die kleinen unter den Begriff der Ratte fallen.
Wie nah sind unsere frommen Regeln an dem Maßstab, den Gott sich für unser Leben gedacht hat? Es sind nicht die Äußerlichkeiten unseres Lebens, die Gott interessieren. Er sieht das Herz an.

„Der Zöllner aber stand ferne, wollte auch die Augen nicht aufheben zum Himmel, sondern schlug an seine Brust und sprach: Gott, sei mir Sünder gnädig!“ *Lukas 18,13*

Noch nicht

Matthäus 15,21-28 **Samstag. 9.**

Bei manchen Aussagen Jesu muss ich erst mal schlucken. Der Vergleich mit den Hunden klingt wirklich nicht sehr liebevoll. Und wir erzählen unseren Jungscharkindern, dass Jesus sie alle unendlich lieb hat und ihr Freund sein will. Und das ist auch richtig. Im Missionsbefehl trägt Jesus uns auf, alle Völker zu Jüngern zu machen. Keine Unterschiede mehr. Aber dazwischen liegen Kreuz und Auferstehung. Gott ruft alle. Aber in der Szene mit der kanaanäischen Frau war der Zeitpunkt noch nicht gekommen. Die Frau jedoch lässt sich dadurch nicht aufhalten. Welche Demut hat diese Mutter, dass sie trotz der harschen Ablehnung nicht aufhört zu bitten. Ihr Glaube an Jesus ist so groß, dass sie ihn umstimmt. Seine Liebe durchbricht seinen Zeitplan.

„Darum gehet hin und machet zu Jüngern alle Völker: Taufet sie auf den Namen des Vaters und des Sohnes und des Heiligen Geistes."
Matthäus 28,19 (LUT 1984)

Wochenspruch
Lobe den HERRN, meine Seele, und vergiss nicht, was er dir Gutes getan hat. *Psalm 103,2*

Das Erbe

Psalm 16 **Sonntag, 10.**

Im dunkel getäfelten Büro des Advokaten Dillinger (von Dillinger, Dillinger & Smith) in London hat sich eine illustre Erbengemeinschaft versammelt. Der verstorbene Fabrikant Twistlethump hatte sich in der Familie keiner sonderlichen Beliebtheit erfreut, ganz im Gegensatz zu seinen zeitlichen Gütern. Wer würde die Kanzlei als reicher Erbe verlassen? Vielleicht Onkel Everett, mit seiner verhängnisvollen Leidenschaft für das Glücksspiel? Oder Tante Florence, missmutig und sittenstreng, die jedes einzelne Pfund ihren Katzen vermachen würde?
Das Erbteil eines Israeliten war ursprünglich ein Stück Land, das ihm und seinen Nachkommen für alle Zeiten gehören sollte. Gott als unser Erbteil bzw. unser himmlisches Erbe sind sogar noch besser. Als Gottes Kinder sind wir Erben, und dieses Erbe können wir nicht verlieren, auch wenn das letzte Hemd keine Taschen hat.

„Denn ihr seid alle durch den Glauben Gottes Kinder in Christus Jesus." *Galater 3,26*

Noch einmal Brot und Fische

Matthäus 15,29-39 **Montag, 11.**

Dieser Text scheint Wasser auf den Mühlen einer bibelkritischen Theologie zu sein. Ist der Bericht nicht nur eine Dublette, eine Variante der Speisung der Fünftausend? Ich denke nicht.

Der simpelste Grund für den Bericht von der Speisung der Viertausend ist, dass es eben so passiert ist. Jesus hat auch mehr als einen Blinden geheilt. Es erscheint mir schon fast verwunderlich, dass Jesus, der oft zu größeren Volksmengen sprach, nur zweimal ein Brotwunder gewirkt hat. Wo es geschah, begegnete es einer aktuellen Not UND es zeigte, wer Jesus ist. Und die wiederholte Ratlosigkeit der Jünger? Tja, erinnern wir uns noch, was das Volk Israel auf der Wüstenwanderung von den Wundern des Mose gelernt hat?

„Mose schrie zum HERRN und sprach: Was soll ich mit dem Volk tun? Es fehlt nicht viel, so werden sie mich noch steinigen."

2. Mose 17,4

Vor den Frommen wird gewarnt

Matthäus 16,1-12 **Dienstag, 12.**

Mir fällt keine einzige Stelle ein, wo Jesus die offensichtlichen Sünder in Israel angreift. Ihnen gegenüber kannte er nur Gnade, Vergebung und Liebe. Es trifft immer die Theologen und Frommen. Die Pharisäer waren Leute, die ihr Altes Testament kannten und ihren Glauben sehr ernst nahmen. Sie hatten feste theologische Vorstellungen und Jesus passte nicht hinein.
Ein Pastor sagte einmal, dass wir Pietisten (er zählte sich dazu) heute in der Kirche die Planstelle der Pharisäer innehätten. Also der Leute, die ihre Bibel kennen und ihren Glauben ernst nehmen – und bisweilen sehr feste theologische Vorstellungen haben. Wie würde Jesus uns wohl bewerten? Würden uns vielleicht etwas weniger Richtgeist und etwas mehr Barmherzigkeit gegenüber anders geprägten Christen gut zu Gesicht stehen?

„Du bist Israels Lehrer und weißt das nicht?" *Johannes 3,10*

Was denn nun?

Matthäus 16,13-23 **Mittwoch, 13.**

Der siegreiche Ritter erreicht das Königsschloss. Der König erhebt sich von seinem Thron und empfängt ihn mit offenen Armen: „Willkommen, Drachentöter! Du bist unser Held. Nimm als Dank diese Truhe voll Gold und die Hand meiner Tochter an." Freudestrahlend macht der Recke einen Schritt nach vorn. „Allerdings", fährt der König fort, „hast du so lange für den Kampf gebraucht, dass der Drache noch erheblichen Schaden an unserer Stadt verursacht hat. Dafür werden wir die Truhe Gold einbehalten müssen. Und meine Tochter lässt dir ausrichten, dass sie nicht gedenkt, einen armen Mann zu heiraten."
Erst wird Petrus in den Himmel gelobt und dann so sehr getadelt, dass er aus allen Wolken fällt. So viel zu den Leistungen des Petrus. Er ist und bleibt ein fehlbarer Mensch, aber auf solche Menschen wie ihn (und uns) will Jesus seine Kirche bauen. Immer noch.

„Spricht Jesus zu ihm: Weide meine Schafe!" *Johannes 21,17*

Selbstvergessenheit?

Matthäus 16,24-28 **Donnerstag, 14.**

Wie ein scharfkantiger Felsblock liegt dieser Text vor uns: Verlust des Lebens, Bereitschaft zum Leiden, Selbstverleugnung als Voraussetzung zum gläubigen Leben – eine ziemliche Herausforderung für unser modernes Mindset.
Aber was wäre, wenn wir den Begriff Selbstverleugnung als Selbstvergessenheit verstehen würden? Die Selbstvergessenheit, mit der wir nicht ständig sicherstellen müssen, dass wir gut dastehen, genug abbekommen, nicht übervorteilt werden, abgesichert sind. Mit der wir Fehler anderer vorbeiziehen lassen können und uns nicht ständig verteidigen müssen. Mit der wir nicht einem Glück hinterherjagen, von dem wir eigentlich gar nicht so genau wissen, wie es sich anfühlt, und stattdessen hier sind und

jetzt wahrnehmen, was gerade Grund zur Freude oder Dankbarkeit sein könnte. Das klingt doch eigentlich gar nicht so schwer.

„Denn mein Joch ist sanft, und meine Last ist leicht." Matthäus 11,30

Der Berg und das Kreuz

Matthäus 17,1-13 **Freitag, 15.**

Wir würden die Erfahrung, die die Jünger machten, heute wohl als „mystisch" bezeichnen. Die Faszination eines solchen Ereignisses hat sich durch die Jahrtausende erhalten. Auch wenn wir Jesus heute nicht mehr körperlich vor uns sehen, gibt es Erlebnisse in der Gegenwart Gottes – im Gebet, der Anbetung, für viele Menschen auch in der Natur – von solcher Tiefe und Erfülltheit, dass wir darin „Hütten bauen" und bleiben wollen. Auch wenn wir, wie die Jünger, eigentlich gar nicht erklären können, was geschieht, wird in diesen Momenten etwas „verklärt" und damit verändert. Wie die Jünger sind wir nicht dieselben, wenn wir von einem solchen Berg herabsteigen. Wohl nicht ohne Grund steht dieser Text direkt im Anschluss an den über das „Kreuz-auf-sich-Nehmen". Beides gehört untrennbar zu unserem Leben im Glauben.

„Ich hatte von dir nur vom Hörensagen vernommen; aber nun hat mein Auge dich gesehen." Hiob 42,5

Der Geist einer Krankheit

Matthäus 17,14-20 **Samstag, 16.**

Hier geht es um ein (wie aus den anderen Evangelien deutlich wird) an Epilepsie erkranktes Kind. Diese Krankheit ist auch nach dem Stand unserer Medizin nicht heilbar, aber mit Medikamenten beherrschbar. Was tut Jesus, wenn er den „Geist" dieser Krankheit bedroht? Da ist zuerst das wörtliche Verständnis, nach dem die Krankheit durch ein übernatürliches Wesen ausgelöst wird, das es auszutreiben gilt. Aber es gibt auch die Möglichkeit, im „Geist der

Krankheit" die Vorstellung zu sehen, dass diese Erkrankung und ihre für das Kind und die Familie so zerstörerischen Folgen unabänderlich und lebenslang festgeschrieben sind. Was, wenn Jesus diese Vorstellung austreibt und den Weg öffnet für ein Leben, in dem nichts mehr unabänderlich und ausweglos ist? Wäre das das Leben mit dem senfkorngroßen Glauben?

„Denn bei Gott ist kein Ding unmöglich." *Lukas 1,37*

Wochenspruch

Alle eure Sorge werft auf ihn; denn er sorgt für euch.

1. Petrus 5,7

„Achterbahn" des Gebets

Psalm 79 **Sonntag, 17.**

Der Psalmbeter beschönigt nichts in seinen drastischen Worten: Entweihung, Steinhaufen, Leichname, Gefressenwerden. Auch seinen hasserfüllten Wunsch nach Vergeltung verschweigt er nicht (V. 6.10.12). Aber er hat sich entschlossen, nicht selbst Vergeltung zu üben. Er erwartet, ja fordert sie von Gott. Eigene Schuld kommt ebenfalls offen zur Sprache. Der Psalm spannt den Bogen über intensivste, leidvolle Erfahrungen – bis hin zum letzten Vers voller Dankbarkeit und Bewunderung für Gott. Was für eine Achterbahn der Erfahrung! Wir erleben sie selbst im Gebet, wenn wir nichts ausklammern, selbst nicht die schmerzvollsten, hasserfülltesten, hilflosesten Erfahrungen. Und in der Dynamik des Gebets ist es möglich, dass auch wir in Dankbarkeit und Vertrauen ankommen.

„Sorgt euch um nichts, sondern in allen Dingen lasst eure Bitten in Gebet und Flehen mit Danksagung vor Gott kundwerden!"

Philipper 4,6

Wieso, weshalb, warum?

Matthäus 17,22-27 **Montag, 18.**

Wenn man ein Kind in der „Warum-Phase" um sich hat, bekommt man gute Fragen gestellt. Knifflig wird es, wenn ich merke, dass das Kind mich selbst infrage stellt und ich mich selbst frage: ja, wieso eigentlich? Bei manchen Dingen merkt man, dass sie gar nicht wichtig sind, andere kann man schnell erklären und findet einen Sinn. Und dann gibt es diese Dinge, die wir tun, nicht wegen uns, sondern für den anderen. Jesus sagt es an dieser Stelle: Wir müssen viele Dinge nicht mehr tun, weil wir Gottes Kinder sind, aber wir dürfen sie tun für den anderen. Wir tun sie, um mit dieser Person in Beziehung zu bleiben oder um ihr Gottes Charakter zu zeigen.

„Damit wir ihnen aber keinen Anstoß geben, geh hin an das Meer und wirf die Angel aus, und den ersten Fisch, der heraufkommt, den nimm; und wenn du sein Maul aufmachst, wirst du ein Zweigroschenstück finden; das nimm und gib's ihnen für mich und dich."

Matthäus 17,27

An Tagen wie diesen …

Matthäus 18,1-9 **Dienstag, 19.**

Es ist morgens. Bevor ich meine Augen öffne, ist das Erste, was ich höre, das Quengeln meiner Tochter. Aufwachen will sie nicht, frühstücken erst recht nicht, kuscheln auch nicht und alles andere, was ich anbiete, wird auch mit lautem Geschrei kommentiert. Der Tag geht ähnlich weiter. Ich bin geschafft und dann kommt mir der Gedanke: Liebe sie. Liebe sie und es ist genug. So wie Gott mich an solchen Tagen liebt. Kennen wir nicht auch solche Tage, an denen nichts richtig ist? Und kennen wir nicht auch grumpelige Menschen um uns? Leute, denen wir anscheinend nichts recht machen können, obwohl wir es wirklich versuchen? Diese Menschen sind dennoch Gottes geliebte Kinder, Kinder wie wir. Unsere Aufgabe ist es, auch die großen Kinder aufzunehmen, anzunehmen und zu lieben.

„Und wer ein solches Kind aufnimmt in meinem Namen, der nimmt mich auf.“ *Matthäus 18,5*

99 werden für einen zurückgelassen

Matthäus 18,10-14 **Mittwoch, 20.**

Das ist ganz schön gewagt. Ein Hirte lässt den Großteil seiner Herde schutzlos zurück, um dieses eine Schaf zu finden. Es ist ein gewagtes Unterfangen und spiegelt Gottes Liebe zu uns wider: Sie ist kämpferisch, überwältigend und eben gewagt. Gott riskiert einiges, nur um uns, um dir zu zeigen, wie sehr er uns, wie sehr er dich liebt. Gottes Liebe ist persönlich. Sie gilt nicht nur einer abstrakten Menschheit, sondern mir und dir. Gott meint dich. Er ist für dich. Und aus Liebe macht er sich auf den Weg, auch in Fällen, die wir vielleicht aufgeben, abschreiben würden. Gottes Liebe kann überraschen. Gott sei Dank.
Kann ich diese Liebe annehmen? Was könnte ich deshalb selbst wagen?

„So ist's auch nicht der Wille bei eurem Vater im Himmel, dass auch nur eines von diesen Kleinen verloren werde.“ *Matthäus 18,14*

Ich bin bei euch

Matthäus 18,15-20 **Donnerstag, 21.**

„Kommunikation ist Glückssache!“ besagt ein Sprichwort, und so erleben wir es wohl auch im Alltag. Viele Konflikte entstehen durch Missverständnisse. Diese wieder auszuräumen und zu klären, ist oftmals schwer. Zum einen, weil wir nicht immer nachvollziehen können, was bei der anderen Person angekommen ist, und zum anderen, weil wir manchmal selber verborgene Gefühle und Bedürfnisse gar nicht wahrnehmen. Jesus sagt uns zu, dass er immer mit uns ist und sein Geist uns leitet. Gerade in Konflikten möchte er uns helfen, diese zu klären. Wenn es uns gelingt, von uns weg zu schauen und stattdessen zu ihm, können wir in den Konflikten eine neue Perspektive einnehmen, die uns vielleicht bei der Lösung hilft. Er sagt uns zu, dass sein Geist uns leiten möchte. Was für ein starker Helfer!

„Denn wo zwei oder drei versammelt sind in meinem Namen, da bin ich mitten unter ihnen.“ *Matthäus 18,20*

Wie Gott mir, so ich dir

Matthäus 18,21-35 **Freitag, 22.**

„Auge um Auge, Zahn um Zahn“ – und gerne noch ein bisschen was obendrauf als „Zinsen“. Natürlich nicht mit brutaler Gewalt – über das primitive Stadium sind wir ja hinaus. Rache funktioniert auch kultiviert und höflich ganz ausgezeichnet. Das Prinzip „Wie du mir, so ich dir“ – Jesus dreht es um: „Wie Gott mir, so ich dir“. Redet Jesus mit diesem Gleichnis klein, was Menschen anderen Menschen antun können? Nein. Manchmal ist Schuld so groß, dass es einen langen Prozess der Vergebung braucht. Es geht nicht um ein vorschnelles „Vergeben und Vergessen“. Es geht um kleinliches Nachtragen von Kleinigkeiten. Um gepflegte Vergebungsverweigerung. Und wenn das, was mir angetan wurde, so groß ist, dass es meine Kraft zu vergeben übersteigt, dann kann ich vielleicht beten: „Vater, vergib du ihnen – ich kann es noch nicht. Hilf mir!“

„Vater, vergib ihnen; denn sie wissen nicht, was sie tun!“ *Lukas 23,34*

Geplant war das nicht so ...

Matthäus 19,1-12 **Samstag, 23.**

Gott hatte sich das so schön ausgedacht. Bei der Schöpfung. Und mit der Ehe. Aber die Menschen wollten es anders. Eine Folge davon: Die Ehe ist zum Problemfall geworden und in vielen Fällen nicht mehr lebbar. Und was macht Gott? Er ordnet das Chaos und überlegt sich Regeln für eine gefallene Schöpfung, nach denen selbst unter diesen neuen Bedingungen Leid und Unrecht, wenn schon nicht ausgeschlossen, so doch minimiert werden können.

Dazu gibt er seinem Volk Gebote, die seinem ursprünglichen Willen entgegenlaufen. Das ist Barmherzigkeit! Und jetzt macht Jesus für sein Reich Gottes ursprüngliches Ideal wieder geltend – auch für Singles! Unsere Herausforderung: Wir leben noch in der gefallenen Welt und gleichzeitig schon in Gottes Reich. Was heißt das für meine Entscheidungen – und für mein Urteil über andere?

„Und Gott schuf den Menschen zu seinem Bilde (...) und schuf sie als Mann und Frau.“ *1. Mose 1,27*

Wochenspruch

Christus Jesus hat dem Tode die Macht genommen und das Leben und ein unvergängliches Wesen ans Licht gebracht durch das Evangelium. *2. Timotheus 1,10*

Wenn das Meer flieht

Psalm 114 **Sonntag, 24.**

Der ausgebrochene Vulkan. Das Erdbeben. Die Flut. Normalerweise stehen wir Menschen ehrfurchtsvoll vor den Naturgewalten und immer häufiger werden wir von ihnen bedroht. Hier ist es umgekehrt. Als Israel aus Ägypten auszog, floh zweimal das Wasser vor dem Volk: beim Durchzug durchs Schilfmeer und bei der Überquerung des Jordan (2Mo 14,21.22; Josua 3). Beides gelang trockenen Fußes! So wie Gott der Herr der Schöpfung ist, so ist er auch der Herr der Geschichte. Während ich diesen Text schreibe, rollen in der Ukraine seit einer Woche die Panzer. Auch wenn es schwerfällt: Ich will an den Gott glauben, der so mächtig in die Weltgeschichte eingreifen kann, dass die Berge wackeln. Ist das naiv? Ist das unbelehrbar? Trotzig? Egal – ich bleibe dran, Gott darum zu bitten, aus dem Fels versteinerter Herzen eine sprudelnde Quelle der Liebe zu machen.

„Denn es sollen wohl Berge weichen und Hügel hinfallen, aber meine Gnade soll nicht von dir weichen.“ *Jesaja 54,10*

Vor Gott wieder Kind werden

Matthäus 19,13-15 **Montag, 25.**

„Die Armeen aus Gummibärchen, Die Panzer aus Marzipan, Kriege werden aufgegessen, Einfacher Plan, Kindlich genial" – singt Herbert Grönemeyer in seinem Lied „Kinder an die Macht". Schön wär's! Jesus hingegen weiß, dass der kindlich-geniale Plan Grönemeyers in dieser Welt wohl nicht aufgehen wird. Deshalb redet er vom Reich Gottes: Wer es nicht empfängt wie ein Kind, der wird nicht hineinkommen (vgl. Mk 10,15; Lk 18,17). Kinder sind schwach. Sie können und wollen nicht selber das Kommando übernehmen – nicht einmal für sich selbst. Sie lassen sich gern von den Eltern mit allem versorgen. Kinder müssen sich die Liebe der Eltern nicht verdienen. So ist es auch mit Gott und mir. Vor Gott kann ich wieder Kind werden. Nur mit leeren Händen, die sich helfen lassen, komme ich ins Reich Gottes.

„Sie schwiegen, denn sie hatten sich auf dem Weg gestritten, wer von ihnen wohl der Größte sei (...) Er nahm ein Kind, stellte es in ihre Mitte (...)" *Markus 9,34.36 (NGÜ)*

Auf dem Holzweg

Matthäus 19,16-26 **Dienstag, 26.**

Endlich mal einer, der es redlich meint und bereit ist, alles zu tun, um das ewige Leben zu erhalten. Aber gut gemeint ist noch lange nicht gut gemacht. Stück für Stück öffnet Jesus ihm und uns die Augen dafür, dass wir uns das ewige Leben nicht erarbeiten und verdienen können. Nicht einmal dieser sympathische Typ. Um das aufzudecken, greift er gezielt den Punkt heraus, der in dessen Leben entscheidend ist: Geld und Besitz. Irgendwo haben wir alle solch einen Schmerzpunkt, an dem deutlich wird: Wir schaffen es nicht, alle Lebensbereiche so zu gestalten, dass wir vor Gott okay sind. Jesus sagt ganz klar, dass dieses Bemühen grundsätzlich nicht gelingen kann: Bei den Menschen ist's unmöglich (V. 26)! Gott hat aber einen alternativen Weg eröffnet, den der Gnade.

„(...) und werden ohne Verdienst gerecht aus seiner Gnade durch die Erlösung, die durch Christus Jesus geschehen ist." Römer 3,24

Was für eine peinliche Frage

Matthäus 19,27-30 **Mittwoch, 27.**

Am Horizont verschwindet gerade der „reiche Jüngling". In den Köpfen der Jünger rattert es. Übertragen auf ihre Verhältnisse haben sie jenen Preis bezahlt, den der junge Mann nicht bezahlen wollte: Sie haben Heimat, Beruf und Familie hinter sich gelassen, um mit Jesus unterwegs zu sein. Petrus spricht aus, was vermutlich alle denken: Lohnt sich das eigentlich? Oder war der junge Mann vielleicht doch schlauer als sie selbst? – Jesus kritisiert seine Jünger nicht als ungeistlich, sondern gibt eine echte Antwort. Neben dem Lohn in der zukünftigen Welt nennt er auch etwas ganz Diesseitiges im Hier und Heute: neue Beziehungen mit Menschen, die durch ihn zu meinen Brüdern und Schwestern, zur Familie Gottes geworden sind. Er eröffnet uns damit den Blick für den Stellenwert christlicher Gemeinschaft, für die Bedeutung von Gemeinde.

„So sind wir, die vielen, ein Leib in Christus, aber untereinander ist einer des andern Glied." Römer 12,5

Kein Logenplatz im Himmel

Matthäus 20,1-16 **Donnerstag, 28.**

Wie bitte? Sieht es so aus, wenn Gott sagt: „ich will euch geben, was recht ist" (V. 4)? Das ist doch schreiendes Unrecht! Bei uns wäre das ein Fall fürs Arbeitsgericht. Offenbar sieht Gottes Gerechtigkeit aber anders aus als unsere. Vergessen wir nicht, es handelt sich um ein Gleichnis über das Himmelreich. Und das kann man sich niemals verdienen. Es ist immer nur Geschenk. Und zwar für alle, egal, wie viel und wie lange wir im Reich Gottes mitgearbeitet haben. Wenn die Geschichte auch bei uns Unverständnis und Protest auslöst, könnte das ein Hinweis sein, wie wenig wir letztlich von Gottes Gerechtigkeit verstanden haben. Was sollte es denn noch an zusätzlichem Lohn geben über die Zugehörigkeit zu Gottes Reich hinaus? Einen Logenplatz im Himmel? Oder reicht nicht doch die Freude darüber, schon jetzt möglichst viele Jahre des Lebens mit Jesus unterwegs zu sein?

„Denn aus Gnade seid ihr gerettet durch Glauben, und das nicht aus euch: Gottes Gabe ist es." *Epheser 2,8*

Erster Platz im Dienen

Matthäus 20,17-28 **Freitag, 29.**

Wie bereits im gestrigen Textabschnitt geht es auch heute wieder um Privilegien und Unterschiede zwischen den Jüngern. Was bei den Arbeitern im Weinberg heimlich mitschwang, tritt bei den Söhnen des Zebedäus hässlich und ungeschminkt hervor. Sind sie und ihre Mutter besonders dumm und dreist? Oder nur ehrlich? Sprechen sie offen aus, worüber alle Jünger heimlich nachdenken? Immerhin ist der Konkurrenzkampf unter ihnen wiederholt ein Thema für Jesus. Interessant ist, dass Jesus nicht einfach von der Gleichheit aller spricht. Es gibt sehr wohl Große und Erste im Reich Gottes. Das Kriterium dafür ist aber, in welchem Maße wir Jesus ähnlich geworden und wie weit wir zum Dienen bereit sind. Oder anders gesagt: in welchem Maße das Bedürfnis nach Größe für uns belanglos geworden ist.

„Wer unter euch der Erste sein will, der sei euer Knecht."
Matthäus 20,27

Herzenswunsch

Matthäus 20,29-34 **Samstag, 30.**

Was wollt ihr, dass ich für euch tun soll? Die Blinden hatten eine Antwort auf diese Frage und baten Jesus, dass sie wieder sehen konnten. Jesus erhörte ihr Flehen, und nachdem er sie geheilt hatte, folgten sie Jesus nach. Was würden wir Jesus antworten, wenn er dir oder mir diese Frage stellen würde? Erst fällt mir ganz vieles ein: Weltfrieden, Ende der Corona-Pandemie oder dass alle Menschen satt werden. ... So allgemein ist es einfach, aber wenn Jesus mich persönlich meint: Was willst du, dass ich für dich tun soll? Über diese Frage lohnt es sich, nachzudenken und in sich zu gehen. Ich wünsche uns allen den Mut, heute anzufangen, Jesus unser Herz und unsere Seele zu öffnen und darauf zu vertrauen: Er hat alles in der Hand und er allein weiß, was wir brauchen und was uns guttut. Was ist unser Herzenswunsch?

„Habe deine Lust am HERRN; der wird dir geben, was dein Herz wünscht." *Psalm 37,4*

Monatsspruch Oktober

Seid Täter des Worts und nicht Hörer allein; sonst betrügt ihr euch selbst.

Jakobus 1,22

Wochenspruch

Aller Augen warten auf dich, und du gibst ihnen ihre Speise zur rechten Zeit. *Psalm 145,15*

Worship

Psalm 104 **Erntedank, 1.**

„Lobpreis“ oder „Worship“ hat es schon immer gegeben. Der Psalm 104 ist wohl der bekannteste Lobpreis-Psalm, den wir kennen. Es ist jetzt schon einige Jahre her, aber meine Mutter hatte das Problem, dass sie nicht laut beten konnte. Da hatte ich die Idee, gemeinsam mit ihr die Psalmen zu beten. Jeden Tag haben wir abwechselnd am Telefon, einmal sie, einmal ich, einen gebetet. Es war nicht nur für meine Mutter, sondern auch für mich eine große Hilfe und ich habe die Liebe zu den Psalmen entdeckt. In meiner Gebetszeit ist oft so viel Fürbitte und so wenig Lobpreis. Immer wieder muss ich hier dazulernen, damit der Lobpreis bei mir nicht zu kurz kommt. Da möchte ich mich von dem Psalmbeter neu rufen lassen und einstimmen: Lobe den Herrn, meine Seele, und vergiss nicht, was er dir Gutes getan hat.

„Ich will den HERRN loben allezeit; sein Lob soll immerdar in meinem Munde sein.“ *Psalm 34,2*

Vertrauen

Matthäus 21,1-11 **Montag, 2.**

Es gibt einen Unterschied zwischen den Nachfolgern Jesu und den Menschen in Jerusalem. Diejenigen, die Jesus nachfolgen, vertrauen ihm. Die zwei Jünger gehen in das Dorf und finden die Eselin, so wie es Jesus gesagt hat. Wer ist Jesus für mich? Ich kann mich noch gut an mein Leben erinnern, als ich Jesus noch nicht kannte. Doch von dem Tag an, als ich zu Jesus an einem Ostersonntag vor 40 Jahren Ja gesagt und angenommen habe, dass er mein Herr und Erlöser ist, hat sich mein Leben völlig verändert. Jesus liebt uns so sehr, er will eine Beziehung zu uns. Wenn wir

Jesus nachfolgen, dann freuen wir uns daran, denn wir haben den König der Könige auf unserer Seite. Wer ihm noch nicht sein Leben überlassen hat, der darf es heute tun, denn jeder Tag ohne ihn ist ein verlorener Tag.

„Ich bin der Weg und die Wahrheit und das Leben; niemand kommt zum Vater denn durch mich.“ *Johannes 14,6*

Gefühlsausbruch

Matthäus 21,12-17 **Dienstag, 3.**

Jesus reinigt den Tempel – ich mag diese Bibelstelle sehr; denn hier zeigt Jesus, dass er auch mal wütend und zornig sein kann über das, was die Menschen tun. Ich denke manchmal ähnlich, wenn ich unsere Weihnachtsmärkte sehe. Was hat das, was hier los ist, noch mit Weihnachten, noch mit der Geburt unseres Retters und Heilandes zu tun? Es geht um Essen und Trinken und ums Geschäftemachen, nicht mehr um die Botschaft von Jesus, von Krippe und Kreuz. Damals sind es Säuglinge, Unmündige, die Gott loben. Sie haben vielleicht einen Zugang, den die schlauen Erwachsenen nicht haben. Doch wir dürfen Lernende sein und unser ganzes Leben lang in das Lob Gottes einstimmen! Der König der Welt kommt als Baby zu uns, weil er uns so sehr liebt.

„Denn also hat Gott die Welt geliebt, dass er seinen eingeborenen Sohn gab, auf dass alle, die an ihn glauben, nicht verloren werden, sondern das ewige Leben haben.“ *Johannes 3,16*

Beten kann Berge bewegen

Matthäus 21,18-22 **Mittwoch, 4.**

Zunächst zeigt sich Jesus hier von seiner „fremden“ Seite. Er lässt den Feigenbaum verdorren, weil er fruchtlos in den Himmel ragt. Ein ansehnliches Blätterdach ist kein Ersatz für fehlenden Ertrag. Dieses Handeln ist ein Hinweis auf das Israel jener Zeit, an dessen Lauheit Gott gegenüber Jesus selbst sehr litt. Die

Frage geht genauso an mich: Wo mache ich viel her, ohne dass unter dem Strich etwas zu Gottes Ehre herauskommt? Was zählt, ist die Frucht! Was ist die Frucht? Sie entsteht aus dem Glauben, den Jesus schenkt. Es ist gut, wenn Gottes Wort uns unruhig macht und uns kritisch hinterfragt. Aber Jesus lässt uns damit nicht allein zurück. Er macht uns Mut, alles von ihm zu erwarten. Er erklärt das Beten nicht zur Wissenschaft, sondern macht Mut, Großes von ihm zu erbitten.

„Alle Dinge sind möglich dem, der da glaubt." *Markus 9,23*

Macht oder Vollmacht?

Matthäus 21,23-27 **Donnerstag, 5.**

„Zutritt für Unbefugte verboten!" – Jeder kennt diesen Hinweis. Jesus wird auch nach seiner „Befugnis" gefragt. Wer gibt ihm das Recht, zu lehren, zu heilen, zu trösten und zurechtzuweisen? Der Begriff „Vollmacht" hat weitere Bedeutungen: „Autorität", „Recht", „Fähigkeit". Dass Jesus danach gefragt wird, ist durchaus berechtigt. Denn es gibt zu allen Zeiten Menschen, die im Interesse eigener Machtausübung ihr Tun mit frommen Vokabeln verschleiern. Sollten wir da nicht auch vorsichtig sein und sogenannte vollmächtige Auftritte kritisch beäugen? Schade nur, wenn der Falsche unter Verdacht gerät und die wirklich Unbefugten weiter ihr Unwesen treiben. So ist es bei Jesus. Dass er im Auftrag des Höchsten unterwegs ist, wird ihm nicht geglaubt. Doch Gott liefert den Beweis für die Vollmacht Jesu, indem er ihn vom Tod erweckt.

„Jesus antwortete: Mein Reich ist nicht von dieser Welt."
Johannes 18,36

Gesagt. Getan?

Matthäus 21,28-32 **Freitag, 6.**

Jesus legt Wert auf das Hören und Tun. Beides hat seine Zeit. Der Schwerpunkt dieses Gleichnisses liegt auf dem Tun. Offenbar kennt Jesus seine „Pappenheimer" mit der flinken Zunge. Wenn es ernst wird, suchen sie das Weite. Mein Urgroßvater schrieb in sein Tagebuch, dass er sich davor hüte, Versprechen zu geben. Ein weiser Rat. Da erzählt mir jemand seine Not und ist noch gar nicht fertig. Schon höre ich mich versichern: Ich bete für dich! Im Überschwang der Gefühle sagen wir manches zu und können es nicht halten. Manchmal vergessen wir es. Manchmal schreiten wir deshalb nicht zur Tat, weil wir uns übernommen haben. Ein Sprichwort sagt: Wenn man dich freundlich bittet, so lehne freundlich ab. Lieber so, als etwas zu versprechen, was man nicht tut. Was zählt, sind nicht schöne Worte, sondern die Tat.

„Was nennt ihr mich aber Herr, Herr, und tut nicht, was ich euch sage?" *Lukas 6,46*

Was trifft, trifft auch zu

Matthäus 21,33-46 **Samstag, 7.**

Getroffene Hunde bellen. Das trifft auch hier zu. In ein Gleichnis verpackt legt Jesus die Gedanken und Motive derer offen, die an seiner Beseitigung arbeiten. Der Weinberg ist ein Bild für Israel. Der Eigentümer ist Gott. Die Weingärtner sind ein Bild für jene, welche die Macht über Israel ausüben. Die Knechte, die die Ernte abholen sollen, sind Gottes Propheten. Weil sie Missstände aufdecken, keine „Frucht der Buße" finden und im Namen Gottes zur Umkehr rufen, stoßen sie auf massive Ablehnung. Der Sohn, der zuletzt zum Weinberg gesandt wird, ist Jesus selbst. Ihm ergeht es nicht anders als den Propheten vor ihm. Man trachtet ihm nach dem Leben. Wer meint, man entledige sich der Kritik Gottes, wenn man Jesus beseitigt, irrt. Wer sich dagegen an Jesus hält, ist direkt an der Hand Gottes.

„Wer den Sohn hat, der hat das Leben; wer den Sohn Gottes nicht hat, der hat das Leben nicht.“ *1. Johannes 5,12*

Wochenspruch
Dies Gebot haben wir von ihm, dass, wer Gott liebt, dass der auch seinen Bruder liebe. *1. Johannes 4,21*

Kreativ aus Liebe zum Wort Gottes

Psalm 119,1-8 **Sonntag, 8.**

Kunstvoll gestrickt umfasst der Psalm 119 stolze 176 Verse. Er ist damit der längste Psalm und das längste Kapitel in der Bibel. Die 22 Abschnitte entfalten sich entlang des hebräischen Alphabets. Jeder Abschnitt besteht aus acht Versen, die jeweils mit dem gleichen hebräischen Buchstaben beginnen. Im Deutschen ist dies leider nicht wiederzugeben. Ziel dieser aufwendigen Textkomposition ist es, Gottes Wort zu ehren und emporzuheben. So wird in jedem Vers mindestens einmal ein synonymer Begriff wie „Gesetz des HERRN“, „Gebote“, „Ordnungen“ usw. aufgegriffen.
Ich will mich von dieser Liebe zu Gottes Wort anstecken lassen. Vielleicht ist es mal wieder an der Zeit, selbst mit etwas Zeit, Kreativität und beispielsweise einem Pinsel in der Hand diese Liebe auszudrücken.

„Wohl denen, die ohne Tadel leben, die im Gesetz des HERRN wandeln!“ *Psalm 119,1*

Gala ohne Gäste?

Matthäus 22,1-14 **Montag, 9.**

Ein europäisches Königshaus verkündet die Hochzeit des Thronfolgers. Sofort werden alle Vorbereitungen zur Feier getroffen. Die Fahnen und Wimpel zur Dekoration der Straßen werden hervorgeholt, das Konterfei des Paares ist bald omnipräsent, besonders in den Souvenirläden. Doch dann überschlagen sich die Schlag-

zeilen der Klatschblätter. „Die Gala ohne Gäste", „Keine (Hoch-) Zeit für den König?!" usw.
Doch diese skandalöse Geschichte zeigt, der König kommt zum Ziel. Das Fest findet statt und ich bin eingeladen! Und was ziehe ich an? Gott, unser König, liefert in seiner Gnade sogar die passende Kleidung (Hes 16,10-13), ich muss sie nur überstreifen. Wer das missachtet, muss leider draußen bleiben.

„Denn viele sind berufen, aber wenige sind auserwählt."

Matthäus 22,14

Denksport für Pharisäer

Matthäus 22,15-22 **Dienstag, 10.**

Jesus hätte auf die hinterlistige Frage der Pharisäer einfach antworten können: „Zahlt eure Steuern." Ende der Diskussion. Aber er will seinen Zuhörern noch etwas mitgeben. Etwas Höheres, Gewichtigeres als die Erfüllung kaiserlicher Ansprüche. Nämlich die Frage: „Was will Gott?"
Die Pharisäer waren Profis darin, sämtliche religiösen Vorschriften bis in das kleinste Detail einzuhalten. Und doch waren sie auf dem Holzweg (Mt 5,20), weil sie das Evangelium ablehnten.
Ich kann heute ein absoluter Musterbürger sein, meine Steuererklärung fristgerecht und korrekt einreichen, klimaneutral durchs Leben gehen, ein höflicher Nachbar sein, ein fleißiger Arbeitnehmer, liebevoller Partner usw. und doch den Sinn des Lebens verfehlen.
Letztgültige Gerechtigkeit vor Gott hat nur, wer nach seinen Ansprüchen fragt und Jesus als Retter annimmt.

„Da sprach er zu ihnen: So gebt dem Kaiser, was des Kaisers ist, und Gott, was Gottes ist!" *Matthäus 22,21*

Klartext für Sadduzäer

Matthäus 22,23-33 **Mittwoch, 11.**

Auch die Sadduzäer versuchen ihr Glück, Jesus theologisch bloßzustellen. Sie zitieren aus den fünf Büchern Mose, auf die sich die Sadduzäer in ihrer Glaubenspraxis beschränken. Ihr zugespitztes Anwendungsbeispiel der Schwagerehe (5Mo 25,5-10) bei sieben Brüdern verknüpfen sie polemisch mit der Frage nach der Auferstehung. Jesus macht klar, dass die Auferstehung in der Schrift angekündigt ist und durch Gottes Kraft Realität wird. Die Ehe wird im Himmel nicht fortgeführt, was uns nicht traurig stimmen soll. Vielmehr werden wir wie die Engel sein, die die Herrlichkeit Gottes unmittelbar genießen dürfen.

„Was kein Auge gesehen hat und kein Ohr gehört hat und in keines Menschen Herz gekommen ist, was Gott bereitet hat denen, die ihn lieben." *1. Korinther 2,9*

Auf die Liebe kommt es an

Matthäus 22,34-46 **Donnerstag, 12.**

Wer Jesus austricksen will, hat keine Chance. Jesus geht den Fragenden nicht auf den Leim, sondern weist auf das Zentrum unseres Glaubens hin: „Gott lieben". Glauben ist im Kern ein Liebesverhältnis: Gott liebt uns, und wir lieben ihn. Und das total, mit Herz, Seele und Gemüt. Daraus folgt ein entsprechendes Verhalten gegenüber unserem „Nächsten": ihn lieben „wie uns selbst". Wir tun gut daran, das in unserem Alltag zusammenzuhalten, weil es ineinanderverwoben ist. Martin Luther: „Gott spricht: Mensch, ich bin dir zu hoch, du kannst mich nicht begreifen, ich habe mich dir in deinem Nächsten gegeben, den liebe, dann liebst du mich." – Dann dreht Jesus den Spieß um und verwirrt seine Gegner. Jesus hebt ihre Logik aus den Angeln. Wir sehen: Argumente und Diskussionen haben ihre Grenzen. Am Ende geht es um die Liebe zu Gott und zu unseren Nächsten.

„Du sollst den Herrn, deinen Gott, lieben von ganzem Herzen."
Matthäus 22,37

Dienen ist angesagt

Matthäus 23,1-22 **Freitag, 13.**

Jesus feuert eine Breitseite gegen die religiösen Führer seiner Zeit ab. Er hält auch heute allen einen Spiegel vor, bei denen Glauben und Tun, Frömmigkeit und Lebenspraxis auseinanderklaffen. Richtiges behaupten, aber selber nicht beherzigen (V. 4), mit Frömmigkeit beeindrucken (V. 5) und die erste Geige spielen wollen (V. 6f.) – das alles ist uns leider bis zum heutigen Tag nicht fremd. Wer sich selbst ein wenig kennt und ehrlich zu sich ist, wird hier zustimmen müssen. „Narren und Blinde" seid ihr (V. 17), urteilt Jesus. Sich selbst zu „erhöhen" (V. 12) führt ins Verderben. In der Spur von Jesus ist vielmehr „Dienen" angesagt. Was kann ich für die Menschen in meiner Umgebung tun? Was haben sie nötig? So zu denken und dann entsprechend zu handeln, richtet unser Leben im Sinn von Jesus aus. Wenn wir mit ihm rechnen, werden wir kaum noch Gelegenheiten finden, uns in den Vordergrund zu spielen.

„Der Größte unter euch soll euer Diener sein." *Matthäus 23,11*

Verschmähte Liebe tut weh

Matthäus 23,23-39 **Samstag, 14.**

Jesus scheint regelrecht der Kragen zu platzen, wenn er das Verhalten der religiösen Führer seiner Zeit betrachtet. Sie sind blind (V. 26) und haben die Maßstäbe für das verloren, was wichtig ist und was nur Nebensache (V. 23). Deshalb redet Jesus Klartext und schont die fromme Elite nicht. Doch hinter seinen harten Worten steckt lauter Liebe: Wie oft hat er die Menschen („Kinder") gesucht und „sammeln" wollen, so wie eine Henne ihre Küken. Doch die, die er gerufen und eingeladen hat, haben „nicht gewollt" (V. 37). Das geht Jesus durch und durch. Denn nichts tut mehr weh als Liebe, die verschmäht wird. Doch es wird ernste Folgen geben. Gott bewahre uns heute davor, von anderen zu erwarten, was wir selber nicht tun. Unser Glaube und unsere Lebensführung sollen

Hand in Hand gehen, sodass daraus „Recht, Barmherzigkeit und Glauben“ (V. 23) erwachsen können.

„Wie oft habe ich deine Kinder versammeln wollen (...); und ihr habt nicht gewollt!“ *Matthäus 23,37*

Wochenspruch

Heile du mich, HERR, so werde ich heil; hilf du mir, so ist mir geholfen. *Jeremia 17,14*

Gottes Worte speichern

Psalm 119,9-16 **Sonntag, 15.**

Was für den „jungen Mann“ zutrifft, gilt für alle Altersstufen in gleicher Weise. Es gilt, die „Weisung“ Gottes (Tora) innerlich aufzunehmen. Sie lediglich zu hören und zur Kenntnis zu nehmen, genügt nicht. Weil Gottes Gebote lebensdienlich sind, wollen sie „im Herzen“ gespeichert sein. Dann zirkulieren sie in uns und prägen uns in Gottes Sinn. Das löst Freude aus, denn diese Worte erweisen sich als derart kostbar, dass sie jedes Maß an Reichtum übersteigen (V. 14). Außerdem wird der, der die göttlichen Weisungen „beherzigt“, vor Sünde bewahrt. Das soll uns ermuntern, die biblischen Worte nicht nur zu hören oder zu lesen, sondern auch möglichst viele davon auswendig zu lernen. Wir legen uns damit einen guten Vorrat an, der sich gerade in düsteren Stunden als ein kostbarer Schatz erweist. Fangen wir doch heute damit an!

„Maria aber behielt alle diese Worte und bewegte sie in ihrem Herzen.“ *Lukas 2,19*

Der Brief des Jakobus

„Es gibt nichts Gutes, außer man tut es", sagte einst Erich Kästner. Jesus sagte: „Und wer diese meine Rede hört und tut sie nicht, der gleicht einem törichten Mann, der sein Haus auf Sand baute" (Mt 7,26). Jakobus, der leibliche Bruder von Jesus, der die Gemeinde in Jerusalem leitete, schreibt: „Seid aber Täter des Worts und nicht Hörer allein; sonst betrügt ihr euch selbst" (1,22). Er ruft eine lau gewordene Christenheit (= zwölf Stämme in der Zerstreuung; 1,1) zum Handeln aus ihrem Glauben auf.

Der Brief ist kein Brief im engeren Sinn, sondern eine ermahnende Lehrschrift mit brieflicher Einleitung, eine Sammlung von Weisheitssprüchen und Aufrufen zu tätigem Glauben. Ein klarer Gedankengang fehlt – Jakobus schreibt wie ein Weisheitslehrer (vgl. Einführung zum Buch der Sprüche, S. 87): Die 108 Verse enthalten 54 Imperative. Gottes Heilshandeln wird nicht erwähnt, der Name Jesus Christus kommt nur zweimal vor (1,1; 2,1), seine Botschaft ist aber vorausgesetzt. Viele Mahnungen erinnern an die Seligpreisungen und Weisungen der Bergpredigt.

Wenn Jakobus mit vielen ganz praktischen Hinweisen dazu auffordert, seinen Glauben zur Tat werden zu lassen, dann kämpft er damit nicht gegen Paulus, wie oft gemeint, sondern gegen einen missverstandenen Paulus. Er warnt vor „billiger Gnade" (D. Bonhoeffer) und einem Glauben ohne Folgen. Martin Luther beschreibt das Verhältnis von Glauben und Werken so: „Der Glaube rechtfertigt ganz ohne Werke, ist aber nicht ohne Werke." Jakobus greift nicht die paulinische Rechtfertigungslehre an, sondern ein Überzeugungschristentum ohne praktische Konsequenzen, eine tote Rechtgläubigkeit, ein lahmes Gewohnheitschristentum.

Bei den praktischen Konsequenzen des Glaubens setzt er folgende Akzente: eintreten für die Armen (2,1-13), Anklage gegen die Reichen ohne soziale Verantwortung (5,1-6), Hinweis auf die Macht der Zunge (3,1ff.), Warnung vor übler Nachrede und falschem Sicherheitsdenken (4,11-16). Es gibt also ganz praktische Dinge zu entdecken – und umzusetzen ...

Die stroherne Epistel

Jakobus 1,1-12 **Montag, 16.**

Vor 500 Jahren bezeichnete Martin Luther den Jakobusbrief als „stroherne Epistel ohne evangelischen Charakter". Der Reformator stellte ihn darum bewusst ans Ende des Neuen Testaments. Damit steht er weit weg vom Römerbrief, in dem Luther seine bahnbrechende Entdeckung gemacht hat: Gerechtigkeit vor Gott ist ein Geschenk und nicht durch Werke zu verdienen. Wir empfangen sie durch Glauben allein. Im Jakobusbrief sah Luther im Gegensatz dazu eine starke Betonung der Werke. Auf den ersten Blick ist das auch in den ersten Versen zu entdecken: Zweifelnde (V. 8) und Reiche (V. 11) gelten als unbeständig. Auf den zweiten Blick meint Jakobus damit: Wenn wir im Glauben an Gott verankert sind, dann gibt es keine halben Sachen in unserem Denken und Handeln. Der Glaube geht nur ganz oder gar nicht.

„So gibt es nun keine Verdammnis für die, die in Christus Jesus sind."
Römer 8,1

Hoffnung in der Hoffnungslosigkeit

Jakobus 1,13-18 **Dienstag, 17.**

Erbschaftsstreit. Krebs. Spielsucht. Depression. Warum gibt es das Böse in der Welt, das uns verzweifeln lässt? Warum lässt Gott Leid zu, das uns jede Hoffnung raubt? Viele Theologen und Theologinnen haben versucht, diese unlösbaren Fragen zu beantworten. Die heutigen Verse versuchen, Antwort zu geben: Mit „meine Lieben" (V. 16) spricht der Schreiber uns liebevoll und als Verbündeter an. Auch er kennt die Fragen wegen des Unglücks in der Welt. Auch er hat keine endgültigen oder einfachen Lösungen angesichts des Leids. Zugleich glaubt er fest daran, dass nicht Gott Ursprung des Bösen ist, sondern Ursprung des Guten (V. 17). Das schenkt Hoffnung in der Hoffnungslosigkeit. Vielleicht können wir heute an drei Dinge oder Erlebnisse denken, bei denen wir Gott als Ursprung des Guten in der letzten Zeit erfahren haben?

„Ich hebe meine Augen auf zu den Bergen. Woher kommt mir Hilfe?“
Psalm 121,1

Schweigen und Reden wie Gold

Jakobus 1,19-27 **Mittwoch, 18.**

„Reden ist Silber – Schweigen ist Gold“ – danach klingt V. 19. Das bekannte Sprichwort hielt erst im 18. Jahrhundert Einzug in den deutschen Sprachraum. Ursprünge dieses Satzes finden sich wahrscheinlich im arabischen Raum. Dort ist es in bestimmten Situationen angemessen, sich lieber leise zu verhalten und seine Schritte zu dämpfen. Denn Lärm von sich zu geben ist nicht so rein wie das geläuterte Gold der Stille. Aus unserer Lebenserfahrung wissen wir zugleich auch, dass Schweigen nicht immer goldrichtig ist: Zivilcourage oder eigene Bedürfnisse bleiben sonst auf der Strecke. Wir dürfen ruhig auch etwas mit Bedacht äußern (V. 22). Wie wäre es, heute auf die eigenen Worte und das eigene Schweigen zu achten, sodass unsere Alltagskommunikation so wertvoll wie geläutertes Gold wird?

„Trachtet zuerst nach dem Reich Gottes und nach seiner Gerechtigkeit, so wird euch das alles zufallen.“ *Matthäus 6,33*

Der Unterschied zwischen arm und reich

Jakobus 2,1-13 **Donnerstag, 19.**

Eines Tages kommt ein Mann zum Rabbi: „Es ist komisch: Gehe ich zu einem Armen, ist er nett, hilfsbereit und lädt mich zum Essen ein. Gehe ich zu einem Reichen, sieht er mich nicht an. Warum ist das so?“ Der Rabbi überlegt und tritt ans Fenster: „Komm her, schau hinaus und sag mir, was du siehst!“ Der Mann kommt irritiert ans Fenster: „Was soll ich schon sehen? Ich sehe eine Frau mit ihrem Kind auf dem Arm. Und einen Mann, der einen schweren Wagen zieht." Der Rabbi nickt und fordert den Mann auf, sich vor den Wandspiegel zu stellen: „Was siehst du nun?" Der Mann tritt vor den Spiegel: „Was soll ich schon sehen? Mich selbst natürlich!" – „So ist das mit dem Geld", sagt der Rabbi. „Das Fenster ist aus Glas und der Spiegel ist aus Glas. Legt man nur ein wenig Silber dahinter, sieht man nur noch sich selbst."

„Und dies Gebot haben wir von ihm, dass, wer Gott liebt, dass der auch seinen Bruder liebe." *1. Johannes 4,21*

Lebendiger Glaube bewährt sich durch gute Taten

Jakobus 2,14-26 **Freitag, 20.**

Kann man sich den Himmel irgendwie doch verdienen? Wer hochtheologisch einsteigen will, kann eine Debatte darüber entfachen. Glaube oder Werkgerechtigkeit – ein spannendes, abendfüllendes Thema! Nur: Stellt Jakobus an dieser Stelle wirklich diese alles entscheidende Heilsfrage? Jakobus plädiert dafür, Glaube und gute Werke nicht gegeneinander auszuspielen. Im Gegenteil: Der Glaube und die Werke sind aufeinander bezogen. Das eine bleibt ohne das andere schal und leer. Die Fülle des Lebens wird durch konkretes Handeln zum Wohl des oder der Nächsten sichtbar und speist sich aus dem lebendigen Glauben an Gott. Beispiele für dieses Zusammenwirken finden sich in der Bibel genug. Gute Taten ohne einen Bezug zum Glauben an Gott? Für Jakobus so nicht denkbar.

„Da siehst du, dass der Glaube zusammengewirkt hat mit seinen Werken, und durch die Werke ist der Glaube vollkommen geworden."
Jakobus 2,22

Hintergrund: Glaube und Werke

Was ist es nun letztendlich, was uns in den Himmel bringt, der Glaube, die Werke oder eine Kombination aus beidem? Die evangelische Antwort ist, dass Gott uns rechtfertigt aus Gnade (*sola gratia*) um des Kreuzesopfers Christi willen. Er rechnet uns Christi Gerechtigkeit an, und die empfangen wir durch den Glauben (*sola fide*). Was uns rechtfertigt, ist allein das Blut Christi, nicht Christus plus irgendetwas anderes. Aber was ist mit den Werken, also unseren Taten als Christen? Was machen wir mit dem Jakobusbrief? Wir können nicht einfach „mit dem Jeckel den Ofen heizen", was auch Luther schließlich nicht getan hat. Tatsächlich war Doktor Martinus gar nicht so weit von Jakobus' Position entfernt. Der Glaube rechtfertigt bei ihm ganz ohne Werke, aber echter Glaube ist nicht ohne die Werke. Das Evangelium von der freien Gnade richtet sich an Leute, für die es selbstverständlich ist, dass sie nach Gottes Maßstäben leben wollen. Das Handeln für den Nächsten ist weiterhin gefordert, aber unsere Seligkeit hängt allein an dem, was Jesus getan hat, nicht an unserer Leistung. Die Konkordienformel (die abschließende lutherische Bekenntnisschrift) geht in Artikel 4 davon aus, dass aus einem lebendigen Glauben auch Werke folgen, und verurteilt dann zwei Sätze: Zum einen ist es falsch, zu behaupten, die guten Werke seien notwendig zur Seligkeit. Und zum anderen ist es ebenso falsch, zu sagen, gute Werke seien schädlich zur Seligkeit. Wir sind wirklich frei, aber diese Freiheit ist für Luther nicht nur eine Freiheit vom geistlichen Leistungsdruck, sondern auch für unsere Hilfe für den Nächsten. Unser Glaube ist für Gott, unsere Werke sind für den Nächsten. Er schreibt: „Ein Christenmensch ist ein freier Herr über alle Dinge und niemand untertan. Ein Christenmensch ist ein dienstbarer Knecht aller Dinge und jedermann untertan." (JK)

Verbale Selbstbeherrschung

Jakobus 3,1-12 Samstag, **21.**

Beides geht nicht: Gott preisen und zugleich die Mitmenschen auf alle erdenkliche Weise fertigmachen. So wie eine salzige Quelle kein süßes Wasser geben kann. Kritisiert wird die Leichtfertigkeit, mit der man oft sehr viel schneller abfällige Bemerkungen über andere Menschen macht, als man es selbst will. Wir erkennen: Ich selbst bestimme die Art und Weise, wie ich mit anderen rede. Die Erfahrung, wie unbedacht geäußerte Worte von einem Menschen in Richtung eines anderen kränkend und verletzend sein können, steht für die Mahnungen des Apostels Pate. Wer sich dabei ertappt, denkt dann: „Hätte ich das bloß nicht gesagt!" Kaum jemand ist vor dieser Verfehlung gefeit. Mit dem Bild, wie Pferde von Menschen gezähmt werden können, macht Jakobus Mut, sich in verbaler Selbstbeherrschung einzuüben.

„Trachte nicht nach Bösem gegen deinen Nächsten, der arglos bei dir wohnt." *Sprüche 3,29*

Wochenspruch

Es ist dir gesagt, Mensch, was gut ist und was der HERR von dir fordert, nämlich Gottes Wort halten und Liebe üben und demütig sein vor deinem Gott. *Micha 6,8*

Ein Erkenntnisgewinn

Psalm 119,17-24 Sonntag, **22.**

Der junge Mann, gerade mal zwölf Jahre alt, freut sich! Endlich kommt es zum Gespräch mit im Glauben erfahrenen Menschen. Er kennt sich aus: Abraham und Sara, Isaak, Rebekka, Jakob, Rahel, Josef und seine Brüder, Mose, Aaron, Mirjam, Bileam und sein Esel. Es ist, als wären diese Personen seine eigenen, nur inzwischen verstorbenen Angehörigen. Es entwickelt sich ein Gespräch im Bibelkreis darüber. Der junge Mann erfährt, dass diese Geschichten nicht nur längst vergangene Abenteuer sind, sondern Gottes Weisung enthalten. Als Mahnung und Verheißung. Als Gottes gute Ordnungen für das eigene Leben im Glauben. Die Alten reden vom Nachsinnen darüber und von Sehnsucht nach andauernder Orientierung an den Weisungen Gottes. Da kommt er aus dem Fragen nicht heraus. Die Alten schmunzeln und geben bereitwillig Auskunft.

„Öffne mir die Augen, dass ich sehe die Wunder an deinem Gesetz."
Psalm 119,18

Gelingendes Leben, wenn möglich, bitte

Jakobus 3,13-18 **Montag, 23.**

Sie hatten sich gestritten – Vater und Sohn; und zwar heftig. Jahrzehntelang gab es keine Aussprache, geschweige denn eine Versöhnung. Auch dann nicht, als der sterbende Vater im Hospiz lag und voller Sehnsucht nach seinem Sohn rief, um sich auszusprechen. Der verbitterte Sohn kam nicht. Es gab keine Einsicht, sondern Verhärtung bis über den Tod hinaus. Der Streit verhinderte ein für beide Seiten gelingendes Leben. Ein gelingendes Leben führen, mit Überzeugung und Einsicht – wer wollte das nicht? Daher bedarf es der Weisheit als Einsicht darüber, was dem Frieden dient. Gott schenkt sie – davon ist Jakobus überzeugt. Dazu gehört, dass man sich etwas sagen lässt. In Bezug auf die eigene Frömmigkeit, auf den eigenen Lebenswandel und in der Beziehung zu anderen Menschen. Und zur Einsicht gehört das kluge Handeln.

„Darum lasst uns dem nachstreben, was zum Frieden dient und zur Erbauung untereinander." *Römer 14,19*

Scheinheiligkeit als Problem

Jakobus 4,1-12 **Dienstag, 24.**

„Du Pharisäer!" Das Wort hat im Deutschen einen schlechten Beigeschmack. Scheinheilig zu sein heißt ja, nur so zu tun „als ob". Fromme Lippenbekenntnisse einerseits und doch den eigenen

Vorteil suchen. Schlimm genug, wenn es so ist! Im Umfeld des Glaubens ist eine Spielart der Scheinheiligkeit, kleinlich und knickerig zu sein, eine engherzige Frömmigkeit oder einen übertriebenen Glaubenseifer an den Tag zu legen. Eine peinlich genaue Ausübung von frommen Überzeugungen wird eingefordert, andere werden unter Druck gesetzt, sich selbst gewährt man großzügig Freiheiten. Wer will da entscheiden, was scheinheilig ist oder nicht? Gerät das Urteil darüber nicht schnell zur Verleumdung? Jakobus rät zur Demut. Von und vor Gott erlangt man Gnade – diese wird im Gebet erbeten. Daraus folgt ein verändertes Verhalten.

„Der HERR ist nahe allen, die ihn anrufen, allen, die ihn mit Ernst anrufen.“ *Psalm 145,18*

Was nicht nur Geschäftsleute sagen sollten …

Jakobus 4,13-17 **Mittwoch, 25.**

Planungssicherheit ist wichtig im Handel und in der Ökonomie. Nur so kann solide gewirtschaftet werden. Im Betrieb muss vernünftig geplant werden, um Ressourcen zu schonen – heutzutage sind die Klimabilanz und der ökologische Fußabdruck mit zu bedenken. Im Alltag ebenso: Beruf und Familie, Urlaub, Freizeit, Homeoffice oder Anwesenheit in der Firma wollen in einen sinnvollen Einklang gebracht werden. Das ist gut, verantwortlich gehandelt und richtig und soll niemandem aus angeblich frommen Gründen madig gemacht werden. Es kann trotzdem bei allen langfristigen Planungen etwas dazwischenkommen. Dies ist bei aller Zuversicht, dass das Geplante sich umsetzen lässt, mit im Blick zu behalten – dazu regt der Satz: „So Gott will und wir leben“ an. Diese wichtige Perspektive ruft uns Jakobus in Erinnerung.

„Des Menschen Herz erdenkt sich seinen Weg; aber der HERR allein lenkt seinen Schritt.“ *Sprüche 16,9*

Achtung vor grober Selbsttäuschung!

Jakobus 5,1-6 **Donnerstag, 26.**

Ist es schlimm, über genügend Geld für das Leben zu verfügen? Nein. Darf man als Christ reich sein? Ja. Manche begüterten Menschen tun mit ihrem Geld und durch großzügige Spenden sehr viel Gutes. Wo Krankheiten wie beispielsweise Malaria oder Aids das Leben von Menschen beschweren, können Medikamente erforscht, hergestellt, besorgt und angewandt werden. Gewarnt wird vor der groben Selbsttäuschung, wie sie der reiche Kornbauer (Lk 16,19) an den Tag legt: „Nun hat die liebe Seele Ruh!" Der Satz ist sprichwörtlich geworden. Der Mann hat sein Herz ausschließlich an seinen Wohlstand gehängt und sich darauf verlassen. Wir lesen nichts davon, dass er mit seinem Reichtum irgendjemandem geholfen hätte – das müssen wir dabei mitdenken. Das ist Unrecht vor Gott und wird deswegen als Sünde gekennzeichnet.

„Wer nun weiß, Gutes zu tun, und tut's nicht, dem ist's Sünde."

Jakobus 4,17

Geduld ist eine Tugend

Jakobus 5,7-12 **Freitag, 27.**

Eine herausfordernde Zeit und schwierige Wartezeit auszuhalten oder zu tolerieren, was einem ganz und gar nicht gefällt, erfordert Geduld. Das ist nicht einfach, machen wir uns nichts vor. Geduld ist eine wünschenswerte, wertvolle und lobenswerte Eigenschaft. Man kann um Geduld beten. Hiobs Geduld und die damit einhergehende Standfestigkeit im Glauben an Gott sind als „Hiobsgeduld" sprichwörtlich geworden. Es bedeutet, am Ende alles Handeln Gott zu überlassen. Sicher heißt das nicht, untätig zu sein oder tatenlos zu bleiben. Ein Landwirt tut das auch nicht. Er ackert, pflügt und sät und darf dann gespannt abwarten, was aus der Arbeit werden wird. Er hofft auf Ernte. Genau darum geht es bei dem Beispiel von Hiob: Was Gott aus einer Angelegenheit werden lässt, wird gut.

„Ich aber bete, HERR, zu dir zur Zeit der Gnade; Gott, nach deiner großen Güte erhöre mich mit deiner treuen Hilfe.“ *Psalm 69,14*

Das Gebet für die. Kranken

Jakobus 5,13-20 **Samstag, 28.**

Die Worte Gebet und Beten bestimmen diesen Text. Das Gebet des Glaubens hat drei Verheißungen: Es wird dem Kranken helfen, es wird ihn aufrichten, und wenn er Sünden getan hat, werden sie ihm vergeben. „Des Gerechten Gebet vermag viel, wenn es ernstlich ist.“ – Ich selbst habe Vergebung von Sünde und Heilung von einer schweren Krankheit erlebt, als ich Sünden bekannte und Buße tat. Jesus hat gezeigt, dass er beides kann, Sünden vergeben und von Krankheiten heilen (vgl. Mk 2,1-9). Wir dürfen wissen, dass Krankheit keine Strafe für Sünde ist. Krankheit und Tod gehören zur gefallenen Schöpfung. Dennoch dürfen wir Psalmen singen und Gott preisen, nicht nur wenn es uns gut geht.

„Damit ihr aber wisst, dass der Menschensohn Macht hat, auf Erden Sünden zu vergeben – sprach er zu dem Gelähmten: Steh auf, hebe dein Bett auf und geh heim!“ *Matthäus 9,6*

Wochenspruch

Lass dich nicht vom Bösen überwinden, sondern überwinde das Böse mit Gutem. *Römer 12,21*

Die Himmel erzählen die Ehre Gottes

Psalm 19 **Sonntag, 29.**

Joseph Haydn hat in seinem geistlichen Oratorium „Die Schöpfung“ dem Psalm 19 ein musikalisches Denkmal gesetzt. David geht es aber nicht nur um die Vollkommenheit der Schöpfung, die uns die Herrlichkeit Gottes eröffnet. Da ist die Rede von dem Gesetz, von dem Zeugnis, von den Befehlen, den Geboten, der Furcht und den Rechten (Gerichten) des Herrn. Alles zusammen malt uns Gott in all seinen Facetten vor Augen. Wir erkennen unseren Stand in dem Schöpfungswerk Gottes. Wir sind nichts anderes als Sünder, die in großer Gefahr stehen, von Gott abzufallen. *„Wer kann merken, wie oft er fehlet? Verzeihe mir die verborgenen Sünden!"* (V. 13). So endet der so furios beginnende Text als Bußpsalm, mit der Bitte um Bewahrung.

„Bewahre auch deinen Knecht vor den Stolzen, dass sie nicht über mich herrschen; so werde ich ohne Tadel sein und unschuldig bleiben von großer Missetat." *Psalm 19,14*

Das Buch Hiob

„Gott, der Schöpfer und Erhalter des Himmels und der Erden, hatte sich, indem er die Gerechten mit den Ungerechten gleichem Verderben preisgab, keineswegs väterlich bewiesen" – so stellte Johann Wolfgang von Goethe angesichts des verheerenden Erdbebens von Lissabon fest, dem im Jahr 1755 ca. 100 000 Menschen zum Opfer fielen. Und warum wurden die Kathedralen und Kirchen zerstört, während die berüchtigten Vergnügungsviertel mit ihren Bordellen unbeschadet blieben, wenn Gott die Bösen straft und die Guten segnet? Und wie konnte ein liebender Gott so etwas überhaupt tun oder auch nur zulassen?

Diese Fragen erschütterten damals die Geisteswelt Europas. Wo ist Gott, wenn Unschuldige leiden? Was ist überhaupt die Ursache des Leides? Und sie sind zeitlos.

In der Weisheit des Alten Testaments (vgl. Einleitung zu den Sprüchen, S. 87) gibt es einen Zusammenhang zwischen Tat und Folge, Tun und Ergehen. Verabsolutiert man diese grundsätzlich ja nicht falsche Erkenntnis, kann man zu dem Schluss kommen: Wer leidet, muss vorher gesündigt haben. Aber auch umgekehrt: Der Mensch dient Gott, damit es ihm gut geht.

Im Hiobbuch ist es interessanterweise der Satan, der diese ent-

scheidende Frage an Gott stellt: „Meinst du, dass Hiob Gott umsonst fürchtet?“ (1,9).
In diesem in weiten Teilen in poetischer Sprache verfassten Buch wird diese Frage in ausgiebigen Reden diskutiert. Die einfache Sicht vom belohnenden und strafenden Gott und der Tun-Ergehen-Zusammenhang werden gründlich auf die Probe gestellt.
Der Verfasser des Buchs ist unbekannt, sein Name leitet sich von der Hauptperson her. Auch das genaue Alter oder die Entstehungshintergründe lassen sich nur schwer bestimmen. Im biblischen Kanon wird das Buch der Weisheitsliteratur zugeordnet.
Das Buch gliedert sich in eine Rahmenerzählung (1–2+42), drei Wechselreden zwischen Hiob und seinen Freunden (4–23), eine Sammlung von Klagen und Anklagen Hiobs (3+29–31), die Rede des Elihu (32–37) und zuletzt in zwei Gottesreden (38–41).
Besonders die Himmelsszenen in den ersten beiden Kapiteln werfen Fragen auf, auf die es keine einfachen Antworten gibt: Warum lässt sich Gott auf so einen Deal mit dem Satan ein? Warum befindet sich der Satan überhaupt in Gottes Gegenwart?
Es lohnt sich, die im Buch Hiob aufgeworfenen Fragen zuzulassen und zu durchdenken, auch wenn die Antworten vielleicht nicht immer gegeben werden – oder aber anders ausfallen, als wir erwarten würden.

Da geht nichts an Gott vorbei

Hiob 1,1-12 **Montag, 30.**

Wenn es uns gut geht, dann lieben wir Gott, beachten seine Gebote, meiden die Sünde und sind Gott für alles sehr dankbar. Dann kommen schlechte Tage mit Diagnosen, die uns den Boden unter den Füßen wegreißen. Als meine Frau zur Welt kam, wurde ihr beim Abnabeln ein Bazillus übertragen, der lebensbedrohlich war. Ein Bazillus, den die Hebamme übertrug, weil sie krank zum Dienst erschien. Gesund geboren und doch ein Leben lang beeinträchtigt, weil der Bazillus die Knochen angegriffen hatte. Die Mutter haderte mit Gott. Hätte er nicht aufpassen können? Im

Traum wurde ihr klar, der Bazillus musste an Gott vorbei. Im heutigen Text wird es sehr deutlich. Gott lässt Dinge zu, aber er hilft auch. Meine Frau konnte trotz Einschränkungen, ohne bitter zu werden, ihr Leben als Ehefrau und Mutter im Dienst für Gott führen.

„Aber in dem allen überwinden wir weit durch den, der uns geliebt hat." *Römer 8,37*

Eine Hiobsbotschaft

Hiob 1,13-22 **Reformationstag. 31.**

Die Redewendung „Hiobsbotschaft" kennt jeder. Nicht alle wissen, dass sie aus der Bibel, aus unserem Abschnitt stammt. Hiob glaubte an Gott und war ihm in allen Dingen gehorsam. Obwohl er sehr reich war, war er doch tief im Glauben verwurzelt und demütig. Gott vertraute Hiob. Er vertraute ihm so sehr, dass er Satan erlaubte, ihn auf die Probe zu stellen. Und dann kam eine Hiobsbotschaft nach der anderen. Alles, was er besaß, wurde geraubt und alle seine Kinder kamen ums Leben. Genug Hiobsbotschaften für ein ganzes Leben. Schlimmer kann es nicht kommen. Wenn wir das Buch Hiob weiterlesen, werden wir feststellen: Es kam noch schlimmer. Gott traut seinem „Knecht Hiob" einiges zu. Aber sein Ziel mit Hiob steht fest. Der Glaube überwindet alles Leid.

„Selig ist, wer Anfechtung erduldet; denn nachdem er bewährt ist, wird er die Krone des Lebens empfangen, die Gott verheißen hat denen, die ihn lieb haben." *Jakobus 1,12*

Monatsspruch November

Er allein breitet den Himmel aus und geht auf den Wogen des Meers. Er macht den Großen Wagen am Himmel und den Orion und das Siebengestirn und die Sterne des Südens.

Hiob 9,8-9

Das große Schweigen

Hiob 2,1-13 **Mittwoch, 1.**

In unserer Gemeinde hat ein Konfirmand Selbstmord begangen. Nun müssen wir den beerdigen, den wir gerade erst konfirmiert haben. Unser Entsetzen ist unaussprechlich. Die Trauergespräche sind eigentlich gar keine Gespräche. Die Erstarrung ist so groß, dass alle nur noch verstummen. Wir finden keine Worte für diese erschütternde Tat.
Genauso geht es den Freunden von Hiob. Sie besuchen ihn, um ihn zu beklagen und zu trösten. Als sie seinen entstellten Körper sehen, weinen sie laut und zeigen ihre Ohnmacht und Verzweiflung, indem sie ihre Kleider zerreißen. Dann setzen sie sich zu ihm auf die Erde und schweigen.
Es gibt einen Schmerz, der so groß ist, dass die einzig angemessene Reaktion das mitfühlende Schweigen ist. Dieses respektvolle Schweigen ist schon der Beginn des Trostes.

„(...) und redeten nichts mit ihm; denn sie sahen, dass der Schmerz sehr groß war." Hiob 2,13

Todessehnsucht

Hiob 3,1-26 **Donnerstag, 2.**

Nachdem Hiob mit seinen Freunden lange über sein Leid geschwiegen hat, fängt er endlich an zu sprechen. Er verflucht den Tag seiner Geburt und wünscht, er wäre nie geboren. Er ahnt wohl, dass er jetzt genug Kraft gesammelt hat, um sich seiner Trauerarbeit zu stellen. Dieser mühseligen, langwierigen Arbeit wollen die meisten von uns gerne ausweichen. Wie soll das auch gehen: selber krank von Kopf bis Fuß und trotzdem sich auseinandersetzen mit den erlittenen Verlusten?
Das eigene Leben kann so entsetzlich schwer werden, dass man den Tod dem Leben vorzieht. Es gibt erschütternde Berichte von KZ-Häftlingen, die sich lieber selbst umbrachten, indem sie nachts in die elektrischen Zäune liefen, als dass sie Kraft fanden, das Lagerleben auszuhalten. Sie wünschten sich wie Hiob einfach

Ruhe vor dem, was sie tagtäglich quälte. Manchmal können wir die Erfahrung des Mittelalters verstehen: Mitten im Leben sind wir vom Tode umgeben. Und doch gilt seit Jesus auch das andere: Mitten im Tode sind wir vom Leben umgeben.

„Dann läge ich da und wäre still, dann schliefe ich und hätte Ruhe."
Hiob 3,13

Eigener Schmerz und fremder Schmerz

Hiob 4,1-21 **Freitag, 3.**

Von der schweizerischen Ärztin und Sterbeforscherin Kübler-Ross wird berichtet, dass sie einen ganz schweren und langwierigen Sterbeprozess hatte, der fast sieben Jahre dauerte. Sie, die „Interviews mit Sterbenden" geführt hatte und diese fürsorglich und einfühlsam begleiten konnte, starb selbst einsam, verbittert und genau so, wie sie es für ihre Patienten nicht vorgesehen hatte. Genau diesen Punkt spricht nun der Freund gegenüber Hiob an. Er sagt mit anderen Worten: „Anderen hast du auf vielfältige Weise geholfen, hast viele seelsorgerliche Gespräche geführt, hast labile und ängstliche Menschen ermutigt und gestärkt. Aber jetzt, wo es dich trifft, bist du überrascht und willst aufgeben."
Es ist ein großer Unterschied, ob man anderen in ihrem Leid beisteht oder ob man selbst leidet. Trauer ist sehr viel dissonanter, ungeordneter und hässlicher, als man es sich ausdenken kann. Aber auch diese Nacht hat einen Morgen.

„(...) und nun es dich trifft, erschrickst du!" *Hiob 4,5*

Gute Prognose

Hiob 5,17-27 **Samstag, 4.**

Als meine kleine Tochter und ich zur selben Zeit chronisch krank wurden, waren unsere medizinischen Prognosen schlecht. Ich malte mir unsere Zukunft in düsteren Farben aus. Belastende Bilder standen vor meiner Seele und ich konnte mir nicht vorstellen,

dass wir je wieder glücklich würden. In einer solchen Situation braucht man weise Menschen, die hoffnungsvoller in die Zukunft sehen als man selbst.
Elifas schafft es, Hiob ein heilvolles Zukunftsbild vor Augen zu malen. Gott verbindet wie ein Arzt Wunden und heilt, was zerschlagen ist. Aber Elifas' Weisheit hat ihre Grenzen. Er erkennt nicht, dass Hiob wirklich unschuldig leidet. Konkretes Leid ist nicht einfach die Strafe für eine Sünde.

„(...) und du wirst erfahren, dass deine Hütte Frieden hat." Hiob 5,24

Wochenspruch
Bei dir ist die Vergebung, dass man dich fürchte. Psalm 130,4

Das Ende (!?)

Psalm 22,1-22 **Sonntag, 5.**

Verlassen von Gott. So richtig. Tiefer geht's nicht. Gott war immer die letzte Hoffnung. So hat David es gelernt und auch selbst erlebt. Doch nun scheint das alles vorbei. Er fühlt sich wie ein „Wurm", den keiner ernst nimmt. Höhnisch vertrösten ihn die anderen auf Gott. Sollte der ihn zuletzt auch im Stich lassen? Jesus zitiert diesen Psalm am Kreuz. Der himmlische Vater war seine Hoffnung. Bis zum grausamen Ende. Mit einer unfassbaren Wendung!
Haben wir uns nicht auch schon von Menschen verlassen gefühlt? Oder ausgenutzt? Ohne jede Hoffnung auf Hilfe? Manchmal zieht es sich lange hin. Entsetzlich lange. Doch Golgatha beweist: „Als ich am Ende war, da sagtest du mir, dass das, was mir das Ende schien, der Anfang sei bei dir" (M. Siebald).

„Hilf mir aus dem Rachen des Löwen / und vor den Hörnern der wilden Stiere – du hast mich erhört!" Psalm 22,22

Guter Rat ist teuer!

Hiob 6,1-10.24-30 **Montag, 6.**

Hiob – für viele ein schwer verständliches Buch. Zu Recht. Denn so oft bleibt Leid unverstanden. Besonders, wenn man sich keiner Schuld bewusst ist. Und wer ist schon in der Lage, wirklich mit anderen mitzuleiden? Denn so schnell werden wir zum blinden Moralapostel. Obwohl wir es doch gut meinen. Dabei setzen wir dem Leid oft nur den Deckel drauf. Wie die Freunde von Hiob. Zunächst schweigen sie mit ihm (Kap. 2,13). Damit handeln sie noch richtig. Doch dann kommen Ursachenforschung und Ratschläge. Hiob fühlt sich alleingelassen. Denn er wünscht sich Mitleid (Kap. 6,14). Vielleicht dachten die Freunde, mit der Woche Schweigen sei das schon getan.
Wir merken: Guter Rat ist teuer. In Zeiten der Not sogar unbezahlbar. Denn das Patentrezept gibt es nicht. Wer braucht heute mein Mitleid und mein Aushalten?

„Hilf mir, Gott, durch deinen Namen und schaffe mir Recht durch deine Kraft.“ *Psalm 54,3*

Noch schlimmer!

Hiob 7,7-21 **Dienstag, 7.**

Wenn kein Mensch zu helfen vermag, kann einen das tief in die Verzweiflung stürzen.
Doch wenn auch Gott nicht helfen kann? Oder sogar nicht will? Ja, wenn er zum schlimmsten Feind geworden ist? Was bleibt dann noch? Müsste man dann in seinem Elend noch vor der letzten Zuflucht fliehen? Dann wird der Tod zur Hoffnung. Und genau den ersehnt Hiob (V. 15+16). Durch sein Elend erscheint ihm Gott als das größte Unheil von allen. In seiner Verzweiflung sehnte Hiob den Tod herbei. Haben Sie einen solchen Moment schon mal erlebt oder kennen Sie jemanden, der in ähnlicher Verzweiflung ist?
Die Freunde von Hiob fahren ihm schnell über den Mund (Kap. 8,2). Sie verweisen auf Gottes Gerechtigkeit (Kap. 8,3). Und

sicher ist das sachlich richtig. Doch auch Hiob weiß das (Kap. 9,2). Sein Glaube an Gott ist jedoch stark angeschlagen.
Wo möchte ich versuchen, anderen behutsam den Glauben zu stärken? Wer könnte das für meinen Glauben tun?

„Sieh doch mein Elend und errette mich; denn ich vergesse dein Gesetz nicht." *Psalm 119,153*

Geht nicht, gibt's nicht!

Hiob 8,1-22 **Mittwoch, 8.**

Gute Freunde geben nicht auf: Bildad versucht, Hiob zu ermutigen. Obwohl sich dieser als hoffnungsloser Fall gibt, Bildad kommt zu dem Schluss: „Gott haut dich nicht in die Pfanne. Die an ihm hängen, führt er letztlich zur Freude" (vgl. V. 20+21). Dabei empfiehlt er den Blick zu alten Glaubensvorbildern.
Doch wie soll das gehen, wenn man nichts außer Leiden im Blick hat? Hiob bleibt vorerst im Selbstmitleid und seinem Frust über Gott stecken.
Auch wir kennen das: „Warum passiert das ausgerechnet mir? Warum kann's nicht mal besser werden? Bete ich zu wenig? Glaube bringt doch eh nichts." Wahrscheinlich war Hiob schlimmer dran als wir. Doch als Gott eingriff, wurde es besser: erst dann. Leider war der Zeitpunkt nicht abzusehen. Und auch der Grund für sein Leiden wird nicht aufgelöst.

„Doch eines weiß ich: Mein Erlöser lebt; auf dieser todgeweihten Erde spricht er das letzte Wort!" *Hiob 19,25 (HfA)*

Hintergrund: Die Frage nach dem Leid

Theologen und Philosophen haben sich an der sogenannten Theodizeefrage abgearbeitet. Wie bekommen wir nur Gott und die Tatsache zusammen, dass Menschen, auch wir Christen, die an einen liebenden Gott glauben, leiden und sterben? Dabei hat man durchaus kluge Antworten gefunden. Der antike Philosoph Epikur glaubte nicht, dass die Götter in unser Leben eingreifen, tröstete sich aber so: „Wenn wir da sind, ist der Tod nicht da. Wenn der Tod da ist, sind wir nicht da." Problem gelöst? C. S. Lewis hat ein hervorragendes Buch zum Thema geschrieben: „The Problem of Pain". Spitzensatz: Das Leid sei Gottes Megafon, um eine taub gewordene Welt aufzuwecken. Aber als Lewis' Frau Joy an Krebs starb, nutzten ihm alle klugen Gedanken gar nichts. Er musste durch ein Tal der Trauer hindurch, und das kostete Zeit. In seinem Büchlein „A Grief Observed" schildert er, wie er langsam wieder lernen musste, Gott zu vertrauen.

Gemeinden sind in der Begleitung von Leidenden oft überfordert. Heinzpeter Hempelmann, der selbst durch schweres Leid ging, schreibt: „Es werden oft die einfach ausgegrenzt, die nicht in das Bild eines in Ordnung seienden Christseins passen. Zur Gemeinschaft der Gesunden, Heilen und Heiligen, die ihr Leben mit Gottes Hilfe meistern, gehören sie nicht dazu. Das passt nicht. Wenn sie weg sind, ist es für die Gemeinde scheinbar oft auch kein großer Verlust. Dabei könnte sie gerade hier Glauben lernen." („Kennt Gott mein Leid?", Brunnen 2020, S. 15.)

Eigenes Leid macht sprachlos – und wohlmeinende Christen sollten nicht versuchen, das Schweigen mit noch so biblischen Ratschlägen zu brechen. Einfach für den Leidenden da zu sein genügt. Und an seiner Seite zu bleiben. (JK)

„Ich werde mit dem Christentum nicht fertig." (Nietzsche)

Hiob 9,1-15.32-35 **Donnerstag, 9.**

Diesen Satz, bezogen auf Gott, hätte Hiob sicher mit Nietzsche geteilt. Denn genau wie Nietzsche verzweifelt Hiob an dem, was er über Gott zu wissen glaubt. Hiob kennt die Glaubenssätze über Gott, das belegt er in diesen Versen sehr deutlich. Aber was Hiob mit Gott erlebt, das ist so völlig anders, dass er beides nicht zusammenbringen kann. Nietzsche empfand es ähnlich und sprach von einem sinnentleerten Glauben, vom Tode Gottes. Hiob muss sich entscheiden. Seine Frau fordert ihn auf, Gott abzusagen! – Gott für sich zu töten (Kap. 2,9). Es dauert noch lange, bis Hiob seinen Denkfehler erkennt und korrigiert. Die kommenden Kapitel sind eine spannende Beschreibung dieses Weges. Hiob muss letztlich sein komplettes Welt- und Gottesbild erneuern und sich Gott völlig unterwerfen. Nietzsche war zu diesem Schritt nicht bereit. Und wir?

„Ich hatte von dir nur vom Hörensagen vernommen; aber nun hat mein Auge dich gesehen." Hiob 42,5

Wissen allein macht nicht weise

Hiob 11,1-20 **Freitag, 10.**

Zofar kämpft mit einem ähnlichen Problem wie Hiob und Nietzsche gestern. Auch er weiß viel über Gott und hat sich so sein Welt- und Glaubensbild zusammengebaut: Wer Gott gehorsam ist, dem kann es nicht schlecht gehen. Ergo: Wem es schlecht geht, der hat gesündigt! Also auch Hiob. Dieses Verständnis belegt er Hiob dann auch mit eindrücklichen Worten und fordert ihn auf, Gott zu suchen und seine Schuld zu bekennen. Nichts, was Hiob lieber täte – nur, er weiß von keiner Schuld – noch nicht. Anders als Hiob ist Zofar nicht bereit, sein Gottesverständnis zu hinterfragen. Damit gehört er genau zu den Gläubigen, deren sinnentleertes, überhebliches Glaubensverständnis Nietzsche viele Jahrhunderte später an seinem Glauben verzweifeln lässt.

Sie halten die Widersprüchlichkeit der Welt nicht aus. Gott aber erfährt nur der, der bereit ist, Gott als Gott anzuerkennen.

„Wenn mir gleich Leib und Seele verschmachtet, so bist du doch, Gott, allezeit meines Herzens Trost und mein Teil." *Psalm 73,26*

Mit euch wird die Weisheit sterben!

Hiob 12,1-6; 14,1-12 **Samstag, 11.**

Wen wundert's, dass Hiob auf diese Rede Zofars nicht schweigen kann? Spöttisch entgegnet er ihm: „(...) mit euch wird die Weisheit sterben!" (V. 1). Hatte er nicht zuvor selbst alles das als gültige Glaubensaussage anerkannt? Aber nun erlebt er eine völlig andere Wirklichkeit. Und weil er erkennt, dass seine Freunde dies nicht begreifen können, wendet er sich in Kap. 14 wieder direkt an Gott.
Hiob bekennt Gott, dass er als Mensch keinerlei Anspruch an ihn hat. Dass er letztlich dazu verurteilt ist zu sterben, er „flieht wie ein Schatten und bleibt nicht" (Kap. 14,2). Und am Ende muss Hiob anerkennen, dass trotz all seines Mühens, ein „guter" Mensch zu sein, er letztlich egoistisch auf sich bezogen bleibt (Kap. 14,22). Was für ein Bekenntnis.

„Der Zöllner aber stand ferne, wollte auch die Augen nicht aufheben zum Himmel, sondern schlug an seine Brust und sprach: Gott, sei mir Sünder gnädig!" *Lukas 18,13*

Wochenspruch
Selig sind, die Frieden stiften; denn sie werden Gottes Kinder heißen. *Matthäus 5,9*

„Denn er hat's getan"

Psalm 22,23-32 **Sonntag, 12.**

Wer hat was getan und was wird deshalb geschehen? Wird in den Versen vor unserem Abschnitt deutlich, dass es um Jesus und sein Sterben am Kreuz für uns Sünder geht, werfen diese Verse einen Blick auf die Zukunft.
Wo König David noch von der Verkündigung von Gottes Namen in der ganzen Welt redet, blicken wir nach Jesu Auferstehung auf den Missionsbefehl. Und einmal werden alle Menschen, auch die Verstorbenen, den Vater wie den Sohn als Gott anbeten.
Leiden und Auferstehung Jesu sind vor 2000 Jahren Wirklichkeit geworden, auf seine Wiederkunft gehen wir zu. Noch ist Zeit, „Nachkommen" zu gewinnen, die „ihm dienen" (V. 31) und in „das Buch" eingetragen werden.

„Und ich sah die Toten, beide, Groß und Klein, stehen vor dem Thron, und Bücher wurden aufgetan." *Offenbarung 20,12*

Mein Anwalt

Hiob 19,21-29 **Montag, 13.**

Fünfmal ist Hiob von seinen Freunden infrage gestellt worden. Fünfmal haben sie ihn aufgefordert, seine Verfehlungen zuzugeben und die Situation als gerechte Strafe Gottes zu akzeptieren. Man spürt dem Text ab, Hiobs Geduld mit den Angriffen der Freunde ist zu Ende. Er ist von seiner Unschuld überzeugt, aber keiner der Akteure kennt die Hintergründe aus dem Thronsaal Gottes (Kap. 1).
Trotzdem hält Hiob an Gott fest, trotz seiner Verzweiflung und seiner existenziellen Infragestellung formuliert er den schönsten Satz der Bibel: „Aber ich weiß, dass mein Erlöser lebt, und als

der Letzte wird er über dem Staub sich erheben." Seine Hoffnung, sein grenzenloses Vertrauen in Gott bezeugt sich in Worten für die Ewigkeit. Ich wünsche mir diese tiefe, unerschütterliche Hoffnung.

„Es ist aber der Glaube eine feste Zuversicht dessen, was man hofft, und ein Nichtzweifeln an dem, was man nicht sieht." Hebräer 11,1

(...) weil er sich für gerecht hielt.

Hiob 31,16-40 **Dienstag, 14.**

Ich bin zutiefst beeindruckt. Das ist keine Floskel oder so dahingesagt, sondern ich meine es ernst. Hiob beschreibt sich als die „Mutter Teresa des Alten Testamentes" – kein Makel, keine Schuld, kein Versagen. Nicht in Worten, nicht in Taten und noch nicht einmal in Gedanken.
Er hat geholfen, wo Hilfe nötig war, er hatte Gedanken und Worte im Griff, er ist nicht verführt worden und er verführte nicht. Hiob ist tadellos und im besten Sinne „fromm und gerecht". Also genau so, wie Gott ihn in Kapitel 1,8 vorstellt. Wie kann ein Mensch so gerecht sein? Das Hiobbuch behandelt nicht diese Frage, sondern eine andere. Es geht um das große Thema: Warum leiden wir? Lange Zeit (und vielleicht auch heute noch) sind Menschen davon ausgegangen, dass Leid die Strafe für eine Sünde sei. Wer leidet, habe es selbst verursacht. Hiob offenbart Gottes völlig andere Sicht: Hiobs Leiden ist keine Strafe, sondern die Prüfung eines Gerechten. Darum ist Vorsicht geboten, wenn es um vermeintliche „Strafen" Gottes geht.

„Jesus antwortete: Es hat weder dieser gesündigt noch seine Eltern, sondern es sollen die Werke Gottes offenbar werden an ihm."
Johannes 9,3

Ich bin zu gering

Hiob 40,1-5 **Mittwoch, 15.**

Wir nähern uns dem Ende des Buches. Menschlich ist fast alles gesagt, und es hat nicht getaugt. Weder die Freunde noch Hiob selbst haben eine Lösung des Problems beschreiben können. Das Leid des Hiob bleibt unerklärbar und letztlich ohne Sinn, zumindest in dem Sinn, dass nicht einfach eine Ursache gefunden werden konnte. Es gibt keine Schuld und auch keinen Schuldigen. Und wie so oft gibt es eben keine „einfachen" Antworten auf die Komplexität unserer Welt und der Lebenswirklichkeit. Diese Erkenntnis trifft Hiob wie ein Schlag (V. 4) und darum schweigt er: „Ich will die Hand auf meinen Mund legen."

Auch Gott wird sich gegenüber Hiob und seinen Freunden nicht erklären, das muss er nämlich gar nicht.

„Spricht denn der Ton zu seinem Töpfer: Was machst du? Dein Tun ist ungeschickt!" *Jesaja 45,9*

Im Auge des Sturmes

Hiob 40,6-32 **Donnerstag, 16.**

Gottes Rede aus dem Wettersturm lässt Hiob in all seiner (Selbst-) Gerechtigkeit verstummen. Es hat ihm den Atem und die Sprache verschlagen. Wer bist du Mensch, dass du den Schöpfer aller Dinge zur Rechenschaft ziehen willst? Gott beherrscht die unendlichen Kräfte der Natur und du kleiner Mensch, könntest du auch nur ein Nilpferd bändigen mit deinen Händen? Gott rechtfertigt mit keinem Wort die Wette aus Kapitel 1, er gibt auch nicht die Schuld an Satan ab. Gott ist als Gott und Schöpfer berechtigt zu handeln. Das mag uns nicht immer schmecken, aber es gehört zum Wesen Gottes. Umso schöner ist es, dass wir wissen dürfen:

„Ist Gott für uns, wer kann wider uns sein? Der auch seinen eigenen Sohn nicht verschont hat, sondern hat ihn für uns alle dahingegeben – wie sollte er uns mit ihm nicht alles schenken?" *Römer 8,31*

Glaube nicht nur vom „Hörensagen"

Hiob 42,1-6 **Freitag, 17.**

Kann man Gott sehen? Heißt es nicht von Gott: „den kein Mensch gesehen hat noch sehen kann" (1Tim 6,16)? Doch Hiob sagt: „Nun hat mein Auge dich gesehen." Wie kann er so etwas sagen? Offensichtlich spricht er von einer tiefen Gotteserfahrung, durch die er Gott mit den Augen des Herzens gesehen hat und ihm begegnet ist. Und damit meint er nicht nur die eindrückliche Gottesrede, mit der Gott ihm anhand der Schöpfung seine Allmacht und Größe vor Augen gemalt hat (Kap. 38–41). Er meint auch seine ganze Lebensgeschichte von Glück und Leid, voller Ringen, Zweifeln und Fragen. Auch für uns gilt: Tiefer Glaube kommt nicht nur vom „Hörensagen". Wenn wir uns mit unserem ganzen Leben, mit unserer ganzen Existenz in Gottes Hand geben, erfahren wir, dass er durch die Höhen und Tiefen des Lebens trägt. Auch wenn wir ihn oftmals nicht verstehen können (V. 3).

„Der HERR sprach zu Mose: (...) du hast Gnade vor meinen Augen gefunden, und ich kenne dich mit Namen. Und Mose sprach: Lass mich deine Herrlichkeit sehen." *2. Mose 33,17-18*

Am Ende kommt die Wende

Hiob 42,7-17 **Samstag, 18.**

Das große Finale dieser langen, oftmals quälenden Hiobsgeschichte. Es klingt märchenhaft. Als Hiob für seine Freunde betet, kommt die große Wende: Hiobs Besitz und Reichtum verdoppeln sich gegenüber dem, was er zuvor besessen hatte. Und er bekommt auch noch einmal zehn Kinder. Doch all dieses neu geschenkte Glück kann das erfahrene Leid und den Tod seiner anderen Kinder ja nicht ungeschehen machen. Und es kann auch nicht darüber hinwegtäuschen, dass unzählige andere Hiobs auf unserer Erde nicht solch ein Happy End erleben. Dennoch dürfen wir darauf vertrauen, dass Gott das Geschick eines jeden Menschen wenden kann. Letztlich sind aber aller Reichtum und alles irdische Glück nichts im Vergleich zur Herrlichkeit des Himmels.

Wie gut, dass Jesus nicht nur tiefstes menschliches Leid auf sich genommen hat, sondern auch die Tür zum Himmel geöffnet hat. Ganz gleich, wie viel Leid das Leben bereithält: Wer an Jesus glaubt, bekommt das allerbeste Happy End!

„Und der HERR wandte das Geschick Hiobs, als er für seine Freunde bat.“ *Hiob 42,10*

Wochenspruch
Wir müssen alle offenbar werden vor dem Richterstuhl Christi.
2. Korinther 5,10

Nun aber schnell!

Psalm 70 **Sonntag, 19.**

Warum kann es nicht schneller gehen? Kommt Gott womöglich zu spät? Diese Fragen kommen, wenn wir in Not Gott um Hilfe bitten, aber nichts passiert. Oft werden wir auf eine harte Geduldsprobe gestellt. Den Menschen der Bibel ging es nicht anders. Als Jesus hört, dass sein Freund Lazarus sterbenskrank ist, „blieb er noch zwei Tage an dem Ort, wo er war“ (Joh 11,6). Und als Maria Jesus mal um Hilfe bittet, sagt er ihr: „Meine Stunde ist noch nicht gekommen“ (Joh 2,4). Wir wünschen uns so oft, dass unsere Gebete schneller erhört werden. Auch David schreit hier zweimal: „Eile, Gott!“ (V. 2.6). Ich will von David lernen: Obwohl er Gottes Hilfe noch nicht sieht, klammert er sich daran: „Du bist mein Helfer und Erretter“ (V. 6). Und er denkt mitten in der Not schon an die Freude über Gottes Hilfe (V. 5). Er vertraut: „Gott hilft spätestens rechtzeitig.“ (Arno Backhaus)

„Ich aber bin elend und arm; Gott, eile zu mir! Du bist mein Helfer und Erretter; HERR, säume nicht!“ *Psalm 70,6*

Keine billige Gnade!

Judas 1-16 **Montag, 20.**

Es gibt also Menschen, die Gottes Gnade „ins Gegenteil verkehren". Anders gesagt: Sie „missbrauchen seine Gnade als Freibrief für ihr ausschweifendes Leben" (V. 4, HfA). Nach dem Motto: „Wenn Gott mir ohnehin gnädig vergibt, dann ist es doch egal, wie ich lebe." Dietrich Bonhoeffer nennt das „billige Gnade", „Gnade als Schleuderware" oder „Gnade ohne Nachfolge". Judas warnt eindringlich vor solch einer gefährlichen Haltung, und er bringt eine lange Reihe von Beispielen, wo Menschen (und sogar Engel!, V. 6) sich von Gott abgewandt haben. Er macht klar: Der liebende Gott ist auch ein richtender Gott, und Glaube ist auch ein Kampf (V. 3). Gott fordert nicht unseren Sieg über die Sünde, aber dass wir gegen sie kämpfen.

„Denn es haben sich einige Menschen eingeschlichen, über die schon längst das Urteil geschrieben ist: Gottlose sind sie, verkehren die Gnade unseres Gottes ins Gegenteil, in Ausschweifung, und verleugnen unsern alleinigen Herrscher und Herrn Jesus Christus." *Judas 4*

Ein Herz für Zweifler

Judas 17-25 **Dienstag, 21.**

„Ein Herz für Kinder", „Ein Herz für Tiere" ... – so lauten bekannte Aufkleber-Slogans. Judas hat „ein Herz für Zweifler". Nachdem er im ersten Teil seines Briefs gezeigt hat, dass ein ernstes Gericht droht, wenn man Gottes Gnadenangebot missbraucht oder ablehnt, macht er nun klar: Keiner glaubt perfekt. Wir alle könnten ins „Straucheln" kommen (V. 24), wovor uns nur Jesus behüten kann. Und so soll sich die eine Gemeinde voller Liebe und Geduld besonders um die kümmern, die es schwer haben mit dem Glauben, die zweifeln oder die vom Weg abgekommen sind. Wir sollen mit ihnen barmherzig sein, weil wir alle „auf die Barmherzigkeit unseres Herrn Jesus Christus" angewiesen sind (V. 21).

„Und erbarmt euch derer, die zweifeln." *Judas 22*

Einführung in das Matthäusevangelium
s. S. 66 ff.

Wie lange noch?

Matthäus 24,1-14 **Buß- und Bettag, 22.**

Hat Jesus bisher von seinem Auftrag und seinem Sterben gesprochen, so geht es jetzt um das, was danach kommt. Schwere Zeiten kündigt Jesus an. Die Jüngerinnen und Jünger sollen nicht erschrecken, sondern aushalten. Bis Jesus wiederkommt und sich alles ändert. Da stellt sich eine Frage: Wann wird das sein? Diese Frage stelle ich auch heute noch. Wann wird das sein, Jesus? Das Leid, die Not, die Verfolgung, all das halten wir schon so lange aus! Wie lange noch? Mir hilft es zu wissen, dass es einen Ort gibt, wo wir all unsere Not und unser Leid aussprechen können: bei Jesus selbst. Und ich bin dankbar für all die Hoffnungszeichen, die Gott uns schenkt. Durch sein Wort, durch Menschen und vieles mehr. Denn wenn wir fragen: „Wie lange noch?“, dann wissen wir ja schon: Es wird einmal anders sein! Darauf vertraue ich.

„Und siehe, ich bin bei euch alle Tage bis an der Welt Ende.“
Matthäus 28,20

Was wird passieren?

Matthäus 24,15-18 **Donnerstag, 23.**

Diese Texte beziehen sich auf einen bestimmten Zeitraum. Auf die Zeit zwischen Jesu Leben und der Zerstörung des Tempels 70 n. Chr. Jesus will die Menschen auf diese Zeit vorbereiten und sagt: Schaut ins Danielbuch! Und die Menschen wussten sofort, wovon Jesus sprach, denn Daniels Prophetie war sehr bekannt. Es geht darum, dass Gottes Reich anbricht und es eine Auferstehung gibt. Aber eben auch darum, dass ein Standbild einer fremden Gottheit den Tempel entweiht und dann eine notvolle Zeit anbricht. Wenn das passiert, sollen sie fliehen, damit sie vor der Zerstörung gerettet werden. Jesus verspricht ihnen nicht nur das Schöne und Gute. Er will ihnen sagen: Haltet euch an mich und lasst euch nicht in die Irre führen! Denn: Der Menschensohn wird kommen! Das gilt auch noch heute.

„Denn wie der Blitz ausgeht vom Osten und leuchtet bis zum Westen, so wird auch das Kommen des Menschensohns sein."

Matthäus 24,27

Der Menschensohn kommt

Matthäus 24,29-31 **Freitag, 24.**

Die Worte Jesu haben eine doppelte Bedeutung. Sie beziehen sich auf die Zeit damals und gleichzeitig deuten sie in die Zukunft. Sie sprechen vom Ende der Zeit, wenn Jesus wiederkommt. Zur Zeit von Matthäus ging man davon aus, dass das Ende direkt bevorstehe. Doch wir wissen: Es zieht sich. Noch ist die Zeit nicht da, aber sie wird kommen. Was damals ein Trost für die ersten Gemeinden war, ist es auch heute für mich. Jesus wird wiederkommen! Und aus aller Welt werden die Menschen zusammenströmen. Nicht nur aus einem Volk oder einer Gemeinde. Da zählen keine Denomination, Hautfarbe oder Mitgliedschaft. Da gibt es keinen Unterschied mehr. Das stimmt mich fröhlich und hoffnungsvoll und verändert meinen Blick auf das Hier und Jetzt.

„Und er wird seine Engel senden mit hellen Posaunen, und sie werden seine Auserwählten sammeln von den vier Winden, von einem Ende des Himmels bis zum andern." *Matthäus 24,31*

Achtet auf die grünen Blätter

Matthäus 24,32-44 **Samstag, 25.**

Wie grüne Blätter den Sommer ankündigen, so kündigen all diese Ereignisse das Kommen des Menschensohns an. Wann genau das sein wird, kann niemand sagen. Wir leben also in der Erwartung und sollen uns bereit machen. Nicht aus Angst, sondern damit wir unser Leben bewusst gestalten und in der Beziehung zu Jesus leben. Denn das macht schon jetzt einen Unterschied für mich. In jeder Situation habe ich einen Ansprechpartner und weiß, dass ich nie ganz allein bin. Wenn ich das erlebe, dann fällt es mir leichter, mich an Jesus zu halten, wenn es mal schwer wird. Mit Jesus zu leben bedeutet, sich vorzubereiten auf das, was noch kommt: Gutes, Schweres und schließlich die Ewigkeit. Denn ich habe es eingeübt und erlebt: Jesus ist und bleibt derselbe. Damals, heute und auch morgen hält er seine Versprechen.

„Himmel und Erde werden vergehen; aber meine Worte werden nicht vergehen.“ *Matthäus 24,35*

Wochenspruch

Lasst eure Lenden umgürtet sein und eure Lichter brennen.

Lukas 12,35

Erlösung und Ewigkeit

Psalm 126 **Ewigkeitssonntag, 26.**

Dieser Tag heute wird landauf, landab als „Totensonntag“ bezeichnet und in der Kirche auch als „Ewigkeitssonntag“. An diesem Tag gedenken wir unserer Lieben, die in den vergangenen Monaten gestorben und heimgegangen sind. Und wirkt dieser Tag auch traurig, so wissen wir doch um die Kraft dieses besonderen Datums.

Wenn Menschen, die Christus gekannt haben, sterben, vollenden diese ihr Werk hier auf der Erde und gehen heim zu Gott. Es ist ein Tag der Trauer für die Zurückgebliebenen.

Aber auch ein Tag der Erlösung, der Heimkehr und der Vollendung für den verstorbenen Menschen. Ähnlich kann auch unser heutiger Psalm gelesen und interpretiert werden. Dort steht geschrieben, dass der Herr die Menschen „erlöst". Sind wir „Gefangene dieser Welt", mit all ihrem Leid, dem Zorn und den Unwägbarkeiten, kommen wir bei Gott an in einer neuen und schöneren Realität.

„Der HERR hat Großes an uns getan; des sind wir fröhlich."

Psalm 126,3

Fleißig sein

Matthäus 24,45-51 **Montag, 27.**

Jesus ist in Jerusalem unterwegs und erzählt in Gleichnissen vom Gericht, das die Menschen erwartet. An diesem und den folgenden Tagen werden wir Geschichten lesen, die ähnliche Aussagen haben. Immer stellt er Menschen einander gegenüber, die unterschiedlich handeln und wo sich am Ende eine Verhaltensweise als schlau und eine andere Verhaltensweise als dumm herausstellt.

Heute nutzt er dabei das Gleichnis von den beiden Dienern, von denen einer treu und fleißig ist und der zweite listig und hinterhältig. Das naheliegende Verständnis dieses Gleichnisses liefert Jesus uns gleich mit: „Selig ist der Knecht, den sein Herr, wenn er kommt, das tun sieht." Als Menschen, die wissen, dass wir am Tag unseres Todes vor unserem Herrn Jesus stehen werden, wollen wir fleißig sein und beharrlich an der Ausbreitung des Reiches Gottes mitarbeiten.

„Selig ist der Knecht, den sein Herr, wenn er kommt, das tun sieht."

Matthäus 24,46

Darum wachet, denn ihr wisst weder Tag noch Stunde!

Matthäus 25,1-13 **Dienstag, 28.**

Gleich schließt sich ein Gleichnis Jesu an, das wieder die drohende Gefahr des kommenden Weltengerichts bei seiner Wiederkunft beschreibt. Diesmal teilt er die Menschen, die mit ihm Kontakt haben, in „kluge“ und „törichte“ ein. Dies sind schon deutliche Worte für Jesus, die für manche von uns heute verletzend sein können. Seine Wortwahl mag uns überraschen, wird uns Jesus doch an verschiedenen Stellen als sanftmütig und liebevoll beschrieben.

Wir benötigen dennoch manchmal auch heute die aufwühlenden und deutlichen Worte Jesu, die nicht glattgebügelt sind und wo er nicht darauf bedacht ist, keinem Menschen auf die Füße zu treten. Dies ist ein wichtiges, vielleicht sogar ein bestimmendes Thema Jesu zu seiner Lebenszeit gewesen. Er möchte Menschen vor dem ewigen Tod bewahren! Aus diesem Grunde greift er zu dem damals wie heute sehr deutlichen Vokabular.

„Darum wachet! Denn ihr wisst weder Tag noch Stunde.“

Matthäus 25,13

Das Anvertraute

Matthäus 25,14-30 **Mittwoch, 29.**

Auch heute erzählt Jesus davon, wie es beim Endgericht sein wird. Er benutzt diesmal ein Bild, mit dem wir uns wohl am besten identifizieren können: Es geht um Geld. Das Talent war damals eine Währungseinheit, ungefähr 26 kg Silber. Ein wohlhabender Mann überlässt seinen Dienern also jeweils eine nicht unerhebliche Summe, mit dem Auftrag, daraus etwas Gutes zu machen.

Zwei der Diener vermehren das Geld, der dritte legt es zur Seite und tut nichts. Ich möchte nicht darauf eingehen, dass es sicherlich gute Gründe dafür gibt, manchmal etwas zurückhaltender zu sein. Ich möchte heute darauf hinweisen, dass auch wir wertvolle und tolle „Talente“ von Gott bekommen haben, die es einzusetzen gilt! Seien wir mutig mit unserem Anvertrauten!

„Da sprach sein Herr zu ihm: Recht so, du guter und treuer Knecht, du bist über wenigem treu gewesen, ich will dich über viel setzen; geh hinein zu deines Herrn Freude!“ *Matthäus 25,21*

„Möchtest du heute gerne einen Engel zu Gast haben?“

Matthäus 25,31-46 **Donnerstag, 30.**

Diesen Text schreibe ich im Spätherbst 2021. Drei große Themen prägen für mich diese Zeit: zum einen die Jahreslosung, „Seid barmherzig, wie auch euer Vater im Himmel barmherzig ist“ (Lukas 6, 36), dann die Flüchtlinge im Niemandsland zweier Staaten, die als Spielball der Mächte bei Frost und Kälte im Wald kampieren. Und natürlich „Corona“ und die Impffrage. Was hat dies mit dem Text heute zu tun?
Die Beispiele, die hier im Text genannt werden, gelten schon seit Jahrhunderten als „Werke der Barmherzigkeit“ und Maßstab für ein gottgefälliges Leben. Kann es sein, dass wir als Christen über dem Satz „Aus Gnade allein seid ihr gerettet“ vergessen haben, dass Gott unsere Mitmenschen nicht egal sind? Wenn ich die Bilder in den Nachrichten sehe, dann habe ich so meine Zweifel und ich werde neu herausgefordert, mich zu fragen: Herr, wen soll ich heute in deinem Namen als Gast aufnehmen, bewirten oder besuchen?

„Gastfrei zu sein, vergesst nicht; denn dadurch haben einige ohne ihr Wissen Engel beherbergt.“ *Hebräer 13,2*

Monatsspruch
Dezember
Meine Augen haben
deinen Heiland gesehen,
das Heil, das du bereitet
hast vor allen Völkern.
Lukas 2,30-31

Das Buch Jesaja (Teil II: Kapitel 40–55)

„Stehen die Dome der alten Zeit nicht wie ‚Fossilien' da (...) die in unsere Städte wie in späte Sedimente eingeschlossen sind" – so beschrieb einmal der Schriftsteller Ernst Jünger die Situation des Christentums in unserer säkularen Gesellschaft. Ist der Glaube an Gott nicht schlicht bedeutungslos geworden in unserer Zeit? Die alten Kirchen stehen noch, wirken aber für die meisten Zeitgenossen wie Relikte aus einer anderen Zeit. Die gesellschaftlichen Debatten werden von anderen Stimmen als dem Christentum bestimmt. Ist Gott ohnmächtig geworden? Was ist mit dem Reich Gottes, das sich wie ein Senfkorn ausbreitet? Gerade wenn man an Weihnachten durch die Fußgängerzonen unserer Städte bummelt, vielleicht vorbei an einem der „Dome aus alter Zeit", mag man denken: Der, um den es an Weihnachten eigentlich ging, ist in Vergessenheit geraten. Andere Götter haben jetzt die Macht.

Das dürfte dann so ungefähr das Lebensgefühl der Israeliten im Babylonischen Exil treffen – mit dem Unterschied, dass es in Babylon keine „Dome der alten Zeit" gab, der alte Tempel in Jerusalem zerstört war und gewaltige heidnische Tempelanlagen das Stadtbild beherrschten. Die babylonischen Götter schienen definitiv stärker zu sein als Israels Gott.

König Nebukadnezar (gestorben 562 v. Chr.) hatte die Israeliten ins Exil geführt. Doch seine Nachfolger waren schwach. Persien mit König Kyrus wurde immer stärker. In diese Situation hinein (ca. 550–540 v. Chr.) spricht der 2. Teil des Jesajabuchs. Gott lässt Neues ankündigen (43,14-21): Die Zeit der Gefangenschaft ist zu Ende, die Schuld ist vergeben (40,2). Es sind Worte des Trostes, der Ermutigung, der Zuversicht. Der Prophet wird zum Seelsorger an resignierten, müden, verzweifelten Israeliten.

Er ruft zum Aufbruch aus dem Exil auf (48,20), darum die vielen Worte, in der Wüste einen Weg in Richtung Jerusalem vorzubereiten (40,3; 41,18; 43,19). In Wirklichkeit ist Gott der Herr der

Geschichte, der den heidnischen Perserkönig Kyrus zu seinem Werkzeug bestimmt.
Lassen Sie sich von diesen Texten begleiten durch den Advent, die Zeit des Wartens auf den Messias. Gerade dann, wenn andere Götter und Götzen, denen wir heute huldigen, so viel mächtiger erscheinen, helfen sie, sich auf den wiederkommenden Messias, auf Christus, zu besinnen und sich zu vergegenwärtigen, dass Gott der wahre Herr der Geschichte ist.

„Ein Licht am Ende des Tunnels"

Jesaja 40,1-11 **Freitag, 1.**

Der Prophet Jesaja wirkte zur Zeit vierer Könige von Juda: Usija, Jotam, Ahas und Hiskia (740–701 v. Chr.) – der zweite Teil des Jesajabuchs spricht in die Situation des Babylonischen Exils hinein (ab 597 v. Chr.). Spricht dieser Text noch in die Zeit Jesajas? Obwohl dreien dieser Könige bescheinigt wird, dass sie taten, was Gott gefiel, und zur Zeit des Propheten auch noch der Tempel in Jerusalem stand, in den nachweislich Gottes Herrlichkeit eingezogen war (2Chr 7,1), predigt Jesaja Gericht. Ist das nicht fehl am Platz?
Doch schaut man genauer hin, dann wird deutlich, dass nicht alles so gut ist, wie es den Anschein hat: Da gibt es Höhenheiligtümer, Sonnenwagen, Abgötterei mit der Schlange des Mose und Könige, die stolz waren. Einer hat sich sogar erdreistet, das Allerheiligste zu betreten.
Und obwohl es so ist, darf Jesaja diesem Volk und dieser Stadt zurufen: „Tröstet!" Was für eine Ermutigung auch für uns. In all unserem Versagen und Schmerz gilt dieser Zuruf auch uns:

„Tröstet, tröstet mein Volk!, spricht euer Gott." *Jesaja 40,1*

„Gott, wo bist du?“

Jesaja 40,12-31 **Samstag, 2.**

Gestern hat uns Jesaja die Vergänglichkeit des Menschen mit den Bildern vom verdorrenden Gras und der verwelkenden Blume sehr anschaulich vor Augen gemalt. Heute bemüht er ähnlich starke Bilder, um uns Gott in seiner unfasslichen Größe und allumfassenden Allmacht vorzustellen (V. 12-26). Er ist sich bewusst, dass alle menschliche Vorstellungskraft nicht ausreicht, Gott zu beschreiben (V. 18).
Jesaja weiß, dass nur, wer Gott nicht als Gott erkennt, sich anmaßt zu fragen: „Gott wo bist du?“ Wer aber Gott als den Herrlichen und Erhabenen anerkennt, der betet an, so wie Elia am Berg Horeb. Sind wir bereit, trotz manch offener Fragen Gott so anzubeten? Dann werden wir die Wirklichkeit dieses Gottes erleben!

„Der HERR, der ewige Gott, der die Enden der Erde geschaffen hat, wird nicht müde noch matt, sein Verstand ist unausforschlich. Er gibt dem Müden Kraft und Stärke genug dem Unvermögenden.“

Jesaja 40,28-29

Wochenspruch

Siehe, dein König kommt zu dir, ein Gerechter und ein Helfer.

Sacharja 9,9

„Lobet den HERRN, alle Völker“

Psalm 117 **1. Adventssonntag, 3.**

Schon mal versucht, Gott dreisprachig zu loben? In unserer Gemeinde gibt es viele spanischsprachige Geschwister, und wenn wir unsere gemeinsamen Gottesdienste feiern, da werden dann Lobpreislieder auch schon mal dreisprachig gesungen: englisch, spanisch und deutsch. Seit Neuestem mischt sich auch das Französische mit ein. Ein herrliches Chaos und nicht immer ganz einfach, text- und melodiesicher durchzukommen. Aber letztlich zählt das nicht, steht doch über allem der Dirigent, der im Him-

mel Sänger aus über 1000 Sprachen zu einem Lobpreischor vereinen wird.
Probieren wir es in unseren Gruppen heute ruhig mal aus und freuen wir uns an der kreativen Vielfalt, die Gott in sie hineingelegt hat.

„Danach sah ich, und siehe, eine große Schar, die niemand zählen konnte, aus allen Nationen und Stämmen und Völkern und Sprachen; die standen vor dem Thron und vor dem Lamm, angetan mit weißen Kleidern und mit Palmzweigen in ihren Händen."

Offenbarung 7,9

„Fürchte dich nicht!"

Jesaja 41,8-20 **Montag, 4.**

Ist das nicht eine Zumutung? Schon heute (2021) stehen wir mitten in der vierten Welle der Corona-Pandemie, die ökologische Katastrophe klopft an unsere Tür, Überbevölkerung, Hunger und Elend bedrohen weite Teile der Menschheit und über 84 Mio. Menschen wurden durch Krieg, Hunger und Verfolgung aus ihrem Heim vertrieben. Und wir sollen uns nicht fürchten? Kann nicht all das auch uns jeden Tag treffen?
In diesem kurzen Abschnitt kommt dieser Ausruf dreimal vor. Doch nicht als Befehl, wie es die verkürzte Wiedergabe in der Überschrift vermuten ließe, sondern als Zusage. Als Zusage der Hilfe Gottes (V. 10.13.14).
Und wenn wir dann doch Angst haben? Dann können wir uns Davids Rat zu eigen machen:

„Wenn ich mich fürchte, so hoffe ich auf dich. Ich will Gottes Wort rühmen; auf Gott will ich hoffen und mich nicht fürchten. Was können mir Menschen tun?" *Psalm 56,4.5*

Feinfühliger Knecht richtet das Recht auf

Jesaja 42,1-9 **Dienstag, 5.**

Gott möchte handeln. Doch er wartet, bevor er richtet. Zuerst soll allen Menschen bekannt gemacht werden, dass Gott handeln wird. Er möchte, dass alle die Chance haben, zu ihm umzukehren. Er schickt einen Knecht. Dieser soll auf das Unrecht hinweisen. So wie er hier beschrieben wird, deutet vieles darauf hin, dass dieser Knecht Jesus ist. Er kommt leise, nicht mit viel Geschrei und Aufsehen. Er ist liebevoll und feinfühlig. Er sieht ins Herz. Sogar kleine Glaubensanzeichen werden bewahrt. Sie werden nicht automatisch in einen großen Glauben verändert, aber ernst genommen und beschützt. Wie steht es um meinen Glauben? Gleicht er einem glimmenden Docht oder einem geknickten Rohr? Und könnte auch ich ein solcher Diener sein? In 2Tim 2,24-26 wird noch näher beschrieben, wie er sich verhalten sollte.

„(...) und soll denen, die sich gegen das Evangelium stellen, geduldig den rechten Weg zeigen. Vielleicht gibt Gott ihnen ja die Möglichkeit zur Umkehr, sodass sie die Wahrheit erkennen."

2. Timotheus 2,25 (NGÜ)

Wertvoll und geliebt

Jesaja 43,1-7 **Mittwoch, 6.**

Wen oder was liebe ich? Ist mir jemand so wichtig, wie es in diesen Versen beschrieben wird? Ich lese den Text noch mal – langsam – und beziehe jedes Wort auf mich. Aber hier geht es doch um Jakob oder Israel. Darf ich das einfach auf mich beziehen? Israel ist das Volk, welches Gott sich ausgesucht hat. Doch durch Jesus kann ich auch dazugehören. Gott liebt jeden Menschen wie sein eigenes Kind. Er ist für mich da. Egal, was ich anstelle oder welche Fehler ich mache. Er liebt mich nicht, weil ich etwas besonders gut kann oder irgendwie toll bin. Nein! Er liebt mich, weil ich wertvoll für ihn bin. Weil er es möchte und mich so erschaffen hat, wie er es wollte! Ich bin genau richtig! Es ist schön, so geliebt zu sein. Ist es nicht Grund genug, alles dafür zu tun, Gott ebenso zu lieben?

„Weil du teuer bist in meinen Augen und herrlich und weil ich dich lieb habe, gebe ich Menschen an deiner statt und Völker für dein Leben." *Jesaja 43,4*

Bin ich Zeuge?

Jesaja 43,8-13 **Donnerstag, 7.**

Gott verkündigt, dass er eingreifen möchte. Anschießend handelt er, damit die Menschen weitererzählen können, dass er gerettet hat. Gott beruft die Israeliten als Zeugen. Nicht aus eigener Autorität, sondern weil Gott sie dazu gemacht hat. Er ist der einzig wahre Gott! Nur er kann wirklich retten! Lassen wir es zu, dass Gott uns durch Schwierigkeiten hilft? Danken wir ihm nachträglich für seine Hilfe? Erzählen wir seine großen Taten weiter? Wobei hat mir Gott schon geholfen? Wovor hat mich Gott gerettet? Wem möchte ich heute davon erzählen? Wir haben eine Botschaft, die nicht zwischen zwei Buchdeckeln verstauben möchte.

„Ihr seid meine Zeugen, spricht der HERR, und mein Knecht, den ich erwählt habe, damit ihr wisst und mir glaubt und erkennt, dass ich's bin. Vor mir ist kein Gott gemacht, so wird auch nach mir keiner sein." *Jesaja 43,10*

Sünden verhindern Neuanfang

Jesaja 43,14-28 **Freitag, 8.**

Wir vergessen Gott so leicht, erstarren in Traditionen, handeln nicht mehr als Christen. Die Israeliten sind uns hier ähnlich. Sie sind mit einer unehrlichen Herzenshaltung an die Sache herangegangen. Sie haben Gott im Alltag vergessen und nicht nach seiner Meinung gefragt. Unsere Sünde betrifft Gott persönlich. Sie steht zwischen uns und ihm. Er will sie tragen und vergeben. Das kann er nur, wenn wir sie uns eingestehen und sie vor ihm bekennen.

Dann will er etwas Neues schaffen und uns verändern. Er möchte unsere Beziehung zu ihm wiederherstellen. Gibt es etwas, was ich bekennen will? Habe ich mich von Gott entfernt – vielleicht auch nur innerlich? Möchte ich das ändern? Gott möchte uns dabei helfen. Wir dürfen uns helfen lassen.

„Denn siehe, ich will ein Neues schaffen, jetzt wächst es auf, erkennt ihr's denn nicht? Ich mache einen Weg in der Wüste und Wasserströme in der Einöde." *Jesaja 43,19*

Nomen est omen

Jesaja 44,1-5 **Samstag, 9.**

„Der Name ist ein Zeichen", so lautet die Übersetzung der lateinischen Redensart. Manchmal bekamen Menschen in der Bibel neue Namen von Gott. Hier wird noch mal auf Jakob eingegangen, den Stammvater der zwölf Stämme. Er bekommt den Namen Israel und gibt damit dem Land und den Leuten seinen Namen. So soll er ein Segen sein, wie Wasser in einem heißen Land. Der Segen Gottes soll sich ausbreiten, so wie die Pflanzen besser wachsen, wenn sie genug Wasser haben. Der Name Jeschurun wird hingegen nicht oft in der Bibel erwähnt. Es ist aber ein Ehrentitel für das Volk Israel. Wenn man von jemandem einen Namen bekommt, ist man in dessen Augen etwas Besonderes. Und oft haben Namen auch eine tiefere Bedeutung. Forschen wir doch einmal nach, was die biblischen Namen und unsere Namen bedeuten.

„Und ein anderer wird in seine Hand schreiben: ‚Dem HERRN eigen', und wird mit dem Namen ‚Israel' genannt werden." *Jesaja 44,5*

Wochenspruch

Seht auf und erhebt eure Häupter, weil sich eure Erlösung naht. *Lukas 21,28*

Im Dunkeln

Psalm 80 **2. Adventssonntag, 10.**

Wie fühlen wir uns, wenn plötzlich das Licht ausgeht und wir im Dunkeln stehen? In einer solchen Finsternis befinden sich die Israeliten hier. Dabei hatte Gott sie, seinen Weinstock, als guter Gärtner mühevoll eingepflanzt und gehegt und gepflegt. Doch dann wurden sie ohne schützende Mauern zurückgelassen, angreifbar von wilden Tieren und ihren Feinden. Im Psalm sind es die unreinen Tiere, wie die wilden Säue, die genannt werden. Die Heiden werden das Land übernehmen und verwüsten. Der Beter bittet seinen Herrn, die Feinde zu beseitigen, und erinnert ihn daran, welche Mühen er hatte, sein Volk nach Israel zu bringen und das Land aufzubauen. Am Ende steht die Bitte nach dem Licht seines Angesichts. Der Psalmist endet mit den Worten:

„HERR, Gott Zebaoth, tröste uns wieder, lass leuchten dein Antlitz, so ist uns geholfen." *Psalm 80,20*

Ein Holz ist ein Holz ist ein Holz

Jesaja 44,6-20 **Montag, 11.**

Haben Sie schon mal etwas aus Holz geschnitzt? Man hat ein Stück Holz vor Augen und überlegt, was man daraus alles machen kann. Jesaja führt auf lyrische Art aus, welche Gedanken sich ein Handwerker über das Holz als seinen Werkstoff macht. Für mich klingt das fast wie ein Poetry Slam. Der Zimmermann spannt die Schnur, plant die Maße für ein Götterbild, wählt unter den Bäumen und fällt manche, pflanzt Bäume als Brennholz für Ofen und Herd und macht aus der anderen Hälfte einen Götzen. Das Holz wird zwar vielseitig verwendet, aber es ist dennoch nur Holz und kein lebendiger Gott. Der Herr Zebaoth ist der einzig Wahre, der

Erste und Letzte. Außer ihm ist kein Gott. Alle anderen sind nur Götzen und können keinen Halt bieten. Und wenn diese „Götter" aus Holz verbrennen, bleibt nur ein Häufchen Asche übrig.

„Ich bin der Erste und ich bin der Letzte, und außer mir ist kein Gott."
Jesaja 44,6

Ein Haufen Schutt und Asche

Jesaja 44,21-28 **Dienstag, 12.**

Manchmal steht man vor den Scherben seines Lebens und überlegt sich, warum das alles passiert ist. Warum hat Gott das alles zugelassen? Oftmals bekommen wir darauf keine befriedigende Antwort. Aber zu der Zeit, auf die Jesaja hier blickt, ist auch Israel am Boden zerstört. Es ist besiegt von den Feinden. Sind die Götter der anderen Völker doch stärker? Doch da kommen die tröstenden Worte Gottes: Du bist nicht vergessen. Der Perserkönig Kyrus ist ein Werkzeug in Gottes Hand. Die von den Babyloniern zerstörten Städte und auch die Menschen sollen wieder aufgebaut werden. So dürfen wir uns für den heutigen Tag die tröstenden Worte aus Jesaja zusprechen: Ihr sollt wieder aufgebaut werden.

„Gedenke daran, Jakob, und du, Israel, denn du bist mein Knecht. Ich habe dich bereitet, dass du mein Knecht seist." *Jesaja 44,21*

Mit Kompetenz gesegnet

Jesaja 45,1-8 **Mittwoch, 13.**

„Sag mal, kennst du irgendwo in der Nähe einen christlichen Orthopäden?", fragt mich ein lieber Freund. Ich antworte: „Nein, das nicht, aber deine Bandscheiben freuen sich sicherlich auch über einen *kompetenten* Spezialisten. Und da kann ich dir jemanden empfehlen."

Das heutige Prophetenwort will uns aber dafür sensibel machen, dass Gott gerade Menschen, die ihn noch nicht kennen, als seine

Werkzeuge gebrauchen kann und will. Kyrus, einen der großen Perserkönige, hat er zum Beispiel mit einem außergewöhnlichen Maß an Führungsqualitäten und politischem Sachverstand ausgerüstet. Darum erwählt ihn Gott, wie einst Saul oder David, um in positiver Weise Geschichte zu schreiben. Ein Grund, die Wahl meiner Ärzte, Handwerker oder auch Volksvertreter nicht allein an ihrem Glauben festzumachen, sondern an ihrem Ruf, fachlicher Qualifikation und Integrität.

„Ich habe dich gerüstet, obgleich du mich nicht kanntest."

Jesaja 45,5

Jahreslosung 2023:

Du bist ein Gott, der mich sieht. (1. Mose 16,13)

Gottesbild 2.0

„Mein Gott! Er hat alle meine Daten." Jeder Schritt, den ich mache, wird aufgezeichnet, jede Geldbewegung registriert, jedes Gespräch in meiner Wohnung mitgeschnitten. Ich stehe unter Beobachtung von oben. Die Überwachung kann stufenlos hineinzoomen, auf meinen Wohnort, meine Straße, mein Haus, sogar in meinen Kopf. Moment, das denn doch nicht. Oh, es geht gar nicht um Handys, soziale Netzwerke und gewisse Internetunternehmen? Die Angst um die Privatsphäre verband sich vor wenigen Generationen vor allem mit einem sehr negativen Gottesbild. „Pass auf, kleines Auge, was du siehst!", warnte ein Lied. Gott sei der himmlische Kontrolleur unseres Lebens, und seinem Blick entgehe nichts. Schon gar nichts, was Spaß macht.
Das Problem ist nicht, dass Gott uns sieht, sondern wie wir ihn sehen. Hagar kann uns helfen zu einem positiveren Gottesbild. Modern gesprochen: Wenn der himmlische Kontrolleur das veraltete Gottesbild 1.0 darstellt, dann ist Hagar schon beim Gottes-

bild 2.0. Gott sieht sie, nimmt sie wahr, ist ihr gnädig. Sie ist nicht allein, denn jemand ganz oben hat Notiz von ihr genommen. Maria würde später sagen, dass Gott die Niedrigkeit seiner Magd angesehen hat (Lk 1,48). In Psalm 139 beschreibt David den Weg, die Abhängigkeit von einem Gott, der uns sieht und durch und durch kennt, als Glück zu betrachten. Gott ist nicht Orwells Großer Bruder, sondern ein liebender Vater. Ja, er sieht uns. Ja, er ist da – um uns zu beschützen. Und er ist vollkommen vertrauenswürdig. Übrigens: Er verkauft unsere Daten nicht weiter. (JK)

Glaubensirritationen

Jesaja 45,9-17 — Donnerstag, **14.**

Eine typische Eltern-Kind-Erfahrung: „Mit 10 Jahren glauben sie: Mein Vater weiß alles! Mit 15: Mein Vater weiß das eine oder andere! Mit 20 Jahren: Mein Vater kapiert überhaupt nichts! Mit 30: Manchmal hat Vater eben doch recht! Mit 40: Ach, hätte ich doch nur auf meinen Vater gehört!“ Die hier mit einem gewissen Augenzwinkern beschriebene Dynamik ist offenbar auch dem Volk Israel nicht fremd. Es zweifelt angesichts seines Geschicks an der Weisheit Gottes. Der Prophet versteht Gottes Irritation über das altkluge Gebaren seiner Geschöpfe. Darum weist er das Volk Israel mit eindrücklichen Bildern in die Schranken. Gleichzeitig aber stellt er sich ihm und auch uns heute an die Seite. Er erinnert Gott daran, dass sich sein Handeln aus unserer begrenzten Perspektive tatsächlich oft erst im Nachhinein als weise und heilsam erschließt.

„Fürwahr, du bist ein verborgener Gott, du Gott Israels, der Heiland.“
Jesaja 45,15

Gotteshinweise

Jesaja 45,18-25 — Freitag, **15.**

Für viele Zeitgenossen ist die Frage nach Gott reine Spekulation. „Nichts Genaues weiß man nicht“, heißt es dann gerne. Oder:

„Theologie ist die Suche nach einer schwarzen Katze in einem abgedunkelten Raum." Gott selbst widerspricht solchen Behauptungen entschieden. „Überall", sagt er, „hinterlasse ich sichtbare Spuren. Sie machen es möglich, mich zu erkennen." Da ist die Vielfalt der Schöpfung, die auf die Größe eines kreativen Geistes schließen lässt. Da sind die Worte der Priester und Propheten, durch die Gott seinen Willen kundgetan hat. Da sind all die Verheißungen, die sich in Zeit und Raum erfüllt haben. Bis hin zu dem, dessen Geburt wir demnächst wieder feiern. Nein, Gott hält sich nicht verborgen. Auch in unserem eigenen Leben lassen sich Hinweise auf seine Gegenwart finden. Es gilt einfach die Augen dafür offen zu halten.

„Ich habe nicht im Verborgenen geredet an einem finstern Ort der Erde." *Jesaja 45,19*

Nagelprobe

Jesaja 46,1-13 **Samstag, 16.**

Die „Nagelprobe" zu machen, steht sprichwörtlich für eine Prüfung, ob jemand oder etwas das hält, was er bzw. es verspricht. Genau so etwas empfiehlt Gott dem Volk Israel. Er zeigt ihnen die Zukunft: Die Götzen der Babylonier haben die Probe offensichtlich nicht bestanden. Ihre Heilsversprechen sind durch den Lauf der Geschichte Lügen gestraft worden. Sie sind in der Not stumm geblieben. „Ich bin anders!", behauptet der Gott Israels. Das, was Propheten wie Jesaja Jahre im Voraus angekündigt haben, hat sich durch den Siegeszug der Perser (Kyrus) erfüllt. Dieser Hinweis ist wichtig! Nicht immer ist sofort ersichtlich, dass Gott seine Zusagen erfüllt. Manchmal ergeben sich erhebliche zeitliche Diskrepanzen zwischen Verheißung und Erfüllung. Die damit verbundenen Unsicherheiten gilt es auszuhalten und im Glauben treu zu bleiben.

„Was ich geplant habe, das tue ich auch." *Jesaja 46,11*

Wochenspruch
Bereitet dem HERRN den Weg; denn siehe, der HERR kommt gewaltig. *Jesaja 40,3.10*

Aus der Vergangenheit für die Zukunft lernen

Psalm 85 **3. Adventssonntag, 17.**

„Ich würde lieber zuerst prüfen, ob nicht doch Leitungen in der Wand verlaufen!" Hätte er doch nur auf die Ratschläge seines Vaters gehört, dann wäre jetzt weder der Strom weg noch würde Wasser aus der Wand laufen. So oft wäre es gut, auf erfahrene Menschen zu hören und sich so viel Leid zu ersparen. Dies gilt auch für Israel: „Hätten wir doch nur auf die Warnungen der Propheten gehört und wären früher zu unserem allmächtigen Gott umgekehrt!" Ich darf auf Gottes Gnade und Vergebung in Christus vertrauen. Gleichzeitig gilt aber auch, dass ich in Ehrfurcht vor Gott trete und mich durch den Heiligen Geist auf dem Weg mit Jesus leiten lasse. Bin ich bereit, mich immer wieder von Gott und Menschen, die er mir über den Weg schickt, (rechtzeitig) korrigieren zu lassen?

„Danach werden die Israeliten umkehren und den HERRN, ihren Gott, und David, ihren König, suchen, und werden mit Zittern zu dem HERRN und seiner Gnade kommen in letzter Zeit." *Hosea 3,5*

Einer für alle

Jesaja 49,1-6 **Montag, 18.**

Was haben sie sich von ihm nicht alles erhofft: ein starker Held, ein Siegertyp. Einer, der das Volk von der römischen Knechtschaft befreit und ein Reich aufrichtet, das nie untergeht. Doch dann stirbt der Hoffnungsträger in Schwachheit am Kreuz, gilt so als von Gott verflucht und wird von den meisten Gläubigen in Israel bis heute abgelehnt (V. 4). Doch was wie eine gescheiterte Rettungsmission aussieht, ist in Wahrheit der größte Sieg aller Zeiten: Jesus macht den Weg zu Gott frei, für Juden, aber gleichzeitig auch für alle anderen. Gott lädt mich ein, Teil seines Volkes zu werden. So geht Gottes Licht in mir auf, macht mich zum Licht für andere, die auch dazukommen sollen. Zum Gott Israels, dessen Blick schon von Beginn an auf alle Menschen gerichtet war, egal, woher sie kommen. Wem kann ich heute zum Licht werden?

„(...) welcher will, dass alle Menschen gerettet werden und sie zur Erkenntnis der Wahrheit kommen." *1. Timotheus 2,4*

Aufgeben ist keine Option

Jesaja 49,7-17 **Dienstag, 19.**

Es gibt Momente im Leben, da will und kann man nicht mehr weitergehen. Ein solcher Moment wird hier beschrieben: Es ist von einem verachteten Menschen die Rede (V. 7), von Gefangenen und Finsternis (V. 9) sowie von Gottverlassenheit (V. 14). Doch während das Leid und die Verzweiflung immer größer werden, spricht Gott Worte des Trostes und der Zuversicht. Parallelen zu Psalm 23 werden sichtbar: Der gute Hirte führt die verirrten und verlorenen Schafe. So sind sie bestens versorgt und beschützt. Dieses Versprechen Gottes gilt auch mir heute. Gott ist der Tröster, der mich immer im Blick hat, der meinen (scheinbar so) beschwerlichen Weg vor mir ebnet und mich nie vergisst. Er schenkt mir Hoffnung und Mut, wenn ich am Verzweifeln bin, und lässt mich auch dann nicht allein, wenn sonst keiner mehr zu mir steht.

„Mache dich auf, werde licht; denn dein Licht kommt, und die Herrlichkeit des HERRN geht auf über dir!" *Jesaja 60,1*

Selber stark?

Jesaja 50,4-11 **Mittwoch, 20.**

Das Internet ist voll von Videos, die einem helfen wollen, die kaputte Spülmaschine zu reparieren, einen Boden zu verlegen oder das Klappern am Auto zu beseitigen. Kaum einer will zugeben, dass er nicht alles selbst machen und schaffen kann. Ganz anders gibt sich der Gottesknecht, der als seine „Stärken“ Gehorsam (V. 4.5) und Leiden (V. 6) nennt. Er macht sich von Gott absolut abhängig, erwartet allein von ihm Hilfe und Bestätigung. An seinem Beispiel kann ich lernen, wie völliges Vertrauen in die rettende Liebe und die unbegrenzten Möglichkeiten Gottes aussehen kann. Ich muss nicht auf meine eigene Stärke oder mein eigenes Wissen vertrauen. Stattdessen kann ich mich vertrauensvoll an Gott wenden und mich von seinem Heiligen Geist leiten und führen lassen. Wohin führt mich der Geist Gottes heute? Habe ich ihn schon gefragt, wo er mich heute gebrauchen will?

„Zuletzt: Seid stark in dem Herrn und in der Macht seiner Stärke.“
Epheser 6,10

Lernen, zu hören

Jesaja 51,1-8 **Donnerstag, 21.**

Laute Musik, Verkehrslärm, schreiende Kinder, das pulsierende Großraumbüro. Unsere Ohren sind ständig am Arbeiten. Doch was wollen wir bewusst hören? Und was blenden wir lieber aus? In diesen Versen fordert Gott sein Volk und auch uns auf, ganz bewusst auf ihn und das, was er zu sagen hat, zu hören. Gott ruft die Menschen, die zu ihm gehören, auf, ihre Aufmerksamkeit auf ihn zu lenken. Genauso, wie ich meinen Ohren im lärmenden Alltag immer wieder Ruhepausen gönnen sollte, brauche ich auch Momente der Ruhe, um mich bewusst auf Gott auszurichten. Oft spricht er leise, deshalb ist es wichtig, dass ich lerne, seine Stimme zu erkennen. Je mehr ich dies z.B. durch hörendes Gebet einübe, umso leichter fällt es mir, auch im Alltag auf ihn zu hören und seinen Anweisungen zu folgen. Habe ich heute schon seine Stimme gehört? Was sagt sie mir?

„Meine Schafe hören meine Stimme, und ich kenne sie und sie folgen mir.“
Johannes 10,27

Gegen doppeltes Vergessen

Jesaja 51,9-16 **Freitag, 22.**

Ganz schnell gerät man in Panik, wenn man beim Handy das Passwort vergisst. Man fühlt sich hilflos und wird aufgeregt. Wer Gott vergisst, kommt in einen aufgeregten Dauerzustand der Angst. Die letzte Sicherheit geht verloren. Im Jesajabuch gibt es die Bitte an Gott: Wach doch auf und vergiss uns nicht. Gleichzeitig gibt es die Aufforderung an die Menschen: Wacht doch auf und vergesst Gott nicht. Beides gehört zusammen. Wenn wir Gott als tatenlos empfinden, dürfen wir ihn an seine großen Taten erinnern. Wenn wir Gottes Kraft vergessen haben, darf uns der Prophet an Gottes Macht erinnern. Menschen, die sich auf Gott verlassen, haben immer wieder erlebt, dass die Angst von ihnen weicht. Das wirksame Mittel gegen die Furcht ist: Vergiss Gott nicht. Das Passwort zur inneren Ruhe ist das Wort Gottes: Du bist mein Volk.

„Siehe, in die Hände habe ich dich gezeichnet.“ *Jesaja 49,16*

Nach Hause kommen

Jesaja 52,1-12 **Samstag, 23.**

Der Bote Gottes verkündet den Weg in die Freiheit. Die Zeit der Gefangenschaft wird ein Ende haben und der Weg in das Gelobte Land, in die Heimat, wird gelingen. Das garantiert Gott selbst. Für Israel verkündet Jesaja im Namen Gottes die Botschaft der Heimkehr. Gottes Wille und Handeln werden sich durchsetzen. Für Menschen in Gefangenschaft ist diese Botschaft wie ein Lichtblick vom Himmel, ein Grund zum Feiern und Freuen. Die Knechtschaft dauert nicht ewig. Der Prophet deutet aber noch eine größere Befreiung an. Es geht um die Befreiung aus allen Unterdrückungen und Gefahren, aus aller Angst und Not. Gott schickt seinen Sohn, damit er durch das Leiden hindurch zur Herrlichkeit Gottes geht. Er führt nach Hause in den Himmel. Diese Verheißung bleibt trotz aller Ungerechtigkeit und Vorläufigkeit der Welt bestehen. Gott setzt sich durch. Dein Gott ist König.

„Errette mich durch deine Gerechtigkeit.“ *Psalm 71,2*

Wochenspruch
Ehre sei Gott in der Höhe und Friede auf Erden bei den Menschen seines Wohlgefallens. *Lk 2,10b.11*

Der ewige Unterschied

Psalm 115 **Heiligabend, 24.**

Zu allen Zeiten stellen Menschen Götzen her. Sicherheit, Schutz, Ehre, Reichtum und Geborgenheit sollen sie schenken. Das lässt man sich etwas kosten. Menschen sind die Schöpfer und gleichzeitig die Untertanen ihrer Götzen. Götzen sind nicht lebendig, bleiben stumm, blind und taub. Sie leben nur in der Vorstellung ihrer Untertanen. So ist es bei dem lebendigen Gott nicht. Er trägt das ewige Leben in sich. Sein lebendiger Odem belebt die Menschen, bevor sie ihn erkennen und verehren können. Er lebt nicht vom Wohlwollen seiner Gläubigen. Er ist nicht von ihnen geschaffen und stirbt auch nicht, wenn die Verehrung endet. Der ewig lebendige Gott schenkt der Welt seinen eingeborenen Sohn. Das feiern wir an Weihnachten. Jesus ist kein neuer Götze, sondern Gottes Sohn, unser Retter. In Gott geborgen ist der, der ihn verehrt und auf ihn hofft. Halleluja!

„Gott ist unsre Zuversicht und Stärke.“ *Psalm 46,2*

Reiche Armseligkeit

Lukas 1,46-55 **1. Weihnachtstag, 25.**

Im Lobgesang der Maria ist alles drin, ihr ganzes Herz, ihre Freude, ihre Hoffnung, ihre neue Weitsicht und das Lob Gottes. Sie schaut auf sich und entdeckt sich als niedrige Magd, der der

Himmel geschenkt wird. Aus eigener Erfahrung weiß sie: Gott handelt anders. Er erhebt Niedrige und geht an Mächtigen vorbei. Promis schauen ins Leere und Armselige ins Glück. Maria entdeckt den Schlüssel zum Glück. Sie rühmt sich nicht selbst, sondern Gott. Wer in die Sonne schaut, bekommt ein helles Gesicht, wer selber leuchten will, dem geht irgendwann die Energie aus. Ganz einfach. Wo Gott hinkommt, wird keiner übersehen. Jeder wird ein angesehener Mensch, nicht durch Leistung, Geld, Schönheit oder eigenen Glanz. Die armselige Maria weiß, dass sie selber arm bleibt und dass aller Ruhm Geschenk ist. Maria, heute vielleicht die berühmteste Frau der Weltgeschichte, bleibt auf dem Teppich.

„Der HERR denkt an uns und segnet uns." *Psalm 115,12*

Alles erlebt

Lukas 2,29-32 **2. Weihnachtstag, 26.**

Die Liste der Dinge, die man noch erleben möchte, ist oft lang. Kindheit, Jugend, erwachsen werden, Beruf, Familie, alt werden – und dann? Simeon und Hanna hatten viel erlebt. Sehr Schönes und sehr Schweres. Bei Hanna war das Schwere der Tod ihres Mannes nach sieben Ehejahren (V. 36 f.). Nun war sie eine Witwe von vierundachtzig Jahren. Was soll da noch kommen? Trotzdem warten beide. Jeden Tag. Sie warten auf Gott. In Jesus begegnet er ihnen. Das merken sie sofort. Er ist die Erfüllung aller Wünsche. Wer ihm begegnet, der hat schon alles erlebt, was wirklich wichtig ist. Für die beiden alten Menschen heißt das, dass sie jetzt sterben können. Sie sterben in den Himmel hinein, aus dem der Erlöser kommt. So geht an Weihnachten der Himmel in beide Richtungen auf. Jesus ist der Weg Gottes zu uns und gleichzeitig unser Weg zu Gott.

„Jesus spricht zu ihm: Ich bin der Weg und die Wahrheit und das Leben." *Johannes 14,6*

Geschenkt

Jesaja 52,13–53,5 **Mittwoch, 27.**

Etwas, das auf den ersten Blick ganz anders scheint, als es ist – wo habe ich etwas erlebt, womit ich gar nicht mehr gerechnet habe, vielleicht in den letzten Tagen? Das Volk Israel im Exil findet die Verheißung solcher Veränderungen im Jesajabuch. Die Ängste, Schmerzen und Sorgen werden ein Ende haben. Doch der Retter, den Gott schickt, ist so ganz anders. In diesen Tagen feiern wir, dass Jesus in diese Welt kommt. Gott schickt seinen Sohn, den Erlöser, seinen Knecht, entstellt, verachtet – gezeichnet von unseren Schmerzen und unseren Verfehlungen. Er kommt mitten in unser Leben, unser Sehnen, unsere Schmerzen, nimmt alles auf sich und schenkt uns Frieden. Lasst uns dieses Geschenk dankbar annehmen – durch Gottes Knecht sind wir befreit.

„Heile du mich, HERR, so werde ich heil; hilf du mir, so ist mir geholfen; denn du bist mein Ruhm." Jeremia 17,14

Selbstloser Einsatz

Jesaja 53,6-12 **Donnerstag, 28.**

Jeder hat mit sich, seinem Leben zu tun. Wo gibt es das: jemand, der nicht nur auf sich selbst sieht, der auch mich und dich im Blick hat und sich für uns alle, für diese Welt einsetzt? Gott lenkt mit den Worten des Jesaja den Blick der Israeliten über sie selbst hinaus und schenkt seinem Volk im Exil neue Hoffnung. Wo sie nur auf sich sehen, sich verirren in der Welt, in ihrer Schuld, gibt er sich für sie hin und ist selbst neue Orientierung. Was bedeutet das für uns? Gott schenkt in Jesus einen Ausweg, wo wir keinen Ausweg mehr sehen. Durch ihn ist uns unsere Schuld, unsere Last genommen, weil er sie selbst auf sich nimmt. Lasst auch uns über uns hinaus sehen, füreinander beten und da sein.

„Denn er hat den, der von keiner Sünde wusste, für uns zur Sünde gemacht, auf dass wir in ihm die Gerechtigkeit würden, die vor Gott gilt." 2. Korinther 5,21

Versprochen!

Jesaja 54,1-10 **Freitag, 29.**

In manchen Situationen in unserem Leben ist uns ganz und gar nicht zum Jubeln zumute. Wie soll ich mich freuen, wenn alles gegen mich scheint? Das Volk Israel erlebt so eine Zeit im Exil, weit weg von zu Hause, gefangen in seinem Scheitern, seinen Fragen und Sehnsüchten. Aber auch da, wo sein Volk sich von ihm abgewendet hat, schenkt Gott schon durch die Prophetie Jesajas Zuversicht und verspricht, dass es diese Zeit ohne ihn nicht mehr geben wird. Da, wo sie nicht mehr damit rechnen, befreit Gott sein Volk, befreit Gott uns von dem, was gefangen nimmt, wo wir uns verrannt haben. Ist uns auch nicht zum Jubeln zumute, stellen wir auch alles infrage? – Gott verspricht uns heute zwischen den Jahren: Er lässt uns nicht allein. Es kann passieren, was mag, Gott nimmt sich unser an. Sein Frieden ist uns sicher an jedem alten und neuen Tag.

„Sei nun wieder zufrieden, meine Seele; denn der HERR tut dir Gutes.“ *Psalm 116,7*

Alles, was du brauchst

Jesaja 55,1-5 **Samstag, 30.**

Essen und nicht satt werden – nicht jeder hat die Möglichkeit, sich das, was er braucht, zu erwerben. Und wie oft erleben wir, dass Mittel, nach denen wir greifen, unser Sehnen und Suchen nach etwas, mit dem alles gut wird, nicht stillen? Was hat wohl das Volk Israel im Exil alles versucht, um sich aus seiner Lage zu befreien, einen Weg zu finden, dass alles wieder gut wird? Der Bund, zu dem Gott sein Volk in seiner Not einlädt, gilt auch uns. Gott bleibt da und verspricht: Ich sorge für dich und gebe dir, was du brauchst. Und er schenkt es umsonst – wir brauchen nichts weiter zu tun, als Gott und seinem Wort Platz in unserem Leben zu geben und auf ihn zu hören. Gott lädt sein Volk, uns, ein. Er geht mit uns weiter, wo wir kein Weiterkommen sehen – heute, morgen und in Ewigkeit.

„Kommt her zu mir, alle, die ihr mühselig und beladen seid; ich will euch erquicken.“ *Matthäus 11,28*

Wochenspruch
Meine Zeit steht in deinen Händen. *Psalm 31,16*

Neu ausrichten

Jesaja 55,6-13 **Silvester, 31.**

Wir blicken zurück auf das, was war: auf Schönes, aber auch Schweres, Dinge, die wir bereuen oder wo wir an unsere Grenzen gestoßen sind. Was liegt nun vor uns? Was wird aus unseren Gedanken, unseren Plänen? Wie soll es weitergehen? Auch die Israeliten erfahren, dass ihre Wege Grenzen haben, und kennen die Suche nach einem Ausweg, einer neuen Perspektive. Gott lädt sie ein, ihren Wegen eine neue Richtung zu geben, und verspricht einen neuen Aufbruch. Gottes Wort gilt auch uns, an diesem, an deinem Jahreswechsel. Lasst uns hinter uns lassen, was uns bedrängt, wo wir in unseren Gedanken und Wegen nicht bei Gott waren, und uns neu auf ihn ausrichten. Wir dürfen mit Freude wieder neu beginnen mit unserem Gott, der sich längst schon Gedanken gemacht hat und der auch in unserem Leben Frieden schenkt und Neues wachsen lässt.

„Befiehl dem HERRN deine Wege und hoffe auf ihn, er wird's wohlmachen.“ *Psalm 37,5*

Gebete, Meditationstexte und Segenszusprüche

Luthers Morgensegen

Das walte Gott Vater, Sohn und Heiliger Geist! Amen.
Ich danke dir, mein himmlischer Vater, durch Jesus Christus, deinen lieben Sohn, dass du mich diese Nacht vor allem Schaden und Gefahr behütet hast, und bitte dich, du wollest mich diesen Tag auch behüten vor Sünden und allem Übel, dass dir all mein Tun und Leben gefalle. Denn ich befehle mich, meinen Leib und Seele und alles in deine Hände. Dein heiliger Engel sei mit mir, dass der böse Feind keine Macht an mir finde. Amen.

Morgengebet

Gott, zu dir rufe ich am frühen Morgen
hilf mir beten und meine Gedanken sammeln;
ich kann es nicht allein.

In mir ist es finster, aber bei dir ist Licht
ich bin einsam, aber du verlässt mich nicht
ich bin kleinmütig, aber bei dir ist die Hilfe
ich bin unruhig, aber bei dir ist Frieden
in mir ist Bitterkeit, aber bei dir ist die Geduld
ich verstehe deine Wege nicht, aber du weißt den echten Weg für mich.

Vater im Himmel,
Lob und Dank sei dir für die Ruhe der Nacht
Lob und Dank sei dir für den neuen Tag
Lob und Dank sei dir für alle deine Güte und Treue
in meinem vergangenen Leben.
Du hast mir viel Gutes erwiesen,
lass mich nun auch das Schwere aus deiner Hand hinnehmen.
Du wirst mir nicht mehr auferlegen, als ich tragen kann.
Du lässt deinen Kindern alle Dinge zum Besten dienen.
(Dietrich Bonhoeffer)

Bitte um Vergebung

Sei mir gnädig, o Gott – du bist doch reich an Gnade!
In deiner großen Barmherzigkeit lösche meine Vergehen aus!
Wasche meine Schuld ganz von mir ab, und reinige mich von meiner Sünde!
Denn ich erkenne meine Vergehen, und meine Sünde ist mir ständig vor Augen.
Gegen dich allein habe ich gesündigt, ja, ich habe getan, was in deinen Augen böse ist.
Das bekenne ich, damit umso deutlicher wird: Du bist im Recht mit deinem Urteil, dein Richterspruch ist wahr und angemessen.
Reinige mich von meiner Sünde, dann bin ich wirklich wieder rein. Wasche meine Schuld von mir ab, dann werde ich weißer sein als Schnee. Lass mich wieder etwas Wohltuendes hören und Freude erleben, damit ich aufblühe, nachdem du mich so zerschlagen hast.
Schau nicht weiter auf die Sünden, die ich begangen habe, sondern lösche meine ganze Schuld aus!
Erschaffe in mir ein reines Herz, o Gott, und gib mir einen neuen, gefestigten Geist.
Schick mich nicht weg aus deiner Nähe, und nimm deinen heiligen Geist nicht von mir.
(nach Psalm 51)

Als Jesus ihren Glauben sah, sagte er (...) „Mein Freund, deine Sünden sind dir vergeben!“ (Lukas 5,20)

Fürbittgebet

Mein Gott, es gibt so vieles,
um das ich mir Sorgen mache.

Da sind die Menschen,
die mir ans Herz gewachsen sind.
Sei du ihr ständiger Begleiter.

Da sind die Menschen,
die Leid ertragen müssen.
Erlöse sie von ihrer Not.

Da sind die Menschen,
die andere töten.
Verwandle Gewalt in Barmherzigkeit.

Da sind die Menschen,
die krank und ohne Hoffnung sind.
Heile du Körper und Seele.

Da sind die Menschen,
denen das Leben zu schaffen macht.
Schenke ihnen Gelassenheit.

Da sind die Menschen,
die hungern.
Stärke unsere Bereitschaft zum Teilen.

Da sind so viele andere,
die Hilfe nötig haben.

Segne sie.

(Carl Boetschi)

Fürbitte konkret

(In die Lücken bitte einen Namen aus dem Bekanntenkreis einsetzen.)
Lieber Vater, schenke heute ______________ viele schöne Begegnungen.
Herr Jesus, bitte gib ______________ den Mut, heute unangenehme Sachen anzupacken.
Heiliger Geist, ich bitte dich, dass du ______________ auf ihren Wegen beschützt.

Lieber Vater, schenke heute ______________ Kraft für seinen Arbeitstag.
Herr Jesus, bitte gib ______________ heute einen fröhlichen Tag.
Heiliger Geist, ich bitte dich, versorge ______________ mit viel Geduld für ihre Aufgaben.
Lieber Vater, mache mich aufmerksam für meinen Nächsten.
Herr Jesus, bitte schenke mir Liebe für meine Feinde.
Heiliger Geist, mache mich zum Werkzeug Deines Friedens. Amen.
(Ronald Rosenthal)

Gebet in besonderer Not

Herr Gott,
großes Elend ist über mich gekommen.
Meine Sorgen wollen mich erdrücken;
ich weiß nicht ein noch aus.
Gott, sei gnädig und hilf.
Gib Kraft zu tragen, was du schickst.
Lass die Furcht nicht über mich herrschen.
Sorge du väterlich für die Meinen,
besonders für Frau und Kinder,
schütze sie mit deiner starken Hand
vor allem Übel und vor aller Gefahr.
Barmherziger Gott,
vergib mir alles, was ich an dir
und an Menschen gesündigt habe.
Ich traue deiner Gnade
und gebe mein Leben ganz in deine Hand.
Mach du mit mir,
wie es dir gefällt und wie es gut für mich ist.
Ob ich lebe oder sterbe,
ich bin bei dir und du bist bei mir, mein Gott.
Herr, ich warte auf dein Heil und auf dein Reich.
Amen.
(Dietrich Bonhoeffer)

Tischgebet

Das Brot, von dem wir leben,
hast du uns, Herr, gegeben;
ja, alles, was wir haben,
sind deine guten Gaben.
Über Bitten und Verstehen
lässt du Gutes uns geschehen.
Wir preisen deinen Namen
für alle Güte. Amen.

Segen

Gott, segne die Erde, auf der ich stehe.
Gott, segne den Weg, den ich gehe.
Gott, segne das Ziel meines Lebens.
Gott, du bist immer da, immer wachsam,
so segne mich, auch wenn ich ruhe.
Segne mich, wie du es willst.
Segne mich mit deiner Liebe.
Segne meine Hoffnung in dir.
Du bist der König der Könige,
Herr aller Herren.
Blicke stets gnädig auf mich.
(Patrick von Irland zugeschrieben, 5. Jh.)

Segen

Möge der Herr dich segnen mit allem, was gut ist,
und dich bewahren vor allem, was böse ist.
Möge er in seiner dich liebenden Weisheit dein Herz erleuchten
und sich deiner in Gnade ewig erinnern.
Er erhebe sein Angesicht in Liebe über dich
und gebe dir ewigen Frieden.
(Aus den Schriftrollen vom Toten Meer)

Luthers Abendsegen

Das walte Gott Vater, Sohn und Heiliger Geist! Amen.

Ich danke dir, mein himmlischer Vater, durch Jesus Christus, deinen lieben Sohn, dass du mich diesen Tag gnädiglich behütet hast, und bitte dich, du wollest mir vergeben alle meine Sünde, wo ich Unrecht getan habe, und mich diese Nacht auch gnädiglich behüten. Denn ich befehle mich, meinen Leib und Seele und alles in deine Hände. Dein heiliger Engel sei mit mir, dass der böse Feind keine Macht an mir finde. Amen.

Mitarbeiter „Termine mit Gott 2023"

Alle Autorinnen und Autoren, deren Namen mit einem * versehen ist, sind unter terminemitgott@brunnen-verlag.de erreichbar

Hansjörg Kopp, kopp@cvjm-de	1.-4. Januar
Gaby Schrott, m.schrott@die-apis.de	5. Januar
Martin Schrott, m.schrott@die-apis.de	6. Januar
Gaby Schrott, m.schrott@die-apis.de	7. Januar
Cornelius Kuttler, cornelius.kuttler@ejwue.de	8. Januar
Gaby Schrott, m.schrott@die-apis.de	9.-10. Januar
Cornelius Kuttler, cornelius.kuttler@ejwue.de	11-14. Januar
Matthias Kaden*	15.-19. Januar
Hartmut Frische, hartmutfrische@t-online.de	20.-21. Januar
Holger Noack, holger-noack@unitybox.de	22. Januar
Hartmut Frische, hartmutfrische@t-online.de	23.-25. Januar
Andreas Klei, andreasklei@gmx.de	26.-29. Januar
Andreas Lötzer, andi.loetzer@kabelmail.de	30. Januar-2. Februar
Matthias Kerschbaum, matthias.kerschbaum@cvjmbaden.de	3.-4. Februar
Dr. Tobias Eißler, Tobias.Eissler@elkw.de	5. Februar
Matthias Kerschbaum, matthias.kerschbaum@cvjmbaden.de	6.-8. Februar
Dr. Eberhard Hahn, e.fritz.hahn@gmail.com	9.-12. Februar
Dr. Tobias Eißler, Tobias.Eissler@elkw.de	13.-16. Februar
Jürgen Kehrberger, juergen.kehrberger@web.de	17.-21. Februar
Dr. Roland Werner, rw@rolandwerner.de	22.-25. Februar
Dr. Friedmann Eißler, fe313@t-online.de	26. Februar-1. März
Dr. Klaus Schulz*	2.-5. März
Frank Weber, weber@cvjm-hochschule.de	6.-9. März
Christa Albrecht, Christa.Albrecht@elkw.de	10.-13. März
Dr. Ulrike Treusch, treusch@fthgiessen.de	14.-17. März
Holger Noack, holger-noack@unitybox.de	18.-20. März
Norbert Held, norbert.held@web.de	21.-25. März
Tobias Hoffmann, hoffmann.tobias@gmail.com	26.-29. März
Reiner Kutsche*	30. März-1. April
Holger Noack, holger-noack@unitybox.de	2. April
Reiner Kutsche*	3. April

Michael Götz, goetz@cvjm-bayern.de	4.-7. April
Hartmut Bärend, hfb74@aol.com	8.-10. April
Doris Reichmann, d.reichmann@juwed.de	11.-13. April
Martin Schrott, m.schrott@die-apis.de	14.-15. April
Doris Reichmann, d.reichmann@juwed.de	16. April
Martin Schrott, m.schrott@die-apis.de	17.-18. April
Matthias Büchle, m.buechle@cvjm-westbund.de	19.-22. April
Hartmut Bärend, hfb74@aol.com	23. April
Holger Noack, holger-noack@unitybox.de	24.-25. April
Dr. Malte Schilling, malteschilling@gmail.com	26.-29. April
Matthias Rapsch, matthias.rapsch@promission-deutschland.de	30. April-4. Mai
Martin Stäbler*	5.-9. Mai
Christoph Wolf*	10.-14. Mai
Ralf Albrecht, albrecht@evang-kirche-nagold.de	15.-18. Mai
Roman Kunze*	19.-20. Mai
Holger Noack, holger-noack@unitybox.de	21. Mai
Roman Kunze*	22.-23. Mai
Holger Blaskowski, mail@blaskowski.de	24.-29. Mai
Burkhard Hesse, burkhard.hesse@ewe.net	31. Mai-2. Juni
Joakim Noack*	3.-7. Juni
Reiner Tesche, tesche.reiner@teleos-web.de	8.-10. Juni
Holger Noack, holger-noack@unitybox.de	11. Juni
Reiner Tesche, tesche.reiner@teleos-web.de	12. Juni
Oliver Battram*	13.-15. Juni
Albrecht Kaul, albe.kaul@web.de	16.-17. Juni
Oliver Battram*	18. Juni
Albrecht Kaul, albe.kaul@web.de	19.-20. Juni
Cornelia Fastner-Boss, conny.fastner-boss@cvjm-lippe.de	21.-25. Juni
Gunder Gräbner, gundergraebner@lkgsachsen.de	26.-29. Juni
Georg Klein*	30. Juni
Georg Klein*	1.-4. Juli
Friedemann Kretzer, friedemann.kretzer@web.de	5.-8. Juli
Paul Ulrich Lenz*	9. Juli
Alena Dörr, alenadoerr@web.de	10.-14. Juli
Harald Orth, harald.orth@feg-wiesbaden.de	15. Juli
Paul Ulrich Lenz*	16. Juli
Harald Orth, harald.orth@feg-wiesbaden.de	17.-20. Juli
Dr. Jörg Kailus, njkailus@web.de	21.-22. Juli
Paul Ulrich Lenz*	23. Juli

Dr. Jörg Kailus, njkailus@web.de	24-25. Juli
Tilo Benner*	26.-29. Juli
Paul Ulrich Lenz*	30. Juli
Dr. Jörg Kailus, njkailus@web.de	31. Juli-4. August
Veit-Sebastian Dietrich, vs.dietrich@googlemail.com	5. August
Paul Ulrich Lenz*	6. August
Veit-Sebastian Dietrich, vs.dietrich@googlemail.com	7.-10. August
Matthias Flaßkamp, matthias.flasskamp@vg-sh.de	11.-14. August
Rita Grundmüller*	15.-18. August
Ruben Hauck, ruben.hauck@fishpost.de	19.- 22. August
Manfred Heinzelmann, manfred-bernd.heinzelmann@t-online.de	23.-27. August
Matthias Hennemann, hennemann@egfd.de	28.-31. August
Sandra Herrendörfer-Pick, S.Herrendoerfer@gmx.de	1.-4. September
Dr. Jörg Kailus, njkailus@web.de	5-13. September
Carola Kieker, carola.kieker@t-online.de	14.-17. September
Mareike Kießling*	18.-21. September
Uwe Bertelmann, uwe.bertelmann@brunnen-verlag.de	22.-25. September
Wolfgang Kraska, wolfgang.kraska@feg.de	26.-29. September
Marion Kuhn*	30. September-3. Oktober
Pfr. Jens Märker, jens.maerker@evlks.de	4.-7. Oktober
Jonathan Maul, Jonathan.maul@brunnen-verlag.de	8.-11. Oktober
Dr. Christoph Morgner, christoph.morgner@gmx.de	12.-15. Oktober
Laura Müller*	16.-19. Oktober
Markus Nietzke, markus.Nietzke@web.de	20.-27. Oktober
Alfred Preuß, alfred.preuss@heilsarmee.de	28.-31. Oktober
Michelle Rath*	1.-4. November
Veit Sebastian Dietrich, vs.dietrich@googlemail.com	5.-8. November
Dr. Ingeborg Schüler, Schüler	9.-12. November
Ronald Rosenthal, ronald.rosenthal@cvjm-pfalz.de	13.-16. November
Gero Cochlovius, Gero.Cochlovius@evlka.de	17.-21. November
Sabine Schmalzhaf-Sievers, sabineschmalzhaf@gmx.de	22.-25. November
Tobias Schröder, schroeder@cvjm-potsdam.de	26.-29. November
Dr. Ingeborg Schüler, ingeborgschueler@arcor.de	30. November-4. Dezember
Alexandra Sczigiol, sczicz@gmx.de	5.-8. Dezember
Thomas Sczigiol, Thomas.sczigiol@brunnen-verlag.de	9.-12. Dezember
Dr. Michael Stollwerk*	13.-16. Dezember
Daniel Trick*	17.-21. Dezember

Hartmut Voelkner, voelkner.h@t-online.de 22.-26. Dezember
Carola Zucht* 27.-31. Dezember

Redaktionelle Texte:

HN	Holger Noack
JK	Dr. Jörg Kailus
UB	Uwe Bertelmann

Bibelstellenregister

Abkürzungen

BB: BasisBibel. Das Neue Testament und die Psalmen, © 2012 Deutsche Bibelgesellschaft, Stuttgart.
E: Einheitsübersetzung der Heiligen Schrift, © 2016 Katholische Bibelanstalt, Stuttgart.
HfA: Hoffnung für alle®, © 1983, 1996, 2002 by Biblica Inc.™. Alle weiteren Rechte weltweit vorbehalten. Verwendet mit freundlicher Genehmigung von 'fontis – Brunnen Verlag Basel.
HN: Holger Noack
JK: Dr. Jörg Kailus
Kap.: Kapitel
LUT 84: Lutherbibel, revidierter Text 1984, durchgesehene Ausgabe, © 1999 Deutsche Bibelgesellschaft, Stuttgart.
NGÜ: Neue Genfer Übersetzung – Neues Testament und Psalmen, Copyright © 2011 Genfer Bibelgesellschaft.
UB: Uwe Bertelmann
V.: Vers